하늘에서 온 그리스도의 편지

이 편지는 하나님께서 오늘날
이 세대를 살아가면서 자신의 존재나
인생의 진정한 의미를 모르고
무지 속에 죽어가는 사람들과
신앙생활을 열심히 하면서도 하나님의 뜻이나
천국으로 가는 길조차 모르고 있는
기독교인들을 위해서 보내주신 편지입니다.

글·둘로스 데우·C / 시·이명자

진리의 샘터
의증서원

하늘에서 온 그리스도의 편지

글·둘로스 데우·C / 시 · 이명자

목 차

머리글	9
서론	13
詩 · 편지	20
詩 · 거짓된 사랑	21

하늘에서 온 그리스도의 편지   23

첫 번째 편지. 인생의 의미와 신앙생활	24
詩 · 사랑	30
두 번째 편지. 죄의 실체와 생명의 길	31
詩 · 환난의 날	37
세 번째 편지. 구원의 과정	38
詩 · 영혼의 메아리	45
네 번째 편지. 율법과 모세	46
詩 · 소망	54
다섯 번째 편지. 하나님께서 받으시는 예배	55
詩 · 텅빈가슴	62
여섯 번째 편지. 하나님의 교회	63
詩 · 영원한 안식	70
일곱 번째 편지. 예수님의 성령의 잉태에 대하여	71
詩 · 메시야	79
여덟 번째 편지. 구름타고 오시는 예수님을 기다리고 있는 자들	80
詩 · 진실한 사랑	89

아홉 번째 편지. 죄와 회개　　　　　　　　　90
　　　　　詩 · 흑암　　　　　　　　　　　98

열 번째 편지. 피 흘림과 죄 사함　　　　　　99
　　　　　詩 · 당신의 사랑　　　　　　　109

열한 번째 편지. 성경적 말세와 주의 임하심　110
　　　　　詩 · 고독　　　　　　　　　　118

열두 번째 편지. 예수님의 부활과 성령의 잉태　119
　　　　　詩 · 영원한 세계　　　　　　　130

열세 번째 편지. 성찬식과 떡과 포도주　　　131
　　　　　詩 · 선택　　　　　　　　　　140

열네 번째 편지. 안식일을 거룩히 지키라　　141

열다섯 번째 편지. 십일조와 헌물　　　　　148
　　　　　詩 · 안다는 것　　　　　　　166

열여섯 번째 편지. 예수님의 탄생비밀　　　167

열일곱 번째 편지. 구원받은 우편강도의 믿음　178
　　　　　詩 · 무지　　　　　　　　　　187

열여덟 번째 편지. 구원자로 오신 인간 예수　188

부 록 진리의 나팔소리   199

머리글   201

詩 / 속이는 마음   203

서문   204

詩 / 나그네   215

진리의 나팔소리   217

1. 네가 예수의 영체를 보았을 때는
   하나님께서 이미 하늘을 땅에서 새로 빠꾼 때이다.   219

2. 그리스도와 합할 수 없는 사람은
   곧 하나님을 저당하는 사람이다.   228

3. 청함을 받은 자는 많되 택함을 받은 자는 적다.   236

4. 네가 그리스도와 상합(연합)되는 도를 탐구할때   242

5. 너는 정말 하나님을 믿는 사람인가?   249

6. 그리스도는 진리로 심판의 공작을 하신다.   257

7. 너는 아는가? 하나님은 사람들 가운데서
   매우 큰 일을 하였다.   265

8. 오직말세의 그리스도만이 사람에게
   영생의 도를 선사한다.   273

9. 바로 너의 보금자리를 위해 넉넉한 선행을 예비하자.   283

10. 너는 도대체 누구에게 충성하는 사람인가?	289
11. 보금자리를 말한다.	295
12. 훈계3칙	301
13. 과범(죄를 범한자)은 사람을 지옥으로 이끈다.	309
14. 하나님의 성품을 이해하는것이 매우 중요하다.	317
15. 도대체 지상의 하나님을 어떻게 인식할 것인가?	325
16. 하나 매우 엄중한 문재 - 배반(1)	336
17. 하나 매우 엄중한 문재 - 배반(2)	343
詩 / 마음의 경	351
편집후기	352
詩 / 교만	359
의증 도서목록	360

머리글

    여기 기록된 하늘에서 온 그리스도의 편지는 천국의 소망을 가지고 예수를 구주로 믿으며 열심히 신앙생활을 하고 있는 오늘날 기독교인들에게 하나님께서 보내주시는 편지입니다. 하나님께서 기독교인들에게 그리스도의 편지를 보내주시는 것은 오늘날 기독교회가 천국으로 가는 생명의 길에서 벗어나 넓고 평탄한 멸망의 길로 가고 있기 때문입니다. 오늘날 수많은 교회들이 하나님의 뜻을 망각하고 영혼을 구원한다는 명목아래 하나님의 교회를 사업화하고 심지어는 기업화 해가고 있는 실정입니다. 이 때문에 구원을 받아 천국으로 가야 할 영혼들이 지옥으로 가고 있는 것입니다. 이러한 사실조차도 모르고 있는 기독교인들은 지금도 예수를 믿음으로 하나님의 아들이 되었다는 것과 천국으로 들어갈 수 있다는 것을 굳게 믿고 있습니다.
    그러나 천국은 예수를 믿는다하여 모두 들어가는 것이 아니라 하나님의 뜻대로 행한 자들이 들어가는 곳이며 천국을 들어가려면 어느 누구나 예외 없이 자기를 부인하고 자기 십자가를 지고 주님이 가신 길을 따라가야 합니다. 천국을 오직 예수를 믿기만 하면 들어간다고 말하는 자들은 삯군목자들이며 또한 믿음으로 의인(아들)이 되었다는 것은 기독교가 만들어낸 이신칭의 교리입니다. 이 때문에 예수님은 삯군목자들이 인도하는 넓고 평탄한 멸망의 길에서 벗어나 참목자가 인도하는 좁고 협착한 생명의 길로 돌아오라는 것입니다.

예수님께서는 하나님의 백성들이 하나님의 생명으로 거듭나 하나님의 아들이 되려면 첫째 하나님의 아들을 믿고, 둘째 주의 음성을 듣고. 셋째 주가 주시는 산 떡(생명의 말씀)을 먹고 넷째 유일하신 참 하나님과 그의 보내신 자 예수그리스도를 알아야 한다고 말씀하고 있습니다. 오늘날 기독교인들은 하나님도 알고, 예수님도 알고, 성경말씀도 잘 알고 있다고 말은 하는데 천국으로 가는 길이나 하나님께서 오늘날 구원자로 보내주시는 하나님의 아들에 대해서는 잘 모르고 있습니다.

하나님을 유일신으로 섬기며 하나님의 말씀을 생명처럼 여기는 유대인들이 하나님께서 구원자로 보내주신 하나님의 아들을 모르고 이단으로 배척하고 죽인 것은 말씀의 영적인 의미를 몰랐기 때문입니다. 이 말은 오늘날 기독교인들도 성경에 기록된 말씀은 알고 있지만 그 속에 감추어져 있는 영적인 의미를 모른다면 유대인들과 같이 오늘날 하나님께서 보내주시는 구원자를 배척하고 십자가에 못 박을 수 있다는 것입니다. 이 때문에 하나님께서는 오늘날 기독교인들에게 그동안 말씀 속에 감추어져 있던 영적인 비밀들을 하나하나 드러내어 그리스도의 편지로 보내주시는 것입니다.

그러므로 여기에 기록된 말씀들을 자세히 읽어 보신다면 그동안 성경을 보면서도 궁금하고 알 수도 없었던 수많은 영적인 비밀들을 알게 될 것입니다. 여기에 기록된 말씀은 모두 영적으로 기록되어 있기 때문에 지금까지 기독교에서 듣고 배웠던 지식과 많이 다르다고 느낄 것입니다. 그러나 잠시 고정관념을 내려놓고 순수한 마음으로 이글을 끝까지 인내하며 읽어 보신다면 수많은 하나님의 비밀들을 발견하게 될 것입니다. 특히 부록으로 첨부한 중국에서 온 그리스도의 편지는 주로 책망과 징계의 말씀으로 기록되어 있기 때문에 오늘날 기독교인들이 이해하고 받아들이기가 좀 힘들 것이라 생각됩니다. 그러나 이 말씀은 모두 살아있는 하나님의 말씀으로 천국으로 가는 길이요 진리요 생명입니다.

  그러므로 이글을 하나님께서 지금 내게 주시는 말씀으로 믿고 끝까지 인내하며 읽어 보신다면 큰 은혜는 물론 신앙생활에 많은 도움이 될 것입니다. 왜냐하면 징계와 책망의 말씀은 곧 여러분의 병든 영혼을 치료하고 죽은 영혼을 살리는 보약이며 생명이기 때문입니다.

  이글을 읽고 영접하시는 모든 분들에게 하나님의 은혜가 넘치기를 기원합니다.

                    2008. 2.   둘로스 데우 · C

서론

　여기에 기록된 글들은 하나님께서 오늘날 기독교인들에게 보내주신 그리스도의 편지입니다. 편지는 멀리 떨어져 있는 사람에게 자신의 마음과 생각을 종이에 기록하여 전달하는 글입니다. 그러나 하늘에서 오는 그리스도의 편지는 심비에 새겨진 하나님의 마음을 하나님의 선지자나 하나님의 아들들을 통해서 마음과 마음으로 전달하는 글을 말합니다. 세상에서 오고 가는 편지도 우편배달부가 있어야 전달할 수 있듯이 하나님께서 보내주시는 편지도 구약시대에는 모세와 선지자들을 통해서 보내주셨고 신약시대에는 예수님과 사도들을 통해서 전달해 주셨습니다.

　이렇게 하나님의 말씀이 기록된 성경 66권은 모두 하나님께서 하나님의 백성들에게 보내주신 편지입니다. 그런데 사도들 이후에는 하나님께서 보내주시는 편지가 아직 한 통도 오지 않고 있습니다. 그러면 하나님께서 신약시대를 끝으로 하나님의 백성들에게 보내주시는 편지를 모두 중단하셨다고 생각할 수밖에 없습니다. 그러나 하나님께서는 지금도 변함없이 오늘날 기독교인들에게 편지를 보내주시고 있습니다. 단지 오늘날 기독교인들이 영안이 없어 하나님께서 보내주시는 그리스도의 편지를 보지 못하고 있을 뿐입니다.

(고린도후서 3장 2절-3절) "너희가 우리의 편지라 우리 마음에 썼고 뭇 사람이 알고 읽는 바라 너희는 우리로 말미암아 나타난 그리스도의 편지니 이는 먹으로 쓴 것이 아니요 오직 살아 계신 하나님의 영으로 한(쓴) 것이며 또 돌비에 쓴 것이 아니요 오직 육의 심비에 한(쓴) 것이라."

상기의 말씀은 "너희가 우리의 편지라."고 말씀하고 있습니다. 그런데 "너희는" 오직 살아 계신 하나님의 영에 의해서 심비에 기록된 자들을 말하며 이들이 바로 그리스도의 편지라고 말씀하고 있습니다. 그러면 "너희"는 과연 오늘날 어느 누구를 말하는 것인가요? 상기의 말씀을 통해서 사도바울이 말씀하시는 "너희"는 오늘날 모든 기독교인들을 말하는 것이 아니라 "하나님의 말씀이 심비에 기록된 자" 곧 "말씀이 육신 된 자"를 말합니다. 즉 하나님의 생명으로 거듭나서 예수님이나 사도들과 같이 하나님의 아들이 된 자들을 말합니다.

이렇게 예수님은 하나님의 마음을 하나님의 백성들에게 전달하려고 오신 하나님의 편지이며 사도들 역시 예수님의 마음을 전달하신 그리스도의 편지입니다. 그런데 사도바울이 너희가 그리스도의 편지라고 말씀하신 "너희"는 사도바울에 의해서 거듭난 디모데와 디도와 오네시모 등을 말합니다. 이와 같이 오늘날 그리스도의 편지는 하나님의 생명으로 거듭난 하나님의 아들들을 말합니다. 이렇게 그리스도의 편지는 지금까지 하나님의 생명으로 거듭난 하나님의 아들들에 의해서 계속하여 전달되어 왔으며 앞으로도 변함없이 이러한 아들들에 의해서 전달될 것입니다.

그리스도의 편지는 서신서와 같이 하나님께서 하나님의 백성들에게 하나님의 마음과 뜻을 전달하기 위하여 선지자나 하나님의 아들들을 통해서 보내 주신 글들입니다. 그리스도의 편지는 이미 언급한 바와 같이 두 종류가 있는데 하나는 돌비, 즉 하나님의 말씀을 지면에 기록한 성경이 있고 또 하나는 심비, 즉 하나님의 아들들의 마음 속에 기록된 것이 있습니다. 여기에 기록된 그리스도의 편지는 돌비에 기록된 것이 아니라 모두 심비에 기록된 것들입니다. 그런데 안타까운 것은 눈먼 소경은 보석을 손에 쥐어 주어도 못 보듯이 영적인 세계를 처음 접하시는 분들은 심비에 기록된 영적인 말씀들을 이해하기가 어렵다는 것입니다. 예수님의 말씀이나 사도들의 말씀을 유대인들이 듣지 못했던 것은 바로 이러한 이유 때문이었습니다.

이렇게 하나님의 섭리 속에 감추어져 있는 성경속의 비밀들은 하나님의 말씀이 심비에 기록된 하나님의 아들들을 통하지 않고는 열 수도 볼 수도 없는 것입니다. 하나님께서 유대인들이나 오늘날 기독교인들에게 계속하여 구원자를 보내주시는 것은 성경 속에 감추어진 하나님의 뜻과 생명의 길을 올바로 알려서 구원하기 위함입니다. 예수님께서 하나님의 말씀을 밭에 감추인 보화라고 말씀하신 것은 영적인 하나님의 뜻이 성경 속에 모두 감추어져 있다는 뜻입니다. 그러므로 요한계시록 5장에 사도 요한이 봉함 되어 있는 성경을 바라보고 인을 떼기에 합당한 자가 없어 큰소리로 울었다고 말씀하고 있습니다.

(요한계시록 5장 1절-5절) "내가 보매 보좌에 앉으신 이의 오른손에 책이 있으니 안팎으로 썼고 일곱 인으로 봉하였더라 또 보매 힘 있는 천사가 큰 음성으로 외치기를 누가 책을 펴며 그 인을 떼기에 합당하냐 하니 하늘 위에나 땅 위에나 땅 아래에 능히 책을 펴거나

보거나 할 이가 없더라 이 책을 펴거나 보거나 하기에 합당한 자가 보이지 않기로 내가 크게 울었더니 장로 중에 하나가 내게 말하되 울지 말라 유대 지파의 사자 다윗의 뿌리가 이기었으니 이 책과 그 일곱 인을 떼시리라 하더라."

상기의 말씀에 보좌에 앉으신 이의 오른 손에 있는 책은 하나님의 말씀이 안팎으로 기록되어 있는 성경을 말하고 있습니다. 그런데 이 책(성경)은 일곱 인으로 봉함되어 있어 능히 이 책의 인을 떼거나 펴거나 보거나 할 합당한 사람이 하늘 위에나 땅 위에나 땅 아래에 없어 요한이 크게 울었다고 말씀하고 있습니다.
이렇게 성경은 어느 누구나 볼 수는 있으나 말씀 속에 감추어져 있는 영적인 비밀들은 볼 수 없고 들을 수 조차도 없는 것입니다. 왜냐하면 성경은 밭에 감추인 보화와 같이 인봉이 되어 있기 때문에 예수님이나 사도들과 같이 하나님의 아들로 거듭난 자들 이외에는 하나님의 말씀을 열 수 없고 볼 수도 없는 것입니다. 이렇게 성경이 인봉된 것은 창세기에 아담과 하와가 뱀의 미혹을 받아 하나님께서 먹지 말라고 명하신 선악과를 먹은 후부터 입니다. 하나님은 이 때부터 생명나무로 가는 길을 그룹들과 두루 도는 화염검으로 막으신 것입니다.
그러므로 예수님께서 니고데모에게 거듭나지 않으면 하나님의 나라를 볼 수 없고 물과 성령으로 나지 않으면 천국에 들어갈 수 없다고 말씀하신 것입니다. 이렇게 아직 하나님의 생명으로 거듭나지 못한 죄인들은 하나님의 나라, 즉 하나님의 영적인 말씀을 볼 수가 없고 천국도 들어갈 수 없는 것입니다. 세례요한이나 예수님께서 유대인들을 향해서 회개하라고 외치신 것은 모두 죄를 범한 죄인들이기 때문입니다. 그러므로 하나님의 백성들은 자신을 죄에서 구원해 주실 구원자(예수)를 기다릴 수밖에 없는 것입니다.

 그런데도 불구하고 오늘날 기독교인들은 유대인들과 같이 모두 의인의 자리에 앉아서 하나님의 아들 노릇을 하고 있는 것입니다. 그러므로 하나님의 아들들은 예나 지금이나 하나님의 백성들에게 그리스도의 편지를 전해 주시려고 오시는데, 모두 의인(아들)의 자리에 앉아서 편지를 외면하고 있는 것입니다. 왜냐하면 오늘날 기독교인들은 예수를 믿음으로 이미 하나님의 아들이 되어 하나님을 아바 아버지라고 부르고 있기 때문입니다. 그러나 이것은 마치 상상임신을 하고 있는 여인과 같이 자신 스스로가 아들이라는 것을 믿고 있는 것이지 실제 아들이 된 것이 아닙니다. 이렇게 오늘날 기독교인들이 하나님의 아들이라는 것은 오해이며 예수님이나 하나님께서는 절대로 아들로 인정을 하지 않습니다. 이 때문에 심판 날 주님께서는 하나님의 아들이라는 것을 철저히 믿다가 온 자들에게 나는 너를 도무지 모른다고 말씀하시는 것입니다.

 이와 같이 하나님이나 예수님께서는 오늘날 기독교인들을 아들로 낳으신 적도 없고 기독교인들 역시 낳음을 받은 적도 없다는 것을 알아야 합니다. 단지 기독교회가 만든 이신칭의 교리에 의해서 예수를 믿는 자는 모두 하나님의 아들이 되었다는 것을 의심 없이 믿고 있을 뿐입니다. 만일 진정한 아들이라면 성경의 비밀을 볼 수 있고 죄인들의 죄를 사할 수 있고 죽은 자를 살려서 아들로 낳을 수 있어야 합니다. 지금 이렇게 할 수 없다면 자신이 아들이라는 것을 스스로 믿고 있거나 아니면 삯군목자들에게 속고 있는 것입니다. 그러므로 오늘날 기독교인들은 하나님께서 하나님의 아들들을 통해서 보내주시는 그리스도의 편지를 받아 보아야 합니다. 왜냐하면 그리스도의 편지 속에는 하늘의 세계와 하늘의 비밀과 각종 보화들이 담겨져 있기 때문입니다. 즉 그리스도의 편지는 봉함되어 있는 하늘의 보고를 여는 열쇠입니다. 그러므로 그리스도의 편지를 받아서 자세히 읽어보신다면 하늘의 세계와 지금까지 성경 속에 감추어져 있던 영적인 비밀들을 모두 알 수 있습니다. 그리스도의 편지 안에는 죄와 회개, 천국과 지옥, 생명의 길과 멸망의 길, 말세와 주의 임하심, 삯군목자와 참목자, 성령의 잉태와 부활 등의 영적인 비밀들이 모두 기록되어 있습니다. 그러므로 이 편지를 읽는 분들은 생명의 길에서 올바른 신앙생활을 할 수 있고 또한 진리의 말씀을 통해서 하나님의 생명으로 거듭나서 천국에 이르게 될 것입니다.

오늘날 기독교회가 날로 부패해가고 병들고 있는 것은 하나님의 뜻과 천국의 비밀을 모르기 때문에 나타나는 현상입니다. 그보다 이 세상에 그리스도의 편지를 소유한 참목자는 적고 그리스도의 편지로 가장한 삯군목자와 거짓선지자들이 많기 때문입니다. 예수님께서 거짓선지자의 미혹을 조심하라고 여러 번 강조하신 것은 이 세상에 거짓선지자들, 즉 삯군목자들이 많이 나와 있기 때문에 하신 말씀입니다. 그러나 이 편지를 자세히 읽어보신다면 삯군목자나 거짓선지자들도 모두 회개하고 참목자가 될 것이라 생각합니다.

이 편지는 하나님의 세계를 보다 쉽게 그리고 누구나 알 수 있도록 자세히 기록되어 있습니다. 그런데 이 편지를 읽기 전에 한가지 주의할 점은 지금까지 가지고 있던 신앙의 고정관념을 모두 내려놓아야 한다는 것입니다.

만일 지금까지 교리로 의식화된 고정관념을 가지고 이 편지를 보신다면 오히려 번민과 괴로움에 빠질 수도 있습니다. 왜냐하면 여기에 기록된 영적인 말씀들은 기독교인들이 지금까지 알고 있던 말씀과 너무나 다르기 때문입니다. 그러나 고정관념을 모두 내려놓고 이 편지들을 끝까지 인내하며 읽어보신다면 많은 깨달음과 함께 지금까지 성경에 감추어져 있던 수많은 하늘의 보화들을 발견하게 될 것입니다.

여기에 기록된 글들은 예루살렘과 유대와 사마리아와 땅 끝까지 전파되어야 할 하나님의 귀중한 말씀들입니다. 이렇게 그리스도의 편지는 오늘날 이 지구상에서 하나님과 예수님을 믿고 있는 하나님의 백성들은 어느 누구나 할 것 없이 모두 읽어야 할 말씀이며 또한 이 편지를 통해서 모두 회개하고 새롭게 거듭나야 할 말씀들입니다.

하나님께서는 여기에 기록된 말씀들을 읽고 매일매일 새롭게 변화되어서 하나님의 아들로 거듭나기를 바라고 계십니다.

편 지

당신이 보내주신 편지는
사랑의 기쁨과 서글픔으로
가득차 있습니다

기다리는 슬픔이
너무 벅차긴 해도
당신을 만날 수 있는
소망이 있기에
마냥 기쁘기만 합니다

당신을 만나는 그날에
그 동안 간직했던
모든 일들을
사랑의 노래로 꽃 피우렵니다

아름답고 향기로운 열매로
당신이 보내주신 편지에
보답하는 양이 되고 싶습니다.

거짓된 사랑

사랑하면서 그리워 해도
사랑하면서 보고 싶어도
사랑하면서 애를 태워도
만나지 않고는 볼 수가 없는 것을
그리워만 하고 보고 싶어만 하고
애만 태우며 머물러 있는가

진정 사랑한다면
벌써 달려가 만나 보았으리라
아직도 그냥 있는 까닭은
사랑하지도 않으면서 그리워 하고
사랑하지도 않으면서 보고 싶어 하고
애만 태우는 것이리라

사랑하지도 않으면서
속고 있는 것이리라

하늘에서 온 그리스도의 편지

이 편지는 하나님께서
오늘날 이 세대를 살아가면서
자신의 존재나
인생의 진정한 의미를 모르고
무지 속에 죽어가는 사람들과
신앙생활을 열심히 하면서도
하나님의 뜻이나
천국으로 가는 길 조차 모르고 있는
기독교인들을 위해서 보내주신
편지입니다.

하늘에서 온 그리스도의 첫 번째 편지
(인생의 의미와 신앙생활)

　이 편지는 하나님께서 오늘날 이 세대를 살아가면서 자신의 존재나 인생의 진정한 의미를 모르고 무지 속에 죽어가는 사람들과 신앙생활을 열심히 하면서도 하나님의 뜻이나 천국으로 가는 길조차 모르고 있는 기독교인들을 위해서 보내주신 편지입니다. 이 편지 속에는 하나님께서 인간을 창조하신 목적과 근원에 대하여 그리고 하나님께서 오늘날 우리에게 보내주신 참목자에 대하여 자세히 말씀하고 있습니다. 그러므로 이 글을 읽어보신다면 인생의 의미가 무엇이며 올바른 신앙생활이 어떤 것인지 그리고 하나님의 뜻과 이 시대의 구원자에 대하여 보다 확실하게 알 수가 있습니다.

　수 많은 사람들이 이 세상을 오고 가며 생존을 위한 경쟁 속에서 오늘도 열심히 살아가고 있지만 인생의 진정한 의미나 신앙의 참된 길을 알고 있는 사람은 그리 많지 않습니다. 그 이유는 사람들 속에 항상 탐·진·치(욕심, 혈기, 무지)라는 죄성이 내재되어 있기 때문입니다. 그러므로 사람들은 인생의 진정한 의미도 모르면서 세상의 부귀와 권력 혹은 지식이나 명예를 자기 욕심대로 취하여 이 세상에서 부귀영화를 누리며 행복하게 잘 살려고 하는 것입니다. 그러나 이러한 것들은 자기 욕심대로 취하기도 어렵지만 이 모든 것들을 취한다 해도 오히려 불안과 고통이 가중 됩니다. 요즈음 돈 많은 재벌이나 권력을 손에 쥔 정치인들이 손에 은팔찌를 차고 줄줄이 검찰에 구속되는 것을 보면 잘 알 수 있습니다. 이런 일들이 없는 사람이라도 갑자기 불의의 사고나 중병에 걸려 사경에 처하게 되거나 몸이 노쇠하여 죽음을 맞게 되면 누구나 인간의 한계를 느끼면서 이구동성으로 인생은 일장춘몽과 같이 허무하다고 말합니다. 그러므로 일찍이 인생의 무상함을 느낀 일부의 사람들은 자신의 존재와 인생에 대하여 깊이 생각하며 고민을 하게 됩니다. 인간이 온 곳은 어디이며 가는 곳은 어디일까? 그리고 인간들이 이생에서 해야 할 일은 과연 무엇인가? 진정 사람이 온 곳이 어미의 태 속이며 가는 곳은 한 평 남짓한 무덤 속이나 화장터에서 타다 남은 한줌의 재가 전부란 말인가? 이렇게 인생의 의미나 자신의 존재를 알기 위하여 고민하며 찾고 찾다가 결국은 인생철학을 연구하게 되는 것입니다.

그런데 자신의 존재를 알기 위해서 인생을 연구하며 아무리 많은 공부를 하여도 인간의 한계점에 이르게 되면 결국 좌절하게 됩니다. 이런 상황이 계속되면 자연히 염세주의에 빠지거나 스스로 목숨을 끊는 경우도 있습니다. 이러한 사람들이 찾는 곳은 결국 신과 영원한 생명과 평안이 있다는 교회를 찾아 신앙생활을 하게 됩니다. 이런 자들이 신앙생활을 처음 시작할 때는 하나님을 열심히 섬기며 교회를 위해서 물질과 몸까지 바쳐가며 열정적으로 봉사도 합니다. 왜냐하면 전지전능하신 하나님을 아버지로 모시고 열심히 신앙생활을 한다면 하나님께서 축복해 주실 것이라는 믿음과 자신이 하는 모든 일도 지켜주실 것이라고 생각하기 때문입니다.

그러나 신앙이 자라고 말씀을 조금 알게 되면 심지 않은 자는 절대로 거둘 수 없다는 것과 사람이 무엇으로 심든지 그대로 거두게 하신다는 하나님의 공의를 깨닫게 됩니다. 그리고 더욱 안타까운 것은 신앙생활을 아무리 열심히 한다해도 영생이나 천국이 있다는 것을 막연히 믿고 있을 뿐 분명하게 알 수도 없고 천국을 간다는 확실한 보장도 없다는 것을 깨닫고 다시 좌절하게 되는 것입니다. 즉 천국은 어디 있으며 어떻게 가는지 또한 우리가 예수를 믿음으로 이미 하나님의 아들이 되었다는 말도 하고 믿기도 하고 있지만 아무리 생각을 하고 자기 속을 들여다 보아도 아들이라는 확신도 없고 천국에 간다는 보장도 없다는 것입니다.

왜냐하면 무엇을 믿고 있다는 것은 미래적으로 성취될 가능성을 믿는 것이며 이미 성취되었다는 의미가 아니기 때문입니다. 그보다 더 중요한 것은 신앙이 성장하면 세상(애굽)의 종교나 전통적 신앙 속에는 각종 교리와 기복만 있을 뿐 진리나 생명이 없다는 것을 알게 됩니다. 이 말은 세상(애굽)의 종교 안에는 보편화 되어있는 교리와 전통적인 유전과 신학이 있고 그에 따른 세상 목사들이 존재할 뿐 참진리나 생명을 가진 참목자가 없다는 것을 알게 된다는 말입니다. 즉 참진리나 하나님의 생명은 예수님이나 예수님과 같이 하나님의 생명으로 실제 거듭난 하나님의 아들(참목자)에게만 있다는 것입니다. 그러므로 지금도 진리를 찾는 자들은 이스라엘 백성들이 모세를 따라 출애굽을 하였듯이 기존교회의 신앙생활에서 벗어나 어느 곳에 있을지도 모르는 참목자를 찾아 방황하게 되는 것입니다.

그러나 하나님께서는 동방박사들을 예수님께 인도하신 것과 같이 광야에서 방황하고 있는 나그네들에게 천사들을 보내서 광야의 목자에게 인도하여 주십니다. 그런데 불모지 사막과 같은 광야의 길을 가기란 이루 형용할 수 조차 없이 힘들고 어려운 것입니다. 하나님께서 하나님의 백성들을 불도가니 속과 같은 광야의 길을 걷게 하신 것은 애굽에서 의식화 되어 있는 모든 죄성을 불로 태워 없애기 위함입니다. 즉 하나님께서 하나님의 백성들을 광야의 뜨거운 불가마 속에 넣는 것은 애굽의 육적존재를 완전히 죽이고 영원한 생명으로 다시 살리기(창조) 위함입니다.

애굽에서 나온 이스라엘 백성들이 이러한 하나님의 깊은 뜻을 몰랐기 때문에 광야의 고통을 참지 못하고 모세를 원망하고 하나님을 원망하다가 결국 가나안 땅에 들어가지 못하고 멸망하게 된 것입니다. 이렇게 가나안으로 가는 길과 모든 과정(애굽-광야-가나안)은 하나님께서 이미 창세 때부터 계획하시고 만들어 놓으신 길로서 영원토록 변치 않는 길입니다.(십계명 해설서 "가나안으로 가는 길"에 자세히 설명되어 있음)

그러므로 하나님의 백성들이 하나님의 아들로 거듭나서 천국으로 들어가려면 어느 누구나 예외없이 이 길을 반드시 걸어가야 합니다. 그런데 오늘날 기독교인들은 이 고난의 길을 예수님께서 오셔서 우리를 대신하여 십자가를 지고 가셨기 때문에 우리는 예수를 믿기만 하면 된다고 말합니다. 그러나 예수님께서는 "네가 나를 따라 오려면 너를 부인하고 네 십자가를 지고 따라 오라."고 분명하게 말씀하고 있습니다. 또한 기독교인들은 하나님께서 우리 인간(첫 아담)을 처음 만드실 때에 하나님의 형상과 모양으로 완전한 인간을 만드셨다고 오해를 하고 있습니다.

그러나 하나님께서 처음에 흙으로 만드신 첫 아담은 육적인 혼의 생명(육과 혼)이며, 말씀으로 창조된 영의 생명(육과 영)이 아닙니다. 이런 이유 때문에 하나님께서 첫 아담(육적 생명)을 만드신 후 다시 육일동안 하나님의 말씀으로 재창조하여 하나님의 형상과 모양이 같은 둘째 아담(영적 생명)으로 완성시키려 하신 것입니다. 즉 하나님께서 첫 아담을 흙으로 만드신 후에 그 안에 불어넣으신 생명은 영이 아니라 혼(נֶפֶשׁ:네페쉬)인 것입니다. 그래서 땅에 속한 첫 아담의 마음이 항상 공허하고 혼돈된 흑암의 상태였던 것입니다.

아담이 뱀의 유혹을 받아 선악과를 따먹고 하나님과 같이 되려 했던 것은 바로 첫 아담이 혼적 존재였다는 것을 증명해 주고 있습니다. 이렇게 아직 하나님의 생명으로 거듭나지 못한 인간들은 모두 아담과 같은 혼적 존재이며 죄인인 것입니다. 하나님께서 하나님의 백성들에게 예수를 믿고 죄 사함을 받아 하나님의 아들로 거듭나라는 것은 모두 혼적 존재이며 죄인이기 때문에 하신 말씀입니다.

오늘날 기독교인들이 이신칭의 교리를 통해서 예수를 믿음으로 이미 하나님의 아들이 되었다고 큰소리는 치지만 마음 한 구석이 언제나 공허하고 허탈한 것은 아직 거듭나지 못했기 때문입니다. 결국 자신이 하나님의 아들이라고 스스로 믿고 있는 것은 교리로 의식화된 믿음 때문이며, 실제로는 하나님의 아들이 아니라는 것과 아직은 하나님의 종도 아니라는 것을 알아야 합니다. 이 말은 세상(애굽)교회에 있는 기독교인들은 이스라엘 백성들과 같이 모세를 통하여 구원을 받아야 할 피조물들이라는 것입니다. 그러므로 오늘날 기독교인들이 구원을 받고 하나님의 생명으로 거듭나기 위해서는 지금이라도 기존신앙에서 벗어나 하나님께서 성경을 통하여 제시하고 계신 생명의 좁은 길로 나아가야 합니다.

하나님께서는 이 세대들을 죄 가운데서 구원하시기 위하여 광야의 목자(모세)와 가나안의 참목자(하나님의 아들)들을 항상 예비해 놓고 계십니다. 왜냐하면 이 시대의 구원자들이 없다면 죄 사함을 받을 수 없고 천국도 갈 수 없기 때문입니다. 또한 하나님의 생명으로 거듭난 참목자만이 하나님께서 예비하신 생명의 길을 인도할 수 있고 죄인들의 죄도 모두 사하여 하나님의 아들로 거듭나게 할 수 있기 때문입니다.

하나님께서는 여러분이 이 편지를 통해서 주의 음성을 듣고 하루속히 생명의 좁은 길로 나오시기를 지금도 기다리고 계십니다.

사 랑

당신의 따뜻한 사랑은
내 안에 들어오셔서
향기로운 제물이 되셨고
깊고 깊은 음부속 까지
내려가 사랑을 하셨습니다.

당신의 사랑의 빛은
사망의 그늘에 앉아 있는
나를 일으켜 세우고
당신의 따뜻한 사랑을
토설하게 하셨습니다.

당신의 향기로운 제물이
사랑을 만들고
사랑을 낳으셨습니다.

하늘에서 온 그리스도의 두 번째 편지
(죄의 실체와 생명의 길)

이 편지는 인간의 무지와 욕심이 얼마나 무서운 죄인지도 모르고 지금도 기복적인 신앙생활을 하고 있는 오늘날 기독교인들에게 하나님께서 보내주신 두 번째의 편지입니다. 이 편지 속에는 죄의 근원이 무엇이며 죄의 결과는 어떻게 나타나는가를 성경을 통해서 자세히 말씀하고 계십니다. 그러므로 여기에 기록된 말씀을 읽고 깨달아 죄의 길에서 돌이키는 자들에게는 하나님께서 반드시 생명의 길을 열어주실 것입니다.

오늘날 기독교인들에게 신앙생활을 하는 목적이나 소망이 무엇이냐고 물어보면 대부분 현세에 행복한 삶을 누리는 것이요 사후에는 천국에 들어가 잘 사는 것이라 말합니다. 이렇게 신앙생활을 하는 목적이 모두 하나님으로부터 복을 받아 현세나 사후에 잘 살려고 하는 기복신앙입니다. 결국 사람들이 신앙생활을 하는 목적이 하나님의 뜻을 이루기 위한 것이 아니라 자기의 뜻, 즉 자기가 바라고 원하는 욕심을 채우기 위해서 한다는 말입니다. 그러나 하나님은 욕심이 바로 죄라고 말씀하시면서 욕심이 있는 자는 절대로 천국에 들어갈 수 없다고 말씀하십니다.

왜냐하면 하나님께서 욕심이나 탐심을 가지고 신앙생활을 하는 자는 곧 우상을 숭배하는 것이라고 말씀하시기 때문입니다.

(야고보서 1장 14절-15절) "오직 각 사람이 시험을 받는 것은 자기 욕심에 끌려 미혹됨이니 욕심이 잉태한 즉 죄를 낳고 죄가 장성한 즉 사망을 낳느니라."

(골로새서 3장 5절-6절) "그러므로 땅에 있는 지체를 죽이라 곧 음란과 부정과 사욕과 악한 정욕과 탐심이니 탐심은 우상숭배니라 이것들을 인하여 하나님의 진노가 임하느니라."

상기의 말씀은 하나님께서 죄의 근원과 우상의 실체에 대하여 하신 말씀입니다. 오늘날 기독교인들은 죄가 있는 자나 우상을 숭배하는 자는 절대로 천국에 못 들어간다고 말을 하면서도 욕심이 곧 죄요 우상숭배라는 것은 잘 모르고 있습니다. 하나님께서는 하나님과 예수를 열심히 믿으며 신앙생활을 아무리 오랫동안 했다 하여도 욕심을 버리지 못한다면 결국 멸망을 받아 지옥으로 들어가 형벌을 받게 된다고 하십니다. 그럼에도 불구하고 오늘날 목회자들은 설교 때마다 복(욕심)을 강조하고 있으며 교인들 역시 복을 받기 위한 일념으로 신앙생활을 열심히 하고 있습니다. 복은 두 종류가 있는데 하나는 하나님께서 주시는 하늘의 신령한 복과 또 하나는 땅에서 썩어 없어질 육신의 복이 있습니다. 그런데 오늘날 기독교인들은 하늘의 신령한 복에는 별로 관심이 없고 모두 썩어 없어질 육신의 복을 받기 위하여 신앙생활을 하고 있는 것입니다. 이렇게 오늘날 목회자들과 교인들이 하나님의 뜻과는 전혀 상반되는 신앙생활을 하기 때문에 천국으로 가는 길이 오히려 더욱 멀어지고 있습니다.

이러한 신앙생활을 하는 자들은 천국을 가는 것이 아니라 결국 지옥으로 가게 됩니다. 그런데도 불구하고 오늘날 기독교인들은 한결같이 자신들은 예수를 믿기 때문에 절대로 지옥으로 가지 않고 모두 천국으로 들어간다고 말합니다. 그런데 천국과 지옥이 어디 있는지 그리고 천국과 지옥은 과연 어떤 곳인지를 물어 보면 잘 모른다고 말합니다. 이렇게 기독교인들이 평생 동안 교회를 다니며 목사님으로부터 설교말씀을 듣고 성경공부를 하면서도 천국을 어떻게 가는지 그리고 천국은 어떤 사람들이 들어가는지 조차도 확실하게 모르는 상태에서 신앙생활을 하고 있습니다. 그 이유는 성경공부나 신앙생활을 모두 전통적인 교리와 기복을 중심으로 하고 있기 때문입니다. 그래서 기독교회의 신관이나 구원관이나 천국관 등이 성경말씀과 다르며 또한 종파나 교파마다 모두 다른 것입니다. 그러나 하나님의 말씀이 기록된 성경에는 하나님과 천국에 대하여 그리고 구원의 과정을 구체적으로 자세히 말씀하고 있습니다. 예수님은 성경을 통해서 말씀하시기를 천국으로 가는 길이 둘이 있는데, 하나는 넓고 평탄해서 예수를 믿기만하면 모두 천국에 쉽게 들어갈 수 있다는 멸망의 길이요, 또 하나는 좁고 협착해서 하나님의 뜻대로 행한 자들만이 힘들게 들어가는 생명의 길이 있다고 말씀하십니다.

(마태복음 7장 13절-14절) "좁은 문으로 들어가라 멸망으로 인도하는 문은 크고 그 길이 넓어 그리로 들어가는 자가 많고 생명으로 인도하는 문은 좁고 길이 협착하여 찾는 이가 적음이니라."

상기 예수님의 말씀과 같이 생명(천국)으로 들어가는 길은 문이 좁고 가는 길이 협착하여 찾는 이조차 적다는 것입니다. 그런데도 불구하고 오늘날 기독교인들이 천국을 가기 위한 준비나 생각조차도 하지 않고 있는 것은 오직 예수를 믿음으로 모두 천국에 들어간다는 기독교의 이신칭의 교리 때문입니다. 그러나 예수님께서는 믿음은 구원의 시작이며 천국은 하나님의 뜻대로 행한 자들만이 들어간다고 분명히 말씀하고 있습니다. 오늘날 기독교인들의 신앙생활은 모두 믿음으로 시작해서 믿음으로 마친다 하여도 과언이 아닐 정도로 오직 믿음만을 강조하고 있습니다. 그러나 하나님께서는 고린도전서 13장을 통하여 "너희가 산을 옮길만한 믿음이 있어도 사랑이 없으면 아무 소용이 없다."고 말씀하시며 또한 야고보서를 통해서는 "행함이 없는 믿음은 죽은 믿음이라."고 말씀하십니다. 이 말씀은 아무리 하나님과 예수를 열심히 믿어도 사랑이 없거나 하나님의 뜻대로 행치 않는 믿음은 죽은 믿음으로 아무런 소용이 없다는 말입니다.

　(마태복음 7장 21절) "나더러 주여! 주여! 하는 자마다 천국에 다 들어갈 것이 아니요 다만 하늘에 계신 내 아버지의 뜻대로 행하는 자라야 들어가리라."
　(야고보서 2장 26절) "영혼 없는 몸이 죽은 것같이 행함이 없는 믿음은 죽은 것이니라."

　상기 예수님의 말씀과 같이 하나님의 백성들이 예수를 열심히 믿으며 또한 예수님을 주여! 주여! 하며 입으로 시인한다고 해서 모두 천국에 들어가는 것이 아니라 하나님의 뜻, 즉 성경을 통하여 하나님께서 제시하고 계신 생명의 길인 좁은 문과 좁은 길(애굽-광야-가나안-안식)을 통과해야만 들어간다는 말씀입니다. 예수님은 누가복음 말씀을 통해서 천국에 대하여 더욱 충격적인 말씀을 하시는데, 그것은 생명의 좁은 길을 힘들게 가고 있는 소수의 무리 중에서도 천국에 못 들어가는 자가 더 많다는 것입니다.

(누가복음 13장 24절) "좁은 문으로 들어가기를 힘쓰라 내가 너희에게 이르노니 들어가기를 구하여도 못하는 자가 많으리라."

상기의 말씀과 같이 예수님께서는 천국에 들어가기가 힘들고 어렵다고 말씀하시는데도 불구하고 세상 목자들은 천국으로 들어가는 좁은 문과 협착한 길을 교리로 모두 넓혀 놓고 어느 누구나 예수를 믿기만 하면 아무런 노력이나 행함이 없어도 모두 천국에 들어갈 수 있다고 교인들을 속이고 있습니다. 성경에는 하나님의 백성들을 생명의 길로 인도하고 있는 참목자와 멸망의 길로 인도하고 있는 삯군목자(거짓선지자)들에 대하여 자세히 말씀하고 있습니다. 그런데 안타깝게도 예수님은 이 세상에 삯군목자와 거짓선지자는 수없이 많은데, 참목자는 아주 적다고 말씀하고 있습니다.

하나님의 백성들, 즉 양들이 죽고 사는 것은 오직 목자의 손에 달려 있기 때문에 양들이 어떠한 목자를 만나느냐는 신앙생활에 무엇보다 중요한 일입니다. 그런데도 불구하고 오늘날 기독교인들은 이러한 말씀에 대하여는 관심도 없이 모두 "우리 목사님은 참목자이시겠지" 하고 무조건 믿고 신앙생활을 하고 있는 것입니다. 그러나 자신을 인도하고 있는 목자가 삯군목자이거나 거짓선지자라면 아무리 예수를 열심히 믿어도 천국에 갈 수가 없다는 것을 알아야 합니다. 그래서 하나님께서는 성경을 통해서 지옥문 앞에서 슬피 울며 이를 갈고 있는 자들을 보여주고 계시는 것입니다.

이들은 무엇 때문에 지옥문 앞에서 그토록 슬피 울며 이를 갈고 있을까요? 이들이 지옥문 앞에서 슬피 울며 이를 갈고 있는 이유는 세상에서 신앙생활을 할 때 분명히 자기 목사님으로부터 "예수를 믿기만 하면 모두 천국에 들어간다."는 말씀을 들었고 또한 그 말씀을 조금도 의심없이 믿고 신앙생활을 했었기 때문인데, 막상 주님 앞에 서보니 주님은 나는 너를 도무지 모른다고 말씀하시는 것입니다.

문제는 세상에서 신앙생활을 할 때에 지옥에 들어가는 자들은 모두 불신자나 타종교인들이며 예수를 믿는 자들이 지옥으로 들어간다는 것은 상상도 못했었기 때문입니다. 결국 자신을 인도하는 거짓목자를 참목자라고 믿고 그가 전하는 모든 말씀을 조금도 의심하지 않고 무조건 아멘으로 받았기 때문입니다.

그러므로 오늘날 기독교인들은 지금이라도 자신을 인도하고 있는 목자가 참목자인지 삯군목자인지를 말씀을 통해서 확인해 보아야 합니다. 왜냐하면 성경 속에 지옥문 앞에서 이를 갈며 슬피 울고 있는 자가 바로 장래에 나타날 자신의 모습이 될 수도 있기 때문입니다. 그러므로 오늘날 기독교인들은 지금 자신이 가고 있는 길을 잠시 멈추고 성경을 통하여 자신의 신앙을 모두 점검해 보아야 합니다. 그렇게 한다면 하나님께서 반드시 성경의 거울을 통해서 지금 자신이 걸어가고 있는 신앙의 길을 밝히 보여 주실 것입니다.

하나님께서는 지금도 하나님의 뜻대로 구하고 찾고 두드리는 자를 찾고 계시며 이런 자들에게 반드시 생명의 길을 열어 주십니다.

("지옥문 앞에서 슬피 울고 있는 자들"에 자세히 기록되어 있음)

환난의 날

환난 날의 잡힌 마음이
등불을 밝히는구나

부끄러운 줄 모르며 달려 가더니
어리석음을 깨닫고 후회하면서

지난 밤의 쑤시던 뼈마디가
쉬지 아니하였더면

흑암 중에 잡히지 않은 마음이
고생의 날 보내는 자가 광명을
볼 수 있었던가

하늘에서 온 그리스도의 세 번째 편지
(구원의 과정)

　이 편지는 오늘날 예수를 믿으며 신앙생활을 하고 있는 기독교인들을 위하여 하나님께서 보내주신 세 번째의 편지입니다. 이 편지의 내용은 오늘날 기독교인들이 믿고 있는 믿음의 실체와 구원의 과정과 생명으로 가는 길을 구체적으로 말씀하고 있습니다. 그러므로 이 글을 자세히 읽어보신다면 신앙생활에 많은 도움은 물론 새롭게 거듭나는 계기가 될 것입니다.

　이 세상에 수 많은 사람들이 하나님을 믿고 예수님을 믿고 사후에 천국에 간다는 것도 믿으면서 열심히 신앙생활을 하고 있지만, 하나님께서 말씀하시는 믿음이 무엇인지 그리고 어떻게 믿어야 천국에 들어가는지를 확실히 아는 사람은 그리 많지 않습니다. 그 이유는 사람들이 성경을 통해서 하나님의 말씀이나 하나님의 모든 역사를 학문이나 지식적으로 알고 있을 뿐 하나님께서 말씀하고 계신 영적인 의미나 하나님의 깊은 뜻을 모르기 때문입니다.
　그래서 오늘날 하나님의 백성들이 하나님과 예수님을 믿으며 교회를 열심히 다니고 있지만 하나님께서 원하시고 기뻐하시는 올바른 신앙생활을 하지 못하고 있는 것입니다. 이러한 현상은 오늘날 기독교인들이 모두 기복과 교리신앙에 매여 믿음의 실체나 말씀의 영적인 의미를 확실하게 모르기 때문에 나타나는 것입니다. 오늘날 기독교인들의 신앙생활은 모두 믿음을 주축으로 한 기복과 교리신앙이기 때문에 대부분이 믿음으로 시작해서 믿음으로 마치고 있습니다. 그러나 믿음으로 하는 신앙생활은 하나님이나 예수님에 대하여 아무 것도 모를 때, 즉 신앙이 철부지 어린아이일 때 잠시 동안 하는 것입니다. 이렇게 믿음이란 신앙생활을 처음 시작하는 사람들에게는 아주 중요한 것이지만 믿음이 조금 성장하여 하나님의 말씀을 알게 되면 소망으로 나아가야 하며 소망이 장성하면 사랑으로 완성되어져야 하는 것입니다. 이와 같이 신앙이 어릴 때는 하나님의 살아 계심과 천지만물을 창조하심을 믿고 예수님이 우리 인간들을 죄 가운데서 구원하심을 믿으며 죽어서 천국에 갈 것도 믿으며 그 밖의 모든 것을 믿을 수 밖에 없습니다. 그러나 신앙이 성장하면 하나님의 말씀을 통해서 하나님의 살아 계심과 하나님께서 천지만물을 창조하신 것을 알고 천국과 지옥도 분명히 알아야 하며 또한 예수님이 계신 곳과 지금도 예수님께서 죄 가운데 있는 인간들을 죄에서 구원하고 계신 것을 날마다 피부로 느끼고 알아야 합니다.

　이렇게 구원은 애굽(세상)에서 믿음으로 시작되지만 생명은 광야의 소망을 통해서 가나안의 사랑으로 완성되어지는 것입니다. 그러므로 하나님께서는 고린도전서 13장을 통하여 "너희가 산을 옮길만한 믿음이 있어도 사랑이 없으면 아무 소용이 없다."고 말씀하시면서 믿음, 소망, 사랑 중에 사랑이 제일이라고 말씀하시는 것입니다. 즉 믿음이 소망을 통하여 사랑으로 완성되지 못한다면 헛된 믿음이요 죽은 믿음이요 소경된 믿음이라는 것입니다. 또한 하나님은 히브리서 11장을 통하여 믿음에 대하여 말씀하시기를 믿음은 바라는 것들의 실상이요 보지 못하는 것들의 증거라고 말씀하고 계십니다. 여기서 말씀하시는 믿음의 실상은 하나님의 백성들이 바라고 원하는 믿음이 소망의 과정을 통하여 사랑, 즉 하나님의 생명으로 나타날 때 그 생명을 믿음의 실체라 말합니다. 이와 같이 하나님께서 말씀하시는 믿음의 실체는 예수님과 하나님의 생명으로 거듭난 하나님의 아들들이며 이들이 바로 보지 못하는 자들에게 나타난 믿음의 증거(증거물)인 것입니다. 요한복음 3장 16절에 "예수를 믿는 자는 영생을 얻게 하려 하심이라."는 말씀이나 사도행전 16장 31절에 "주 예수를 믿으면 너와 네 집이 구원을 얻으리라."는 말씀은 모두 미래시제(앞으로 되어질 일)로서 예수님의 말씀을 믿고 그 말씀대로 신앙생활을 하는 자에게는 하나님께서 그 영혼을 구원하여 하나님의 생명을 주시겠다는 약속입니다.

그런데 오늘날 기독교인들은 자신들이 예수를 믿으므로 구원을 받은 것처럼 혹은 이미 하나님의 아들이 된 것처럼 믿고 있는 것입니다. 그러나 믿는다는 단어는 어떠한 것이 불분명하거나 불확실할 때 사용하는 말로서 무엇을 믿고 있다는 것은 불확실하거나 아직 모르고 있다는 말입니다. 즉 믿음이라는 단어는 주로 아무 것도 보지 못하는 소경들이 사용하는 말입니다. 그런데 오늘날 목회자들이 교인들에게 우리는 예수를 믿음으로 이미 구원을 받고 하나님의 아들이 되었다고 말한다면 그것이 바로 거짓증거이며 교인들을 속이는 것입니다.

오늘날 기독교회의 가장 심각한 문제는 교인들이 영적인 말씀의 무지로 말미암아 분별력이 없어 이러한 거짓말들을 진실로 믿고 있다는 것입니다. 하나님께서는 하나님의 아들이 되는 과정을 성경을 통해서 구체적으로 분명하게 말씀하고 있습니다. 그런데 안타깝게도 하나님의 모든 말씀은 영적인 비유와 비사로 되어 있기 때문에 하나님의 아들로 거듭나지 못한 자나 아직 영안이 열리지 않은 자들은 비록 목회를 하는 목사나 신학자라 해도 이러한 비밀들을 알지 못하고 있다는 것입니다. 하나님의 뜻은 하나님께서 하늘들(하나님의 아들)을 통해서 땅들(죄인들)을 구원하여 하나님의 아들로 창조하시는 것입니다. 그런데 하나님께서 성경을 통해서 말씀하시는 하늘은 예수님이나 하나님의 아들로 거듭난 자들을 말하며 땅은 아직 거듭나지 못한 죄인들을 비사로 말씀하고 있는 것입니다. 그러므로 주기도문에 "하나님의 뜻이 하늘에서 이루어진 것같이 땅에서도 이루어지이다."라는 말씀의 하늘은 예수님을 가리키는 말이며 땅은 제자들을 비유로 하신 말씀입니다. 그러므로 주기도문 속에 나오는 하늘과 땅이나 창세기에 하나님께서 만드신 하늘과 땅(천지창조)은 자연만물을 창조하신 것이 아니라 모두 땅에 속한 죄인들(땅들)을 하나님의 말씀으로 육일동안 창조하여 하늘에 속한 하나님의 아들(하늘들)을 만드시는 과정을 비사로 말씀하신 것입니다.(주기도문 해설서 "너희는 이렇게 기도하라"에 자세히 설명되어 있음)

사람이 아이를 낳을 때나 짐승이 새끼를 낳을 때도 낳는 과정과 그에 따른 기간이 있어야 하는 것과 같이 땅이 거듭나서 하늘이 되는 것도 창조의 여러 과정이 있고 그에 따른 수많은 기간이 있어야 합니다. 이렇게 하나님의 아들은 예수님을 믿는다고 순간적으로 되는 것이 아니라 하나님께서 말씀하시는 창조의 여러 과정과 수많은 기간이 필요한 것입니다. 그러므로 예수님께서 요한복음 3장에서는 "나를 믿는 자는 영생을 얻으리라."고 말씀하셨지만 요한복음 5장에서는 "내 음성을 듣는 자가 살아나리라."라고 말씀하셨으며, 또한 요한복음 6장을 통해서는 "내가 주는 떡을 먹지 않으면 영생할 수 없다."고 단계적으로 말씀하신 것입니다. 이렇게 신앙이 어릴 때에는 예수를 모르기 때문에 무조건 믿을 수밖에 없지만 영생은 유일하신 참하나님과 그의 보내신 자 예수 그리스도를 분명히 알게 될 때에 이루어지는 것입니다.(요한복음 17장 3절)

　이렇게 예수님께서 말씀하시는 천국은 예수를 믿는다고 모두 들어가는 것이 아니라 아버지의 뜻대로 행한 자들만이 들어간다고 말씀하고 계시며, 또한 예수님께서 너희가 천국으로 가기 위해 나를 따라 오려거든 네 자신을 부인하고 네 십자가를 지고 따라 오라고 말씀하시는 것입니다. 그런데 더욱 충격적인 것은 예수님께서 세례요한 때부터 지금까지 천국은 침노를 당하나니 침노하는 자가 빼앗는다고 말씀하고 있다는 사실입니다.(마태복음 11장 12절)

　이 말씀은 하나님의 백성들이 애굽에서 출애굽을 할 때는 모세의 도움을 받고 광야의 힘든 길도 모세의 인도함을 받지만 요단강부터 가나안 땅으로 들어가는 것은 자신의 힘으로 들어가야 한다는 말입니다. 이렇게 하나님의 아들로 거듭나는 것이나 천국에 들어가는 것은 매우 힘들고 어려운 일입니다. 성경에 이스라엘 백성들이 애굽에서 안식의 땅인 가나안으로 들어가기 위하여 애굽에서 430년 동안 출애굽을 위한 준비과정이 있었고 출애굽한 후에는 40년이라는 광야의 훈련과정이 있었다는 것을 누구나 잘 알 것입니다. 이런 과정을 통하여 젖과 꿀이 흐르는 가나안 땅에 들어가서 생명의 떡(생명의 말씀)을 먹을 때 비로소 하나님의 아들로 거듭난 것을 볼 수 있습니다.

　예수님께서 말씀하신 생명의 좁은 길은 바로 출애굽을 하여 광야의 길을 통해서 가나안으로 들어가는 것을 말하며, 멸망의 넓은 길은 애굽에서 예수를 믿기만 하여 천국에 들어가려는 길을 말합니다. 성경에 주님께서 나는 너를 도무지 모른다고 하는 말씀과 함께 지옥문 앞에서 슬피 울고 있는 자들은 모두 세상(애굽)교회에서 예수를 믿기만 하다가 온 자들입니다. 이들은 눈먼 소경의 상태에서 소경된 인도자를 따라가며 예수님을 일방적으로 믿기만 했던 믿음의 결과가 처절하게 드러난 것입니다. 그러나 천국으로 들어가는 자들은 예나 지금이나 하나님께서 정해 놓으신 생명의 좁은 길을 찾아서 어렵고 힘이 들어도 묵묵히 걸어가고 있는 자들입니다. 이렇게 하나님께서 성경을 통해서 이스라엘 백성들의 구원과 생명의 과정을 보여 주신 것은 바로 오늘날 기독교인들에게 보여주시기 위함입니다. 이러한 과정을 통해서 하나님의 아들로 거듭난 생명이 바로 예수님과 같이 천하보다 귀한 생명이 되는 것입니다. 결국 천국은 예수를 믿는 자들이 들어가는 곳이 아니라 예수님과 같이 하나님의 생명으로 실제 거듭난 자들이 들어가는 곳이라는 말입니다.

오늘날 기독교인들이 예수님과 같은 하나님의 아들로 거듭나서 천국에 들어가려면 예수님이나 예수님과 같이 하나님의 아들로 거듭난 자를 찾아가야 합니다. 왜냐하면 하나님의 아들들만이 천국으로 가는 길을 분명하게 알고 있으며 또한 우리에게 생명의 말씀을 주어 거듭나게 할 수 있기 때문입니다. 그런데 예수님을 만나기 위해서는 먼저 애굽의 목자인 제사장에게서 벗어나 광야에 계신 모세를 만나야 합니다.

이 말은 하루속히 애굽의 기복과 교리신앙에서 벗어나 광야의 율법을 통한 훈련을 받아야 한다는 것입니다. 이렇게 출애굽을 하여 광야에서 훈련을 마친 자들이 가나안 땅에 들어가 예수님께서 주시는 생명의 떡을 먹을 수 있고 이 떡, 즉 생명의 말씀을 날마다 먹을 때 하나님의 아들로 거듭나게 되는 것입니다. 이와 같이 하나님의 아들이 되는 것이나 천국에 들어가는 것은 매우 어렵고 힘든 일로서 예수님을 믿는다고 하여 아무나 천국에 들어가는 것이 아닙니다.

만일 지금도 예수를 믿기만 하면 어느 누구나 하나님의 아들이 되고 천국도 들어간다고 말하는 목자가 있다면 그가 바로 하나님의 생명으로 거듭나지 못한 소경이요 삯군목자이며 거짓 선지자라는 것을 알아야 합니다. 그러므로 이 글을 읽으신 분들은 자신이 지금 걸어가고 있는 길이 어떤 길이며 현재 머물고 있는 곳이 어디인가를 확인해 보아야 합니다. 왜냐하면 하나님은 지금도 우리에게 "아담아 네가 지금 어디 있느냐?" 라고 묻고 계시기 때문입니다. 이 말은 지금 네가 머물고 있는 곳이 애굽(믿음)인지 광야(소망)인지 가나안(사랑)인지를 묻고 계신 것입니다.

여러분! 이제 성경의 거울에 자신의 모습을 비추어 보신다면 자신이 머물고 있는 교회가 애굽교회인지 광야 교회인지 아니면 가나안 교회인지를 분명하게 알게 될 것입니다.

하나님께서는 지금도 생명의 길을 찾아 하나님의 뜻대로 신앙생활을 하려는 자들을 간절히 찾고 계십니다.

영혼의 메아리

그대 진실한
영혼의 메아리가
내 가슴에 울려오네

언제나
그대와 내가
사랑으로 하나가 되어
그리움을 잊을까

사랑안에 함께 거할 때까지
그날이 속히 오기까지
오래 참고 기다리리

영혼의 입맞춤으로 하나가 되어지는 날
그리움도 기다림도 없는
평안한 안식에서
영원히 함께 살게 되리라.

하늘에서 온 그리스도의 네 번째 편지
(율법과 모세)

　이 편지는 오늘날 기독교에서 사라져버린 율법과 거짓선지자들에게 버린바 된 모세에 대하여 하나님께서 기독교인들에게 보내주신 글입니다. 오늘날 기독교인들은 하나님께서 모세를 통하여 하나님의 백성들에게 주신 율법이 얼마나 중요한 것인가를 모르고 있습니다. 그 이유는 오늘날 거짓선지자(삯군목자)들이 예수님께서 오셔서 율법을 모두 이루셨기 때문에 오늘날 기독교인들은 지킬 필요가 없다고 하면서 율법을 폐하여 버렸기 때문입니다. 그러므로 하나님께서는 오늘날 기독교에서 실추된 율법을 다시 회복시키기 위하여 이 편지를 보내주신 것입니다.

　율법은 여호와 하나님께서 하나님의 백성들이 신앙생활을 하면서 반드시 지키고 행해야 할 규례를 법으로 정하여 시내산에서 모세를 통해서 주신 계명입니다. 그러므로 율법은 출애굽하여 광야로 나온 하나님의 백성들이 젖과 꿀이 흐르는 가나안 땅으로 들어가기 위해서는 반드시 지켜야 하는 하나님의 법도와 규례입니다. 이렇게 율법은 강을 건너야 할 사람에게 없어서는 안 될 뗏목과 같은 것이며, 길 떠나는 눈먼 소경에게 반드시 있어야 하는 지팡이와 같이 아주 중요한 것입니다. 그러므로 하나님의 백성들이 율법을 모르고는 절대로 은혜와 진리를 알 수 없고 모세를 통하지 않으면 예수 그리스도를 만날 수가 없는 것입니다. 이것은 애굽에 있는 이스라엘 백성들이 광야를 통과

하지 않고는 가나안 땅에 들어갈 수 없고 가나안을 통하지 않고는 영원한 안식(천국)으로 들어가지 못하는 것과 같습니다. 왜냐하면 하나님께로 인도하는 중보자가 예수님이신 것과 같이 예수님께 인도하는 중보자는 바로 모세이기 때문입니다. 이렇게 하나님의 백성들에게 중요한 율법이나 모세를 모른다면 가나안에 들어갈 수 없고 예수님도 만날 수가 없는 것입니다. 하나님께서는 하나님과 예수를 믿으며 신앙생활을 열심히 한다 하여도 율법을 모르거나 알고도 지키지 않는 자들은 하나님의 백성이라고 인정을 하지 않습니다.

    율법은 히브리어로 '토라(תּוֹרָה)' 라고 말하며 뜻은 법칙, 법령, 규례, 계명 등으로 하나님의 백성들이 반드시 지켜야 할 하나님의 법입니다. 예수님께서 내가 길이요 진리요 생명이니 나로 말미암지 않고는 아버지께 갈 자가 없다고 말씀하신 것처럼 모세(율법)를 통하지 않고는 가나안에 들어가 예수님을 만날 수 없고 천국도 갈 수 없습니다. 율법은 십계명을 포함한 모세오경, 즉 창세기, 출애굽기, 레위기, 민수기, 신명기를 말합니다. 하나님께서 모세를 통하여 기록케 하신 모세오경은 하나님의 백성들의 창조 과정과 애굽에서의 신앙생활과 출애굽을 하여 광야에서 훈련받는 과정과 그리고 하나님께 제사와 예물을 드리는 방법과 가나안에 들어가는 과정 속에서 반드시 지켜야 할 규례와 계명들입니다.

    그러므로 율법은 하나님의 백성들이라면 어느 시대 어느 민족이라도 반드시 지켜야 할 하나님의 법이며 규례입니다. 하나님의 법과 규례는 의미가 유사한 것 같지만 성격은 좀 다릅니다. 즉 규례는 하나님의 백성들이 신앙생활을 통하여 지켜야 할 규칙으로 권위나 구속력이 없지만 법은 규칙을 범하는 자들과 지키지 않는 자들을 심판하고 형벌을 하는 권한과 구속력을 가지고 있습니다. 그러므로 성경의 많은 부분에서 하나님께서 율법을 범한 자들을 징계하거나 즉시 멸하는 것을 볼 수 있는 것입니다. 하나님의 백성들이 율법을 두려워하며 지킬 수밖에 없었던 것은 바로 이러한 이유 때문이었습니다.

이와 같이 하나님의 백성들이 율법을 통하지 않고는 자신이 죄인이라는 것을 알 수가 없고 또한 예수님께서 계신 가나안 땅으로 가는 길도 알 수 없는 것입니다. 그러므로 애굽(세상교회)에 있는 자들이 교리적인 신앙과 기복적인 믿음이 얼마나 잘못된 것이라는 것을 모르면 출애굽을 할 수가 없고 광야로 나온 자들은 모세의 율법을 통한 훈련을 받지 않고는 은혜와 진리가 있는 가나안 땅으로 들어갈 수가 없는 것입니다. 성경에 율법은 모세로 말미암아 온 것이며 은혜와 진리는 예수 그리스도로 말미암아 온 것이라고 말씀하고 있습니다.(요한복음 1장 17절) 또한 율법과 진리를 주의 지팡이와 막대기로 비유하여 말씀하고 있는데 주의 막대기는 율법을 상징한 것이며 주의 지팡이는 진리를 말씀한 것입니다.(시편 23편)

이와 같이 율법은 하나님의 백성들이 애굽(세상)에서 기복 신앙과 교리로 의식화 되어 굳어진(강퍅해진) 마음을 부수고 또 부셔서 온유하고 겸손한 마음으로 만드는 것이요, 은혜와 진리는 광야에서 율법을 통하여 온유한 마음으로 변화된 자들을 다시 진리(생명의 말씀)로 재창조하여 하나님의 아들로 거듭나게 하는 것입니다. 그러므로 하나님의 백성들이 이러한 과정을 통하여 가나안 땅에 들어가지 못하면 예수 그리스도를 만날 수 없고 예수를 만나지 못하면 천국도 들어갈 수 없는 것입니다. 이것은 학생들이 초·중·고등학교를 거치지 않고는 대학교에 들어갈 수가 없고 군대에서 제정한 훈련의 과정을 모두 거치지 않고는 군인이 될 수 없는 것과 같은 것입니다. 또한 이 세상에서도 국민이 국가의 법을 지키지 않으면 진정한 국민이라 할 수 없듯이 하나님의 백성들이 하나님께서 지키라고 주신 하나님의 법(율법)을 모르고 있거나 지키지 않는다면 하나님의 백성이라 할 수 없는 것입니다. 이렇게 하나님께서 하나님의 백성들에게 지키라고 주신 율법은 아주 중요한 것으로 어느 시대 어느 누구를 막론하고 반드시 지켜야 하는 것입니다.

(신명기 5장 1절-3절) "모세가 온 이스라엘을 불러 그들에게 이르되 이스라엘아 오늘 내가 너희 귀에 말하는 규례와 법도를 듣고 그것을 배우며 지켜 행하라 우리 하나님 여호와께서 호렙산에서 우리와 언약을 세우셨나니 이 언약은 여호와께서 우리 열조와 세우신 것이 아니요 오늘날 여기 살아 있는 우리 곧 우리와 세우신 것이라."

상기의 말씀은 하나님께서 하나님의 백성들이 지켜야 할 규례와 법도로써 시내산에서 모세를 통하여 주신 십계명, 즉 하나님의 율법을 말씀하고 있습니다. 이 법은 상기의 말씀과 같이 우리의 열조, 즉 우리의 조상들에게만 지키라고 주신 것이 아니라 오늘날 지금 살아있는 우리도 지키라고 세우신 것이라는 말씀입니다. 그러므로 이 법은 하나님의 백성들이 어느 시대 어느 누구를 막론하고 지금까지 지켜오고 있으며 앞으로도 변함없이 지켜야 할 하나님의 법입니다.

그런데 기독교인들이 율법은 오직 유대인들에게만 적용되는 것이라고 주장을 한다면 성경의 모든 말씀 역시 오직 유대인들에게 주신 말씀일 수밖에 없는 것입니다. 그러나 하나님의 모든 말씀은 언제나 항상 살아계셔서 하나님의 백성들이라면 어느 시대 어느 누구에게나 동일하게 주시는 말씀이며 모두에게 적용되는 말씀입니다. 그런데 오늘날 기독교인들은 예수님께서 오셔서 율법을 모두 폐하셨다는 이유로 지키지 않고 있는 것입니다.

(마태복음 5장 17절-19절) "내가 율법이나 선지자나 폐하러 온 줄로 생각지 말라 폐하러 온 것이 아니요 완전케 하려 함이로라 진실로 너희에게 이르노니 천지가 없어지기 전에는 율법의 일점일획이라도 반드시 없어지지 아니하고 다 이루리라 그러므로 누구든지 이 계명 중에 지극히 작은 것 하나라도 버리고 또 그같이 사람을 가르치는 자는 천국에서 지극히 작다 일컬음을 받을 것이요 누구든지 이를 행하며 가르치는 자는 천국에서 크다 일컬음을 받으리라."

상기의 말씀과 같이 오늘날 기독교인들은 예수님께서 율법이나 선지자의 말씀을 폐하려고 이 세상에 오신 줄로 오해를 하고 있지만 예수님은 율법을 폐하려고 오신 것이 아니라 완전케 하려고 오신 분입니다. 즉 광야에서 가나안 땅을 들어가기 위하여 율법에 매여 종노릇하고 있는 하나님의 백성들을 진리로 완성시켜 자유케 하여 주시려고 오신 것입니다. 이 말씀은 애굽의 교리신앙에서 벗어나 광야로 나와 율법에 종노릇하며 신앙생활을 하고 있는 자들을 예수님께서 생명의 말씀으로 완성시켜 하나님의 아들로 거듭나게 하시겠다는 말씀입니다. 그러므로 율법은 아직 세상교회에서 출애굽도 못하고 교회의 법과 교리신앙에 매여 종노릇하고 있는 자들에게는 전혀 해당이 되지 않는 것입니다.

왜냐하면 초등학생에게 중학교나 고등학교의 교재가 소용이 없듯이 오늘날도 애굽(세상)의 교리신앙 가운데 있는 자들에게는 율법이 아무런 소용이 없는 것입니다. 오늘날 기독교인들에게 율법이 없다는 것은 신앙의 수준이 초등학교나 유치원의 수준에 머물고 있다는 것을 말해주는 것입니다. 이 세상에는 유, 초등학교뿐만 아니라 중, 고등학교와 대학교가 있으며 그에 따른 선생님들과 대학교수님이 있습니다. 이와 같이 신앙의 길에도 애굽에는 애굽의 목자인 제사장(목사)이 있고 광야에는 광야의 목자인 모세가 있으며 가나안 땅에는 가나안의 목자인 예수님이 계십니다. 이렇게 애굽의 제사장이나 광야의 모세나 가나안의 예수님은 항상 계시지만 아직 애굽신앙에 머물고 있는 자들에게는 모세나 예수님이 없으며 또한 필요치도 않은 것입니다. 오늘날 기독교인들에게 이천년 동안 예수님이 없었던 것은 지금까지 애굽신앙에 머물고 있기 때문입니다.

이어지는 말씀에 예수님께서 이 계명 중에 지극히 작은 것 하나라도 버리지 말고 가르치라고 말씀을 하고 계신데, 이 말씀의 뜻은 율법을 조금이라도 가감하거나 변형시키지 말고 가르치라는 말씀입니다. 왜냐하면 율법을 조금이라도 가감하거나 버리는 것은 곧 하나님을 버리는 것이요 또한 하나님의 계명을 일부라도 가감하거나 변형하여 교회의 법이나 교리를 만들어 가르치는 행위는 곧 성령을 훼방하는 것이기 때문입니다. 그런데 율법 전체를 폐하여 버렸다면 그 죄가 얼마나 크겠습니까? 오늘날 기독교인들이 하나님께서 이 시대에 보내 주시는 모세나 선지자나 하나님의 아들들을 알아보지 못하고 오히려 이단으로 배척을 하고 있는 것은 바로 하나님께서 주신 율법과 진리의 말씀을 알지 못하고 있기 때문입니다.

(갈라디아서 3장 23절-25절) "믿음이 오기 전에 우리가 율법아래 매인바 되고 계시될 믿음의 때까지 갇혔느니라 이같이 율법이 우리를 그리스도에게로 인도하는 몽학선생이 되어 우리로 하여금 믿음으로 말미암아 의롭다 함을 얻게 하려 함이니라 믿음이 온 후로는 우리가 몽학선생 아래 있지 아니하도다."

상기의 말씀에 '우리'는 율법에 종노릇하며 율법아래 있는 자들을 가리키는 말로써 아직 애굽의 교리신앙에 머물러 있는 자들에게는 해당되지 않는 말씀입니다. 이 말씀에 '믿음'은 예수님을 가리키는 말이며 '믿음이 오기 전'이란 곧 그리스도의 생명이 오기 전을 말합니다. 그런데 예수님께서 오실 때까지 우리를 인도하는 것은 바로 율법이라는 말씀입니다. 즉 율법은 우리를 그리스도에게로 인도하는 몽학선생인데 만일 율법이 없거나 있다 해도 모세의 인도함을 받지 못한다면 절대로 예수님을 만날 수 없다는 말입니다. 그런데 출애굽을 하여 율법아래 있는 자들이 율법을 통해서 그리스도에게 인도되면 그리스도로 말미암아 의롭게 되는데, 이때 비로소 몽학선생인 율법으로부터 벗어나 자유자가 되는 것입니다.

이렇게 율법에서 벗어난 자들이 바로 예수 그리스도 안에 있는 생명의 성령의 법(생명의 말씀)으로 말미암아 죄와 사망의 법에서 완전히 해방되어 하나님의 아들로 거듭나게 되는 것입니다. 이와 같이 죄와 사망의 법(율법)은 모세의 율법을 말하며 생명의 성령의 법은 바로 예수님의 입에서 나오는 말씀을 말합니다.

그러므로 오늘날 기독교인들이 하나님의 아들로 거듭나 천국으로 들어가려면 하루속히 애굽의 교리신앙에서 벗어나 율법과 모세가 계신 광야로 나가야 합니다. 만일 지금이라도 출애굽, 즉 세상교회의 교리와 기복신앙에서 벗어나 광야로 나간다면 모세를 만날 수 있고 또한 모세는 율법을 통해서 예수님이 계신 가나안 땅으로 인도하여 주실 것입니다.

이러한 과정을 통하여 가나안 땅에 들어가 예수님을 만나게 되면 예수님이 주시는 생명의 말씀을 먹고 거듭나서 하나님의 아들이 되는 것입니다.

(십계명 해설서 "가나안으로 가는 길"과 "성경 속에 감추어져 있는 경건의 비밀"에 자세히 설명되어 있음)

소 망

아침이슬처럼
영롱한
지나간 추억들이여
긴 겨울이 지난 지금

봄 기운에
새싹이 돋아나
꽃을 피우고 싶어
잔뜩 웅크리고
솔바람을 기다리는
꽃망울이여

어서 속히
활짝 피어나
방긋 웃는 얼굴로
벌 나비 기다리며
싱그러운 열매 맺기를
기다리고 기다리노라

하늘에서 온 그리스도의 다섯 번째 편지
(하나님께서 받으시는 예배)

 이 편지는 하나님과 예수를 믿고 섬기면서 하나님을 향해 열심히 예배를 드리고 있는 오늘날 기독교인들을 위해서 보내주신 편지입니다. 오늘날 기독교인들은 주일예배는 물론 수요예배, 금요예배, 구역예배까지 모두 하나님을 향해 열심히 예배를 드리고 있지만 하나님께서 받으시는 예배와 받지 않으시는 예배가 있다는 것은 잘 모르고 있습니다. 그러므로 하나님은 이 편지를 통해서 하나님께서 기뻐 받으시는 예배와 받지 않으시는 예배에 대하여 성경을 통해서 확실하게 알려 주시려는 것입니다.

 예배는 하나님의 백성들에게 신앙생활의 모두라 해도 과언이 아닐 만큼 중요한 위치를 차지하고 있습니다. 왜냐하면 하나님의 백성들이 모두 예배를 중심으로 하여 신앙생활을 하고 있기 때문입니다. 예배는 가인과 아벨이 하나님께 드린 제사로부터 시작되어 오늘날 기독교인들에게 이르기까지 변함없이 계속되고 있습니다. 이렇게 수 천년을 내려오면서 수 많은 사람들이 하나님께 예배를 드리고 있지만 안타깝게도 대부분의 사람들이 하나님께서 받으시는 예배와 받지 않으시는 예배가 있다는 사실을 모르고 있습니다.
 그러므로 오늘날 기독교인들은 예배를 드리기 전에 먼저 하나님께서 받으시는 예배와 받지 않으시는 예배에 대하여 분명하게 알아야 합니다. 예배는 구약성경에서 제사로 말씀하고 있는데 사람이 인류 최초로 하나님께 드린 제사는 창세기 4장에 가인과 아벨이 드린 제사입니다. 가인과 아벨이 하나님께 드린 제사는 세월이 지나고 역사도 많이 변했지만 지금까지 조금도 변함없이 하나님의 백성들에게 예배의 모범이 되어오고 있습니다. 문제는 두 사람 모두가 하나님을 향해 제사를 드렸지만 하나님께서 아벨의 제사는 받으셨으나 가인의 제사는 받지 않으셨다는 사실입니다. 그런데도 불구하고 유대인들이나 오늘날 기독교인들이 지금도 가인의 제사를 드리고 있으며 아벨의 제사를 드리는 사람들은 극소수에 불과하다는 것입니다.

그러면 지금부터 하나님께서 무엇 때문에 아벨의 제사는 받으시고 가인의 제사는 받지 않으셨는지, 성경을 통해서 말씀드리겠습니다.

(창세기 4장 3절-5절) "세월이 지난 후에 가인은 땅의 소산으로 제물을 삼아 여호와께 드렸고 아벨은 자기도 양의 첫 새끼와 그 기름으로 드렸더니 여호와께서 아벨과 그 제물은 열납하셨으나 가인과 그 제물은 열납하지 아니하신지라."

상기의 말씀을 보면 가인과 아벨이 하나님께 제사(예배)를 드릴 때 모두 제물을 드렸다는 것을 알 수 있습니다. 이것은 하나님께 제사를 드리려면 반드시 제물이 있어야 한다는 것과 제물을 드려도 하나님께서 받으시는 제물과 받지 아니하시는 제물이 있다는 것을 보여주신 것입니다. 본문에 가인이 여호와 하나님께 드린 제물은 땅의 소산인 곡식(헌금)이며 아벨이 드린 제물은 하늘의 소산인 양(진리)과 기름(성령)입니다. 오늘날도 하나님의 백성들이 하나님께 제사(예배)를 드리려면 반드시 제물이 있어야 하는데 제물은 상기와 같이 두 종류가 있습니다. 하나는 땅에서 생산되는 곡식, 즉 오늘날과 같이 헌금으로 드리는 제물이 있고, 또 하나는 하늘로부터 오는 양과 기름, 즉 진리와 성령이 있다는 말입니다. 그런데 가인이 제사를 드릴 때 하나님께 드린 제물은 땅의 소산인 곡식만을 드렸고 아벨은 양과 기름(성령과 진리)과 함께 자신을 드린 것입니다. 즉 가인은 땅(세상)에서 생산된 곡식(헌금)만을 드렸지만 아벨은 진리와 성령(양과 기름)으로 말미암아 거듭난(변화된) 자신을 하나님께 드렸다는 말입니다. 그러므로 하나님께서 아벨과 그의 제물은 받으셨으나 가인이 드린 곡식은 받지 않으신 것입니다.

이렇게 가인과 아벨이 모두 제물을 드렸으나 하나님께서 아벨의 제사만을 받으신 이유는 하나님은 영이시기 때문에 성령과 진리로 거듭난 영혼(하늘의 소산)은 받으실 수 있으나 곡식이나 재물(땅의 소산)은 받으실 수 없기 때문입니다.

(요한복음 4장 24절) "하나님은 영이시니 예배하는 자가 신령(성령)과 진정(진리)으로 예배할지니라." (원문성경에 신령과 진정이라는 단어는 분명히 성령과 진리로 기록되어 있음.)

(로마서 12장 1절-2절) "그러므로 형제들아 내가 하나님의 모든 자비하심으로 너희를 권하노니 너희 몸을 하나님이 기뻐하시는 거룩한 산 제사로 드리라 이는 너희의 드릴 영적 예배니라 너희는 이 세대를 본받지 말고 오직 마음을 새롭게 함으로 변화를 받아 하나님의 선하시고 기뻐하시고 온전하신 뜻이 무엇인지 분별하도록 하라."

상기의 말씀을 보면 제사에는 이 세대들, 즉 오늘날 기독교인들과 같이 헌금을 제물로 드리는 제사(육적예배)가 있고, 또 하나는 진리와 성령에 의해서 새롭게 변화된 마음(거듭난 몸)을 하나님께 제물로 드리는 거룩한 산 제사(영적예배)가 있다는 것입니다. 그런데 하나님은 지금도 변함없이 아벨이 드린 제사와 같이 성령과 진리를 통해서 거듭난 영혼들은 제물로 받으시지만 물질(돈)을 제물로 드리는 제사는 받지 않으신다는 것입니다. 이렇게 하나님의 백성들이라면 어느 누구나 제사(예배)를 열심히 드리지만 하나님께서 그 제사들을 모두 받으시는 것이 아니라는 것입니다. 이와 같이 하나님께서 원하고 계신 제사는 성령과 진리를 통해서 육적인 마음이 영적인 마음으로 변화되어 자신을 드리는 제사입니다. 이렇게 산 제사는 성령과 진리(생명의 말씀)를 통해서 강퍅한 마음이 온유해지고 마음속 깊이 자리잡고 있는 욕심이 사라지고 교만한 마음이 겸손해지며 남에게 받는 것보다 주는 것을 기뻐하며 섬김을 받기보다 섬기는 자로 날마다 변화되는 것을 말합니다.

그렇다면 하나님께서 받지 않으시는 죽은 제사는 어떤 제사인가요? 그것은 바리새인과 유대인들과 같이 신앙생활을 하면 할수록 오히려 마음이 강퍅해지고 교만하고 욕심이 더 많아지는 것을 말합니다. 즉 신앙생활을 통해서 하나님으로부터 보다 많은 축복을 받으려는 욕심이나 자신은 하나님의 아들이라고 자부하는 교만이나 하나님의 뜻도 모르면서 천국을 가겠다는 생각이나 또한 자기 교회나 자기 신앙만이 정통이요 보수라 주장하며 다른 교회나 교인들은 이단시하는 것, 그리고 자신은 모태신앙이요 장로요 권사요 목사라는 자부심으로 마음이 날마다 교만해지는 것을 말합니다. 이렇게 예수님이나 사도들과 같이 하나님의 아들로 거듭난 자들은 지금도 겸손한 마음으로 이웃을 섬기고 베풀며 산 제사를 드리고 있지만, 유대인이나 바리새인들과 같이 아직 하나님의 아들로 거듭나지 못한 자들은 오늘도 욕심과 교만한 마음으로 죽은 제사를 드리고 있는 것입니다. 결국 아직 하나님의 아들로 거듭나지 못한 자들은 죽은 제사를 드리고 거듭난 자들은 산 제사를 드린다는 말입니다. 하나님께서 죽은 자들의 제사나 제물을 받지 않으시는 이유는 하나님은 죽은 자들의 하나님이 아니라 산 자들의 하나님이시기 때문입니다.

(마가복음 12장 27절) "하나님은 죽은 자의 하나님이 아니요 산 자의 하나님이시라 너희가 크게 오해(미혹)하였도다." (오해는 원문에 미혹임)

지금까지 하나님의 백성들이 하나님은 산 자의 하나님이라는 것조차도 모르면서 죽은 제사를 드리고 있는 이유는 소경 된 인도자, 즉 아직 거듭나지 못한 삯군목자들에게 미혹을 받았기 때문이라는 말입니다. 하나님은 산 자의 하나님이시기 때문에 지금도 예수님이나 사도들과 같이 하나님의 아들로 거듭난 자들이 드리는 예배, 즉 죽은 영혼들을 살려서 하나님께 제물(영혼)로 드리는 제사만을 받으십니다. 이스라엘 백성들은 하나님께서 택하신 선민이라는 것을 자부하며 애굽 땅에서 하나님을 향해 430년 동안 열심히 제사를 드렸습니다. 그러나 하나님은 그들이 애굽 땅에서 드리는 제사나 제물을 받지 않으신 것입니다. 그 이유는 하나님은 영이시기 때문에 애굽 땅에서 생산되는 소산물(물질)을 가지고 드리는 제물은 받으실 수가 없는 것입니다. 그러므로 하나님께서 모세를 애굽으로 보내어 이스라엘 백성들을 출애굽 시킨 것인데, 하나님께서 이스라엘 백성들을 광야로 이끌어 내신 것은 오직 하나님께서 원하시는 제사, 즉 유월절 제사를 받으시기 위함이었습니다.

이스라엘 백성들이 애굽에서 430년 동안이나 바로 왕에게 종 노릇하면서 하나님께 제사를 드린 것은 결국 광야로 나아가 유월절 제사를 드리기 위한 준비를 한 것입니다. 이와 같이 하나님께서는 지금도 오늘날 기독교인들에게 하루속히 애굽의 기복신앙에서 벗어나 유월절 제사를 드리라고 말씀하고 있습니다. 유월절 제사는 애굽에서 먹던 유교병을 모두 깨끗이 버리고 양의 고기와 무교병과 쓴 나물을 먹는 것입니다. 이 말씀은 영적인 비유로 애굽에서 먹었던 가감된 말씀(유교병), 즉 각종 교리를 모두 버리고 참목자(양)를 통해서 오염되지 않은 말씀(무교병)과 율법(쓴 나물)을 먹으라는 것입니다.

그러므로 오늘날 기독교인들도 하나님께 산 제사를 드리려면 세상(애굽)교회에서 벗어나 광야로 나아가 유월절 제사를 드려야 합니다. 유월절 제사를 드리려면 그동안 애굽교회(세상교회)에서 교리와 기복신앙으로 의식화된 고정관념을 모두 벗어버리고 율법이 있는 광야로 나아가야 합니다. 광야로 나온 자들은 불뱀과 전갈(삯군목자와 거짓선지자들)이 들끓는 광야 길을 걸어가면서 불기둥과 구름기둥(성령과 진리) 아래서 유월절 제사를 드려야 합니다. 이렇게 유월절 제사를 드린 자들이 가나안 땅으로 들어가서 생명의 떡(진리와 성령)을 먹고 하나님의 아들로 거듭나게 되는 것입니다. 이러한 과정을 통해서 날마다 하나님의 모양과 형상으로 변화되는 것이 바로 하나님이 원하시고 기뻐 받으시는 산 제사입니다 .("사와 생"에 자세히 기록되어 있음)

하나님께서는 오늘날 기독교인들이 세상교회(애굽교회)의

교리와 기복신앙에서 하루속히 벗어나 광야로 나아가 유월절 제사를 드리고 가나안 땅으로 들어가서 진리와 성령을 통하여 자신의 몸을 산 제물로 드리기를 기다리고 계십니다.

이렇게 하나님의 생명으로 거듭나서 자기 몸을 하나님께 산 제물로 드린 자들이 새 하늘과 새 땅이 있는 천국으로 들어가게 되는 것입니다.

텅빈가슴

그대의 조용하고
세미한 음성으로
나의 텅빈 가슴을
가득 채웠네

채워진 따뜻한 사랑으로
그대가 원하는 자의
텅빈 가슴을 채워주고 싶어서
오늘도 그대가 원하는 자를
기다리며 찾고 있다네

그대가 기다리는
텅빈가슴을...

하늘에서 온 그리스도의 여섯 번째 편지
(하나님의 교회)

이 편지는 하나님과 예수를 믿고 섬기며 교회를 위하여 온갖 충성과 봉사를 하고 있는 오늘날 기독교인들을 위해서 보내주신 편지입니다. 성경에 성전은 하나님의 집이며 교회는 그리스도의 몸이라 말씀하고 있으며, 또한 교회의 머리는 그리스도라고 말씀하고 있습니다. 그래서 기독교인들은 모든 정성을 다하여 교회를 건축하고 성전도 아름답게 단장해 놓고 열심히 예배를 드리고 있는 것입니다. 그러나 하나님은 성경을 통해서 사람이 손으로 건축한 성전에는 하나님이 계시지 않는다고 충격적인 말씀을 하십니다. 그러면 하나님이 계신 성전은 과연 어떤 곳이며 그 성전은 어느 곳에 있을까요? 여섯 번째 편지는 하나님이 계신 성전에 대하여 분명하게 말씀해 주고 있습니다.

하나님의 성전의 역사는 창세기에 야곱이 돌로 제단을 쌓음으로 시작되어 광야에서 모세가 지은 장막 성전으로 이어져 솔로몬이 건축한 예루살렘 성전으로 완성된 것을 볼 수 있습니다. 이것은 애굽 교회가 광야의 장막 교회를 통해서 가나안의 예루살렘 교회로 완성된다는 것을 보여주고 있는 것입니다. 이렇게 하나님의 성전이나 교회는 하나님의 백성들이 하나님께 제사를 드리는 곳으로 신앙생활에 절대적인 위치를 차지하고 있습니다. 그러므로 신앙생활을 하고 있는 하나님의 백성들이라면 어느 누구나 할 것 없이 하나님의 성전을 건축하기 원하며 지금까지 수많은 성전과 교회들을 건축해 온 것입니다. 그런데 이스라엘의 다윗 왕은 하나님의 성전을 건축하기를 소원하며 모든 준비를 하였으나 하나님께서 허락하지 않아 끝내 건축을 하지 못한 것을 볼 수 있습니다. 이러한 사건을 보면 하나님의 성전은 권력이나 돈 혹은 건축기술이 있다하여 아무나 건축할 수 있는 것이 아니라는 것을 알 수 있습니다. 다윗은 이스라엘의 왕으로서 하나님의 성전을 건축할 수 있는 준비를 모두 완벽하게 해 놓았지만 하나님께서 보실 때는 마음의 준비, 즉 성전을 건축할 수 있는 자격이 없어 허락하지 않았던 것입니다.

그런데 오늘날 기독교회들은 하나님의 성전을 돈만 있으면 아무나 지을 수 있고 또한 교회를 짓는 것이 곧 하나님께 영광이라는 생각을 하고 마구잡이로 건축을 하고 있는 것입니다. 그래서 오늘날 기독교인들은 교회를 서로 경쟁이라도 하듯이 크고 성대하게 그리고 수도 없이 계속해서 짓고 있는 것입니다. 그러므로 지금은 교회들이 어떻게 많은지 몇 집 건너 교회가 있고 심지어는 한 건물 안에 둘이 있는 곳도 있습니다. 문제는 성경이 말해 주듯이 이렇게 사람이 손으로 지은 교회나 성전 안에 하나님이 계시느냐 하는 것입니다. 성경에 하나님의 성전은 하나님이 계신 곳을 말하는데, 만일 하나님이 계시지 않는다면 성전이 아무리 크고 아름답다 해도 하나님은 성전으로 인정을 하지 않으신다는 것입니다. 이런 이유 때문에 예수님께서 예루살렘 성전을 바라보시면서 이 성전을 헐라 내가 사흘 동안에 다시 짓겠다고 말씀하신 것이며, 스테반 집사는 하나님께서는 사람이 손으로 지은 성전에 계시지 않다고 말씀하신 것입니다.

(요한복음 2장 19절) "예수께서 대답하여 가라사대 너희가 이 성전을 헐라 내가 사흘 동안에 일으키리라."

(사도행전 7장 46절-48절) "다윗이 하나님 앞에서 은혜를 받아 야곱의 집을 위하여 하나님의 처소를 준비케 하여 달라 하더니 솔로몬이 그를 위하여 집을 지었느니라 그러나 지극히 높으신 이는 손으로 지은 곳에 계시지 아니하시나니."

예수님께서 예루살렘 성전을 바라보시면서 이 성전을 헐라고 말씀하신 것은 하나님께서 사람들의 손으로 지은 건물성전 안에는 계시지 않는다는 뜻이며 사흘 동안에 짓겠다고 말씀하신 것은 예수님께서 제자들 안에 말씀으로 지으실 새예루살렘 성전(영적인 성전)을 말씀하신 것입니다. 이렇게 하나님은 건물성전에 계신 것이 아니라 예수님과 하나님의 아들로 거듭난 자들 안에 계신 것입니다. 그러므로 성경에 예수님이나 하나님의 아들들을 가리켜 하나님의 성전 혹은 하나님의 교회라고 말씀하신 것입니다. 예수님께서 이 땅에 오신 목적은 예수님의 제자들 안에 하나님의 말씀으로 하나님의 성전을 건축하기 위해서 오신 것입니다. 예수님은 요한복음 2장에서 말씀하신 대로 사흘(삼년)동안에 제자들 안에 새예루살렘 성전인 12교회를 건축하신 것입니다. 그래서 사도바울이 하나님의 아들로 거듭난 사람들을 보고 너희가 바로 하나님의 성전이며 성령이 너희 안에 계신다고 말씀하신 것입니다.

(고린도전서 3장 16절) "너희가 하나님의 성전인 것과 하나님의 성령이 너희 안에 거하시는 것을 알지 못하느뇨."

이와 같이 하나님은 하나님의 말씀으로 건축된 성전, 즉 하나님의 아들로 거듭난 자들 안에 계신 것입니다. 그러므로 성경에서 예수님을 하나님의 교회라고 말씀하시며 또한 하나님의 말씀으로 거듭난 하나님의 아들들도 성전 또는 하나님의 교회라고 말씀하고 있는 것입니다. 그러므로 예수님이나 하나님의 아들로 거듭난 자들은 지금도 사람들 안에 하나님의 말씀으로 하나님의 성전(영적교회)을 건축하고 있으며, 아직 거듭나지 못한 자들은 대지 위에 건물교회(육적교회)를 건축하고 있는 것입니다. 이렇게 하나님의 아들들은 영적인 천상교회를 건축하지만 아직 거듭나지 못한 자들은 육적인 지상교회를 지을 수밖에 없는 것입니다. 현재 세상에 존재하고 있는 지상교회들은 천상교회의 모형과 그림자로 천상교회인 새예루살렘 성전을 건축하기 위해서 존재해야 하는 것입니다. 그런데 삯군목자들은 지상교회만 지어 놓고 하나님의 말씀과 예수의 이름을 가지고 장사를 하며 자기 욕심을 채우고 있는 것입니다. 그러므로 예수님께서 진노를 하시며 성전 안에 들어가 장사하는 자들에게 채찍을 들고 모두 쫓아내신 것입니다.

(요한복음 2장 13절-16절) "유대인의 유월절이 가까운지라 예수께서 예루살렘으로 올라가셨더니 성전 안에서 소와 양과 비둘기파는 사람들과 돈 바꾸는 사람들의 앉은 것을 보시고 노끈으로 채찍을 만드사 양이나 소를 다 성전에서 내어 쫓으시고 돈 바꾸는 사람들의 돈을 쏟으시며 상을 엎으시고 비둘기파는 사람들에게 이르시되 이것을 여기서 가져가라 내 아버지의 집으로 장사하는 집을 만들지 말라 하시니."

성전 안에서 삯군목자들이 팔고 있는 소(하나님)와 양(예수님)과 비둘기(성령)는 실제 가축들이 아니라 영적으로 하나님과 예수님과 성령님을 비유한 것입니다. 오늘날도 교회나 기도원에서 행하는 부흥집회에 가보면 목사님들이 '성령(비둘기) 받을 줄로 믿고 감사(헌금)하십시오.' '은혜(양)받을 줄로 믿고 감사하십시오.' 하면서 헌금을 강조하는 것을 볼 수 있습니다. 결국 교회 안에서 삯군목자들이 팔고 있는 소와 양과 비둘기는 곧 성부와 성자와 성령을 말합니다. 예수님께서 진노를 하셔서 채찍을 들 수밖에 없었던 것은 바로 성전 안에서 삼위일체 하나님을 팔아먹고 있기 때문입니다. 그러므로 하나님께서는 지금도 삯군목자들이 하나님의 백성들에게 "이것이 여호와의 전이다 하나님의 교회다." 하는 거짓말을 믿지 말라고 하시면서 "너희 중에 성전 문을 닫을 자가 있었으면 좋겠다."고 말씀하시는 것입니다.

(예레미야 7장 3절-4절, 8절-11절) "만군의 여호와 이스라엘의 하나님이 이같이 말씀하시되 너희 길과 행위를 바르게 하라 그리하면 내가 너희로 이곳에 거하게 하리라 너희는 이것이 여호와의 전이라 여호와의 전이라 여호와의 전이라 하는 거짓말을 믿지 말라. 너희가 무익한 거짓말을 의뢰하는도다 너희가 도적질하며 살인하며 간음하며 거짓맹세하며 바알에게 분향하며 너희의 알지 못하는 다른 신(하나님)들을 좇으면서 내 이름으로 일컬음을 받는 이 집에 들어와서 내 앞에 서서 말하기를 우리가 구원을 얻었나이다 하느냐 이는 이 모든 가증한 일을 행하려 함이로다 내 이름으로 일컬음을 받는 이 집이 너희 눈에는 도적의 굴혈로 보이느냐 보라 나 곧 내가 그것을 보았노라 여호와의 말이니라."

(말라기 1장 10절) "만군의 여호와가 이르노라 너희가 내 단 위에 헛되이 불사르지 못하게 하기 위하여 너희 중에 성전 문을 닫을 자가 있었으면 좋겠도다."

상기의 말씀을 보면 "이것이 하나님의 전(성전)이다 하나님의 전(교회)이다."라고 거짓말을 하면서 성전 안에서 도적질(재물)하며 살인(영혼을 죽임)하며 간음(하나님과 재물을 섬김)을 하면서 "우리는 이미 구원을 얻었다."고 교인들을 속이고 있다는 것입니다. 성전에서 이렇게 못된 짓들을 하니까 하나님께서 "너희 눈에는 성전이 도적의 소굴(굴혈)로 보이냐."라고 하시면서 "너희 중에 성전 문을 닫을 자가 있었으면 좋겠다."고 한탄을 하시는 것입니다. 하나님의 성전(지상교회)은 하나님의 백성들이 모여 기도하는 집이며 죽은 영혼들을 구원하는 곳입니다. 문제는 지금도 변함없이 교회 안에서 양과 비둘기를 팔며 도적질과 살인과 간음을 하고 있는 교회들이 있다는 사실입니다. 이러한 자들에게는 반드시 하나님의 저주가 임할 것이며 지옥으로 가는 것은 물론 심판 날에 엄한 형벌을 받을 것입니다.

이러한 교회들은 하루속히 교회 문을 닫고 하나님 앞에서 통회자복을 해야 합니다. 오늘날 지상교회는 하나님의 말씀으로 천상교회를 짓기 위한 목적으로 건축을 해야 하며 죽은 영혼들을 구원하기 위하여 존재해야 합니다. 하나님의 교회를 생활의 수단이나 영리를 목적으로 예수의 이름을 가지고 사업을 해서는 절대로 안됩니다. 이상과 같이 하나님께서 성경을 통하여 말씀하고 계신 하나님의 교회는 지상에 지어놓은 건물들이 아니라 예수님과 하나님의 생명으로 거듭난 하나님의 아들들을 말합니다.

그러므로 오늘날 기독교인들도 하나님이 계신 하나님의 교회가 되려면 하루속히 하나님의 말씀으로 자기 안에 하나님이 거하실 처소를 건축해야 합니다. 그런데 하나님의 성전을 건축하려면 반드시 하늘의 건축면허를 가지고 있는 하나님의 아들들이 있어야 합니다. 세상교회는 세상의 건축면허를 가진 자들이 건축을 하듯이 천상교회도 하늘의 건축면허를 가진 자만이 하나님의 성전을 건축할 수 있는 것입니다. 예수님께서 이 세상에 오셔서 건물교회를 하나도 짓지 않으시고 제자들 안에 하나님의 성전을 지을 수 있었던 것은 바로 예수님께서 하늘의 건축면허를 가지고 계셨기 때문입니다.

그래서 예수님을 목수의 아들이라고 한 것인데 목수의 아들이라는 말은 곧 아버지(하나님)가 집을 짓는 목수라는 말입니다. 그리고 하나님의 집을 건축하려면 반드시 설계도가 있어야 합니다. 그런데 목수에게 설계도가 없다거나 설계도가 있다 해도 보지를 못한다면 절대로 집을 건축할 수 없습니다. 오늘날 목회자들이 하나님의 성전을 건축하지 못하는 이유는 설계도가 없거나 있어도 보지 못하기 때문입니다. 하나님의 성전에 대한 설계도는 바로 하나님의 말씀인 성경입니다.

성경 속에는 하나님의 성전을 건축하는데 필요한 설계도와 시공도면과 건축방법까지 구체적으로 기록되어 있습니다. 문제는 오늘날 기독교인들에게 설계도면을 정확히 보고 하나님의 성전을 건축할 수 있는 하늘의 목수가 별로 없다는 것입니다. 즉 하나님의 아들로 거듭난 참목자가 없다는 말입니다. 그러나 조금도 염려할 것 없습니다. 여러분이 하나님의 성전을 건축하겠다는 간절한 마음으로 하나님께 구하고 찾고 두드린다면 하나님께서 반드시 하늘의 목수를 보내주실 것입니다.

하나님은 지금 이 순간에도 여러분 안에 하나님의 성전을 건축하시기를 원하시며 또한 여러분 안에 건축될 새 성전에 거하시려고 지금도 기다리고 계십니다.

영원한 안식

그대 바라보는 눈빛이
사랑의 열쇠가 되어
내 마음을 열고
그대를 영접할 수 있었네

슬기롭고 가냘픈 미소가
세미한 음성이 되어
요란한 파도소리 마저
잔잔케 했다오

그대의 잔잔한 미소가
미래를 약속하듯
내 마음의 기쁨을 주었고
내 마음의 안식을 주었소

약속이 이루어지는 그날까지
우리는 함께
고통하며 고난을 받아야 할 것이오

고난 뒤에 오는 영광으로 영광에 이르면
우리는 함께 영원한 안식을 맛보며
영원히 안식할 것이오.

하늘에서 온 그리스도의 일곱 번째 편지
(예수님의 성령의 잉태에 대하여)

　이 편지는 아기예수가 처녀의 몸에서 성령으로 잉태하셨다는 것을 사실로 믿으며 열심히 신앙생활을 하고 있는 오늘날 기독교인들에게 하나님께서 보내주신 편지입니다. 오늘날 기독교인들은 예수님께서 성령에 의하여 동정녀 마리아의 몸에서 태어났다는 것을 조금도 의심하지 않고 지금까지 믿어오고 있습니다. 즉 예수님은 육신의 씨를 받지 않았는데도 불구하고 성령으로 잉태하셔서 하나님의 아들로 태어나셨다는 말입니다.

　이천년 전에 예수님에게 일어났던 이 사건은 인류 역사상 가장 불가사의한 일이며 불신자들에게는 지금까지 의문시되어 오고 있는 일입니다. 그런데 기독교인들이 예수님에게 일어났던 이 사건의 진상을 확실하게 모르거나 근본적으로 해결하지 못한다면 예수님의 성령의 잉태사건은 역사나 신화적 전설로 남을 뿐 신앙생활에 아무런 도움을 주지 못한다는 것입니다. 그러므로 하나님께서는 이 불가사의한 사건을 오늘날 기독교인들에게 성경을 통하여 분명하게 알려 주시려는 것입니다.

　오늘날 기독교인들은 이 세상의 모든 종교 가운데 오직 기독교만이 부활의 종교라고 주장을 하며 타종교는 이단시하거나 종교로 인정을 하지 않으려고 합니다. 왜냐하면 이 세상의 모든 성자들 가운데 유독 예수님만이 처녀의 몸에서 성령으로 잉태되셨다는 것과 또한 예수님만이 죽은 지 사흘만에 다시 부활하셨다는 사실을 굳게 믿고 있기 때문입니다. 그러나 어떠한 사건이나 혹은 무엇을 믿고 있다는 것은 가능성을 말하는 것이며 확실한 것이 아니라는 것을 알아야 합니다. 즉 믿음은 바라는 것들의 실상이라는 히브리서의 말씀과 같이 이천년 전에 예수님께 일어났던 사건이 지금도 동일하게 일어나지 않는다면 그 사건들을 믿을 수는 있으나 사실로 인정될 수 없다는 말입니다. 이 말은 기독교가 진정한 부활의 종교라면 지금도 기독교인들에게 예수님과 같이 성령의 잉태와 부활이 일어나야 한다는 말입니다.

만일 예수님 이후 지금까지 성령의 잉태사건이 기독교인들 가운데서 일어나지 않는다면 우리 시조인 단군이 곰(환웅)의 씨를 받고 태어났다고 주장하는 것이나, 박씨들의 선조인 박혁거세가 알 속에서 태어났다고 주장하는 것과 조금도 다를 바가 없는 것입니다. 그러므로 예수님의 성령의 잉태사건은 성경말씀을 통해서 확실하게 알아야 하며 또한 반드시 규명되어져야 합니다.

(마태복음 1장 18절, 23절) "예수그리스도의 나심은 이러하니라 그 모친 마리아가 요셉과 정혼하고 동거하기 전에 성령으로 잉태된 것이 나타났더니, 보라 처녀가 잉태하여 아들을 낳을 것이요 그 이름은 임마누엘이라 하리라."

상기의 말씀을 보면 처녀 마리아의 몸에 성령이 잉태하여 예수님이 태어나신 것이 분명합니다. 이 말씀 때문에 카톨릭에서는 예수님뿐만 아니라 마리아도 성모로 거룩하게 모시며 신처럼 섬기고 있는 것입니다. 문제는 진정 성령으로 육신이 태어날 수 있는가 하는 것입니다. 만일 이것이 가능한 일이라면 지금도 하나님께서 하나님의 아들로 태어나는 자들은 모두 성령으로 잉태시켜야 한다는 말입니다. 문제는 오늘날 기독교인들이 성령의 잉태가 영적으로 무엇을 말씀하고 있는지를 확실하게 모르고 있다는 것입니다. 이러한 오해 때문에 예수님께서 육으로 난 것은 육이요 성령으로 난 것은 영이라고 분명하게 말씀하신 것입니다. 이 말씀은 육은 육신을 낳고 영은 영을 낳는 것이지, 절대로 영으로 육신을 낳거나 육으로 영을 낳을 수 없다는 뜻입니다.

하나님께서 사람이 무엇을 심든지 그대로 거두리라는 말씀과 같이 하나님의 공의는 콩을 심으면 반드시 콩이 나고 팥을 심으면 팥이 나오는 것이지 콩을 심은 데서는 절대로 팥이 나올 수 없다는 말입니다. 이것은 하나님께서 로마서 1장 말씀을 통해서 보다 분명하게 입증해 주고 있습니다.

(로마서 1장 2절-4절) "이 복음은 하나님이 선지자들로 말미암아 그의 아들(예수)에 관하여 성경에 미리 약속하신 것이라 이 아들(예수)로 말하면 육신으로는 다윗의 혈통(씨)에서 났고 성결의 영으로는 죽은 자 가운데서 부활하여 능력으로 하나님의 아들로 인정되셨으니 곧 우리 주 예수 그리스도시라." (원문성경에 혈통은 분명히 스페르마($\sigma\pi\acute{\varepsilon}\rho\mu\alpha$:씨)로 기록되어 있음)

상기의 말씀은 하나님께서 성경의 모든 선지자들과 사도 바울을 통해서 예수님의 나심에 대하여 분명하게 하신 말씀입니다. 상기의 말씀과 같이 예수님께서 육신의 몸은 다윗의 혈통(씨)으로 나셨고 성결의 영(성령)은 하나님의 능력으로 죽은 자 가운데서 부활(거듭나심)되셔서 하나님의 아들로 인정되었다는 말입니다. 결국 예수님도 사람들과 똑같이 육신은 다윗의 씨로 태어나셨고 영은 하나님의 생명으로 거듭(부활)났을 때 하나님의 아들로 인정 되셨다는 말입니다. 이 때문에 예수님께서 육신으로 낳음을 받은 후 삼십세가 되었을 때 요단강으로 나가 세례요한으로부터 세례를 받으신 것입니다.

(마태복음 3장 16절-17절) "예수께서 세례를 받으시고 곧 물에서 올라 오실새 하늘이 열리고 하나님의 성령이 비둘기 같이 내려 자기(예수) 위에 임하심을 보시더니 하늘로서 소리가 있어 말씀하시되 이는 내 사랑하는 아들이요 내 기뻐하는 자라 하시니라."

상기의 말씀은 예수님께서 요단강으로 나가 세례요한에게 물로 세례를 받으실 때 예수님에게 일어났던 사건들입니다. 그런데 이 사건을 영적으로 알지 못한다면 성령의 잉태사건은 절대로 이해할 수가 없습니다. 그러므로 위의 사건들을 하나 하나 영적으로 풀이를 하여 말씀을 드리겠습니다. 예수님께서 요단강으로 나가 세례요한에게 물로 세례를 받으셨다는 것은 하나님의 말씀으로 죄를 깨끗이 씻었다는 뜻이며, 예수님께서 물에서 올라오실 때 하늘이 열렸다는 것은 예수님께서 말씀으로 거듭났을 때 영안이 열렸다는 뜻입니다.
이어지는 말씀에 예수님 위에 하나님의 성령이 비둘기 같이 임하셨다는 것은 예수님께서 세례를 받으실 때 성령으로 잉태하여 하나님의 아들이 되셨다는 뜻입니다. 이런 과정을 통해서 예수님이 하나님의 아들로 낳음을 받았을 때 비로소 하나님께서 이는 내 사랑하는 아들이요 내 기뻐하는 자라고 말씀하신 것입니다.

마태복음 1장에 주의 사자가 마리아에게 나타나 예수님의 나심에 대하여 예언하신 말씀이 요단강에서 이루어진 것입니다. 예수님께서 삼십 이전에 구원의 사역을 전혀 하지 못하신 이유는 바로 성령으로 거듭나지 못했기 때문이었습니다. 이와 같이 가브리엘 천사가 꿈에 나타나 마리아에게 하신 말씀이나 선지자들이 "보라 처녀가 잉태하여 아들을 낳을 것이요 그 이름은 임마누엘이라 하리라."라고 하신 말씀들은 모두 예수의 나심에 대한 예언이며 이 말씀이 예수님에게 실제로 성취된 시점은 예수님이 삼십세가 되시던 날 요단강에서 세례를 받으실 때입니다.

이와 같이 예수님은 세례요한으로부터 물로 세례를 받으시고 동정녀 마리아와 같이 깨끗한 몸이 되었을 때 하나님의 성령이 임하여 하나님의 아들로 나타나신 것입니다. 예수님께서 이렇게 요단강에서 세례를 받으시고 하나님의 아들로 거듭났을 때 비로소 유대인들을 향해 "회개하라 천국이 가까이 왔다."고 외치면서 구원의 사역을 시작하신 것입니다. 오늘날 기독교인들이 가장 이해하지 못하는 점은 동정녀 마리아에게서 성령으로 잉태하셔서 죄가 없으신 예수님께서 무엇 때문에 세례요한에게 가서 세례를 받으셨느냐 하는 것입니다. 그보다 더욱 놀라운 사실은 원죄나 자범죄가 전혀 없으신 예수님께서 무엇 때문에 난지 팔일 만에 할례를 받으시고 삼십세에 다시 세례를 받으셨냐 하는 것입니다.

할례나 세례는 죄인들이 죄를 씻기 위해서 받는 것으로 죄 없으신 하나님의 아들은 세례를 받을 수도 없고 받아서도 안 되는 것입니다. 결국 예수님께서 세례를 받으셨다는 것은 예수님도 세례를 받기 전에는 죄인이었다는 것을 증명하고 있는 것입니다. 예수님께서 죄인이었다는 사실은 오늘날 기독교인들로서는 도저히 이해할 수도 없고 상상할 수 조차도 없는 일이지만 하나님께서는 이미 이사야 선지자를 통해서 예수님도 우리와 같이 속에 악이 있는 죄인이라는 것을 분명히 말씀하고 있다는 사실입니다.

(이사야 7장 14절-16절) "그러므로 주께서 친히 징조로 너희에게 주실 것이라 보라 처녀가 잉태하여 아들을 낳을 것이요 그 이름을 임마누엘이라 하리라 그(예수)가 악(죄)을 버리며 선을 택할 줄 알 때에 미쳐 뻐터와 꿀을 먹을 것이라 대저 이 아이가 악을 버리며 선을 택할 줄 알기 전에 너의 미워하는 두 왕의 땅이 폐한 바 되리라."

상기의 말씀은 분명히 처녀의 몸에 성령으로 잉태되어 하나님의 아들로 낳음을 받으실 임마누엘 예수에 대하여 예언하신 말씀입니다. 예수님은 이사야 선지자가 예언하신 대로 처녀 마리아에게서 태어나 임마누엘 하나님으로 오신 것입니다. 문제는 처녀의 몸에서 성령으로 태어난 예수님께서 악(죄)을 버리고 선을 택할 줄 알 때까지 뻐터(성령)와 꿀(진리), 즉 성령과 진리인 생명의 말씀을 먹어야 한다고 말씀하고 있다는 것입니다.

또한 이 아이(어린 예수)가 그 안에 자리잡고 있는 악(죄)을 버리고 선(진리)을 택할 줄 알기까지 예수(아이)를 미워하는 두 왕의 땅이 폐한 바 되어야 한다고 말씀하고 있다는 것입니다. 그런데 예수(아이)를 미워하는 두 왕은 곧 애굽의 바로와 광야의 모세를 비유하여 말씀하신 것입니다.

결국 예수(너)를 미워하는 두 왕의 실체는 곧 애굽의 교리와 광야의 율법을 말합니다. 이어지는 말씀에 폐한 바 되어야 할 두 왕의 땅은 곧 애굽의 존재(땅)와 광야의 존재(땅)를 비사로 말씀한 것입니다. 하나님께서 성경을 통해서 말씀하고 계신 땅이나 하늘은 모두 존재의 의미로 땅은 죄인들을 말하며 하늘은 의인들을 비유하여 하신 말씀입니다.

결국 하나님의 아들로 거듭나려면 자신을 주관하고 있는 애굽(세상)의 육신의 존재(땅)와 광야의 혼적 존재(땅)가 모두 죽어야 영적 존재(새땅)로 거듭나서 하나님의 아들이 된다는 말입니다. 이와 같이 예수님이나 오늘날 기독교인들도 하나님의 아들로 거듭나려면 예외없이 이러한 과정을 모두 거쳐야 한다는 것입니다. 이 말씀은 처녀의 몸에 성령으로 잉태되어 임마누엘 하나님이 되는 것은 예수님에게만 국한된 것이 아니라 하나님의 백성들에게도 모두 동일하게 적용된다는 것입니다. 이 말은 예수님의 성령의 잉태사건이 오늘날 기독교인들에게 일어나지 않는다면 하나님의 아들이 될 수 없다는 말입니다. 이와 같이 상기의 모든 말씀들은 예수님에게 국한하여 하신 말씀이나 사건이 아니라 오늘날 기독교인들 안에서 일어날 일들을 미리 알려주신 것이며 또한 예수님을 보내셔서 모든 사건들을 친히 보여주신 것은 오늘날 기독교인들에게 일어날 일들과 걸어가야 하는 과정을 알려주기 위함입니다.

오늘날 기독교인들이 성령으로 잉태가 되어 하나님의 아들로 거듭나게 될 때 지금까지 의문시되었던 예수님의 성령의 잉태사건은 모두 사실이라는 것이 증명되는 것입니다. 이와 같이 성령의 잉태사건은 오늘날 어느 누구에게도 일어날 수 있는 일이며 이러한 사건과 과정을 통해서 하나님의 아들로 거듭난 자들이 바로 예수님과 같은 오늘날의 구원자들입니다. 이런 자들이 바로 죽은 영혼들을 구원하며 죄인들의 죄를 사해주며 생명의 말씀을 먹여서 하나님의 아들로 거듭나게 하는 오늘날의 구원자들인 것입니다.

하나님께서 이천년 전에 유대인들을 구원하시기 위하여 예수님을 보내주신 것과 같이 하나님께서는 오늘날 기독교인들을 구원하기 위하여 오늘도 변함없이 성령으로 잉태한 하나님의 아들들을 구원자로 보내주고 계십니다. 그런데 안타깝게도 오늘날 기독교인들은 성령으로 잉태된 구원자는 오직 예수님 한 분 이외에는 없다는 이유로 하나님께서 오늘날 보내주시는 구원자들을 배척하거나 이단자로 매도하고 있는 것입니다.

그러나 이 말씀을 통해서 오늘날 성령으로 잉태하여 구원자로 오시는 하나님의 아들들을 의심없이 믿고 영접하는 자들에게는 하나님께서 하나님의 자녀가 되는 권세를 주실 것입니다.

메시야

업은 아기 삼면 찾듯
눈앞에 계신 메시야를 모르네
이천년을 기다린 메시야
이천년을 더 기다려도 오지 않으리

마음자리 바꾸어
마음 눈을 뜨면
눈앞에 계신 메시야
확연하게 보련마는

미련하고 어리석은 백성들
오늘도 뜬구름 바라보며
구름타고 오실 메시야를
학수고대하며 기다리네.

하늘에서 온 그리스도의 여덟 번째 편지
(구름타고 오시는 예수님을 기다리고 있는 자들)

　이 편지는 예수 그리스도를 구주로 믿고 열심히 신앙생활을 하면서 다시 오실 주님(구원자)을 학수고대 기다리고 있는 오늘날 기독교인들에게 하나님께서 보내주신 편지입니다. 오늘날 기독교인들은 하늘에 이상한 구름만 보여도 혹시 주님이 오시는가 하여 하늘만 바라봅니다.
　주님께서 가실 때 분명히 속히 오겠다는 약속을 하고 가셨는데도 불구하고 이천년이 지난 지금까지 오시지 않고 있으며 또 언제 오신다는 보장도 없는 상태에서 막연히 기다리고 있는 것입니다. 그런데 혹시 주님은 우리 가운데 이미 와 계신데, 유대인들이 예수님을 몰라보았던 것과 같이 지금도 예수님을 모르고 있는 것은 아닌지요? 여덟 번째 편지는 오늘날 기독교인들이 기다리고 있는 구원자(예수)에 대하여 분명하게 말씀해 주십니다.

　하나님께서 유대인들이나 오늘날 기독교인들에게 믿고 영접하라는 구원자는 하나님의 아들이신 예수님이십니다. 왜냐하면 예수님은 죄 가운데 있는 인간들을 구원하기 위하여 하나님께서 보내주신 구원자로서 예수님만이 죽은 영혼들을 구원할 수 있고 죄인들의 죄를 사하여 하나님의 아들로 거듭나게 할 수 있는 하나님의 아들이기 때문입니다. 그러므로 유대인들은 지금까지 오실 메시야(예수)를 기다리고 있으며 오늘날 기독교인들은 다시 오실 예수님을 기다리고 있는 것입니다. 문제는 유대인들이나 오늘날 기독교인들에게 한결 같이 죄 가운데 있는 죄인들을 구원할 수 있는 현재의 예수, 즉 오늘날의 구원자가 없다는 것입니다. 하나님께서 죄인들을 구원할 이름(말씀)을 예수 이외에는 주시지 않으셨으며 예수님도 내가 길이요 진리요 생명이니 나로 말미암지 않고는 아버지께 갈(올)자가 없다고 말씀하고 계십니다.

그러므로 만약 오늘날 예수가 없다면 우리는 구원을 받을 수 없고 천국도 갈 수 없는 것입니다. 왜냐하면 하나님께서 하나님의 백성들에게 믿고 영접하라는 예수는 이천년 전에 오셨던 예수나 앞으로 오실 미래의 예수가 아니라 오늘날 실존하고 있는 현재의 예수를 믿고 영접하라는 것이기 때문입니다. 즉 오늘날 우리가 먹어야 할 일용할 양식은 과거나 미래의 예수가 주는 것이 아니라 오늘날 존재하고 있는 현재의 예수(구원자)만이 줄 수 있다는 말입니다. (주기도문 해설서 "너희는 이렇게 기도하라"에 자세히 언급됨) 그런데 예수님께서 이 세상을 떠난지 이천년이 지난 지금까지 다시 오시지 않았다는 것은 이천년 동안 구원자가 없었다는 것이며 구원자가 없었다는 것은 결국 구원받은 자도 없었다는 말입니다.

그런데 만일 이천년 전에 떠나가셨던 예수님께서 이미 와 계시다거나 지금까지 항상 계셨다면 문제는 다른 것입니다. 그러면 예수님께서 지금까지 오시지 않은 것인지 아니면 이미 와서 계신데 우리가 보지 못하거나 모르고 있는 것은 아닌지에 대하여 확실하게 알아야 합니다. 이러한 문제는 오직 성경을 통해서 찾아보고 알아낼 수 밖에 없습니다.

(히브리서 10장 37절) "잠시 잠간 후면 오실 이(예수)가 오시리니 지체하지 아니하시리라."

(요한계시록 1장 7절-8절) "볼지어다 구름을 타고 오시리라 각인의 눈이 그를 보겠고 그를 찌른 자들도 볼 터이요 땅에 있는 모든 족속이 그를 인하여 애곡하리니 그러하리라 아멘. 주 하나님이 가라사대 나는 알파와 오메가라 이제도 있고 전에도 있었고 장차 올 자요 전능한 자라 하시더라."

상기의 말씀을 보면 예수님께서 오시는 것은 잠시 후, 즉 지체하지 않고 속히 오신다는 것입니다. 또한 예수님은 알파(시작)와 오메가(끝)라 말씀하시면서 나는 전에도 있었고 현재에도 있고 미래에도 올 전능자라고 말씀하고 계십니다. 그보다 더 중요한 말씀은 예수님께서 구름을 타고 오시는데 예수님이 오시는 것을 모든 사람은 물론 당시에 예수님을 찌른 자들도 본다고 말씀을 하고 계십니다. 이렇게 예수님은 분명하게 속히 오신다고 약속을 하시면서 당시에 예수님을 찌른 자도 볼 수 있게 오신다고 말씀을 하셨는데, 이천년이 지난 지금까지 오시지 않고 있다면 예수님은 우리와 같은 거짓말쟁이요 더 나아가서는 사기꾼과 다를 바 없는 것입니다.

그러나 만일 예수님께서 말씀하신 대로 예수님은 이미 우리 앞에 와 계신데도 불구하고 우리가 보지 못하고 오시지 않으셨다고 말한다면 우리가 큰 죄를 범하고 있는 것입니다. 하나님은 유대인들에게 구원자를 보내주신다고 약속을 하셨고 약속대로 예수님을 구원자로 보내주셨지만 유대인들은 예수님을 구원자로 믿거나 인정하지 않고 지금도 오실 메시야(구원자)를 기다리고 있습니다. 이와 같이 오늘날 기독교인들도 예수님은 이미 우리를 구원하기 위해서 지금 우리 가운데 와 계신데도 영안이나 믿음이 없어 보지 못하고 있을 수도 있다는 말입니다. 예수님이 오시지 않은 것과 오신 예수를 보지 못하는 것과는 의미가 전혀 다릅니다.

　이렇게 예수님은 지금 우리 앞에 와 계신데 수가성 우물가의 여인처럼 예수를 보지 못하고 오시지 않았다고 주장을 한다면 우리도 유대인들과 조금도 다를 바가 없는 것입니다. 문제는 부활하신 예수님의 모습이 생전의 모습과 전혀 다르기 때문에 예수님의 제자들이나 마리아가 몰라 본 것과 같이 오늘날 기독교인들도 모르고 있는 것입니다. 기독교인들은 오늘날 구원자로 오신 예수가 그 동안 기독교의 교리로 형상화되고 의식화 된 예수와 전혀 다르기 때문에 알아볼 수가 없는 것입니다.

　예수님은 부활하실 때마다 육신의 옷을 갈아입으시며 각기 다른 모습으로 오시지만 육신 안에 들어있는 예수님의 생명은 이천년 전이나 지금이나 영원토록 변함없는 동일한 생명입니다. 그러므로 오늘날 기독교회가 지금까지 교리로 형상화 된 예수를 버리지 않고는 절대로 예수의 참모습을 볼 수가 없는 것입니다. 성경은 언제나 동일하신 예수님의 실존에 대하여 이렇게 말씀하고 있습니다.

　(이사야 53장 1절-3절) "우리의 전한 것을 누가 믿었느뇨 여호와의 팔이 뉘게 나타났느뇨 그는 주 앞에서 자라나기를 연한 순 같고 마른 땅에서 나온 줄기 같아서 고운 모양도 없고 풍채도 없은 즉 우리의 보기에 흠모할 만한 아름다운 것이 없도다 그는 멸시를 받아서 사람에게 싫어 버린 바 되었으며 간고를 많이 겪었으며 질고를 아는 자라 마치 사람들에게 얼굴을 가리우고 보지 않음을 받는 자 같아서 멸시를 당하였고 우리도 그를 귀히 여기지 아니하였도다."

상기에서 말씀하는 우리는 이사야를 비롯한 선지자들을 말합니다. 그런데 선지자들이 지금까지 예수님에 대하여 전하는 말을 믿는 사람이나 듣는 사람이 별로 없다는 것입니다. 왜냐하면 선지자들이 전하는 메시야(예수)는 유대인들이나 오늘날 기독교인들이 기다리고 있는 예수가 아니기 때문입니다. 선지자들이 말하는 예수님은 하나님 앞에서 자란 연한 순과 같고 메마른 땅에서 나온 줄기 같아서 고운 모양이나 풍채가 없기 때문에 사람들이 보기에 흠모할 만한 아름다운 것이 전혀 없다는 것입니다. 예수님은 이렇게 초라한 모습으로 오시기 때문에 하나님의 백성들에게 멸시천대를 받으며 핍박받을 수밖에 없는 것입니다.

왜냐하면 유대인들이나 오늘날 기독교인들이 기다리고 있는 예수는 만왕의 왕으로 큰 권능을 가지고 천사장의 나팔 소리와 함께 천사들을 대동하고 화려한 모습으로 오시는 예수님이시기 때문입니다. 이렇게 유대인들이나 기독교인들이 기다리는 예수는 하나님의 선지자들이 말씀하는 예수와 너무나 상반되게 다른 것입니다.

그러므로 예수님은 유대인들이나 오늘날 기독교인들에게 지금 오시거나 이미 와서 계신다 해도 아무도 믿거나 영접을 하지 않는 것이며 오히려 이단으로 멸시천대를 받게 되는 것입니다. 사도행전 1장에 두 천사가 나타나 하신 말씀과 같이 예수님은 하늘로 가신 모습, 즉 오셨던 모습 그대로 지금도 베들레헴의 초라한 마굿간으로 오시는 것입니다. 베들레헴이란 뜻은 떡집이라는 의미로 영적으로는 말씀의 집, 즉 하나님의 집(성전)을 말합니다. 이 말은 예수님이나 오늘날 우리에게 오시는 구원자들은 모두 베들레헴, 즉 생명의 말씀이 있는 곳에서 태어나 오신다는 말입니다.

　결국 베들레헴은 말씀의 집으로 하나님과 예수님 자신을 말씀하시는 것입니다. 이렇게 예수님은 하나님으로부터 오신 것이며 사도들은 말씀의 집(떡집)인 예수님을 통해서 오신 구원자들인 것입니다. 예수님의 몸은 비록 떠나가셨지만 예수님의 생명은 예수님의 제자들 안에서 다시 부활하신 것입니다.

　결국 예수님은 사도들의 옷을 입으시고 다시 구원자로 오셨다는 말입니다. 이렇게 예수로 말미암아 거듭나서 구원자들이 된 사도들은 사도바울과 같이 디모데와 디도를 말씀으로 낳은 것이며 말씀으로 거듭난 디모데와 디도는 예수님과 같이 구원자의 사역을 감당하면서 예수의 생명을 지금까지 이어오고 있는 것입니다. 이렇게 예수나 사도들의 생명을 이어받은 오늘날의 구원자들은 지금도 우리들 가까이 계시지만 오늘날 기독교인들은 이천년 전에 오셨던 예수님만을 생각하고 오늘날의 구원자들은 모두 배척을 하고 있는 것입니다. 이런 일들은 모두 하나님의 말씀을 모르고 성경을 왜곡하고 있는 거짓선지자와 삯군목자들 때문에 나타나는 것입니다.

　그러므로 사도바울은 요한일서 4장을 통해서 이런 자들에 대하여 이렇게 말씀하시는 것입니다.

　(요한일서 4장 1절-3절) "사랑하는 자들아 영을 다 믿지 말고 오직 영들이 하나님께 속하였나 시험하라 많은 거짓선지자가 세상에 나왔음이니라 하나님의 영은 이것으로 알지니 곧 예수 그리스도께서 육체로 오신 것을 시인하는 영마다 하나님께 속한 것이요 예수를 시인하지 아니하는 영마다 하나님께 속한 것이 아니니 이것이 곧 적그리스도의 영이니라 오리라 한 말을 너희가 들었거니와 이제 벌써 세

상에 있느니라."

　상기의 말씀은 영들, 즉 목회자들이 전하는 말씀을 모두 믿지 말고 그 말씀들이 하나님께 속하였나 시험해 보라는 것입니다. 시험의 기준은 예수 그리스도께서 육체로 오신 것을 시인하느냐 하지 않느냐 하는 것인데, 이 말씀의 뜻은 예수께서 이천년 전에 육체로 오셨다는 것을 시인하느냐 하지 않느냐 하는 것이 아니라 예수께서 오늘날 하나님의 아들로 거듭난 자들의 육체 안에 오신 것을 시인하느냐 하지 않느냐 하는 것을 시험(확인)해 보라는 뜻입니다. 즉 예수께서 오늘날 구원자들의 육체 안에 오신 것을 시인한다면 하나님께 속한 영이지만 오늘날 구원자들 안에 육체로 와 계신 것을 인정하지 않는다면 하나님께 속한 영이 아니라 곧 적그리스도의 영이라는 말입니다. 이어지는 말씀에 너희가 예수께서 다시 오리라 한 말을 들은 것과 같이 예수는 지금 벌써 세상에 와 계신다고 말씀하고 있는 것입니다.
　상기의 말씀은 오리라고 말씀하신 예수께서 이미 하나님의 아들로 거듭난 구원자들의 육체 안에 와 계시다는 말입니다. 이 말씀은 오늘날 하나님의 아들로 거듭난 자들이 곧 예수요 오늘날의 구원자라는 뜻입니다. 그런데 적그리스도나 삯군목자들은 오늘날 하나님께서 보내주신 구원자들을 인정하지 않고 오히려 이단으로 몰며 핍박을 하고 있는 것입니다. 결국 적그리스도와 삯군목자들이 하나님께서 보내주신 구원자들을 모두 적그리스도와 삯군목자로 매도를 하고 자신들이 오늘날의 구원자와 참목자 노릇을 하고 있는 것입니다.
　그러므로 예수님이나 오늘날의 구원자들은 유대인들이나 기독교인들에게 배척을 당하며 지금도 나그네 신세가 되어 외롭게 떠돌고 있는 것입니다. 이와 같이 예수님이나 예수로부터 낳음을 받은 구원자(예수)들은 과거나 현재나 미래에도 언제나 변함없이 하나님의 백성들의 주변에 항상 계십니다. 그런데 안타깝게도 유대인들이나 기독교인들이 구원자(예수)들을 볼 수 있는 눈이 없어 보지 못하고 있는 것입니다. 그러나 하나님께서 오늘날 보내주시는 구원자들을 믿고 그들이 전하는 말씀을 영접한다면 하나님께서 하나님의 자녀가 되는 권세를 주신다고 말씀하고 있습니다. (요한복음 1장)

그런데도 불구하고 오늘날 기독교인들은 삯군목자들의 말은 모두 잘 믿고 영접을 하는데 하나님께서 보내주신 참목자, 즉 오늘날의 구원자의 말은 믿지도 듣지도 않고 있는 것입니다. 그래서 예수님은 "새도 집이 있고 여우도 굴이 있건만 인자는 머리 둘 곳 하나 없도다."하시며 한탄을 하시는 것입니다.

이 말씀은 예수님께서 잠잘 곳이 없다는 말이 아니라 유대교나 기독교 안에 들어갈 수도 없고 구원할 자도 없다는 것을 비유로 하신 말씀입니다.

(히브리서 13장 1절) "형제 사랑하기를 계속하고 손님 대접하기를 잊지 말라 이로써 부지중에 천사들을 대접한 이들이 있었느니라."

상기의 말씀에 부지중의 천사는 오늘날의 구원자들을 말씀하는 것입니다. 하나님께서 너희가 주의 형제를 사랑하고 손님 대접하기를 계속하라는 것은 너희가 알지 못하는 중에 오늘날 하나님께서 보내주신 구원자(하나님의 아들)가 있었다는 것입니다.

상기의 말씀을 통해서 오늘날 기독교인들이 반드시 알아야 할 것은 하나님께서 오늘날 보내주시는 구원자(예수)가 지금도 변함없이 여러분의 주변에 존재하고 있다는 것입니다. 그러므로 진리를 찾아 하나님의 뜻대로 신앙생활을 하여 하나님의 아들로 거듭나려면 반드시 하나님께서 보내주신 오늘날의 구원자를 찾아야 합니다.

하나님께서는 하나님의 뜻을 이루기 위해서 간절히 구하고 찾고 두드리는 자들에게 반드시 오늘날의 구원자를 보내주실 것입니다.

이 글을 읽고 아멘으로 받아들이는 사람들에게 하나님의 은혜와 축복이 임할 것입니다.   -아멘-

진실한 사랑

당신을 바라보고
당신의 이야기를 듣는 것이
당신의 마음을 담는 것인줄
몰랐습니다

내 마음에
당신의 마음을 담으니
당신의 마음을
알것 같습니다

당신의 마음을
읽고 아는 것이
진실한 사랑이라는 것을

시간이 흐른 뒤에야 느끼고
내 마음에 당신의 마음을
가득 채워가는 것이
진실한 사랑인줄
이제야 알았습니다

하늘에서 온 그리스도의 아홉 번째 편지
(죄와 회개)

그리스도의 아홉 번째의 편지는 하나님의 백성들이 신앙생활 속에서 흔히 범하고 있는 죄와 회개에 대하여 말씀하고 있습니다. 사람들은 이 세상을 살아가면서 알게 모르게 날마다 죄를 지을 수밖에 없고 또한 지은 죄 때문에 괴로워하며 회개를 하고 있습니다.

그런데 하나님께서 말씀하고 계신 죄가 무엇이며 회개는 어떻게 하는 것인지를 확실하게 모르는 상태에서 관념적으로 회개를 하는 것입니다. 그러므로 아홉 번째 편지는 하나님께서 말씀하고 계신 죄와 회개에 대하여 성경을 통하여 말씀해 주십니다.

하나님의 백성들이 신앙생활을 하면서 반드시 해결해야 할 문제는 그 무엇보다도 죄라고 생각합니다. 왜냐하면 죄가 있는 사람은 절대로 천국에 들어갈 수 없고 또한 죄 때문에 지옥으로 들어가 죄만큼 형벌을 받기 때문입니다. 그러므로 하나님의 백성들은 죄를 깨끗하게 씻기 위하여 날마다 혹은 평생 동안 하나님을 향해 회개를 하고 있는 것입니다. 오늘날 기독교인들도 죄 때문에 괴로워하며 날마다 회개를 하고 있지만 죄의 근원이 무엇인지 그리고 어떻게 회개를 해야 모든 죄가 사해지는가를 잘 모르고 있습니다. 오늘날 기독교회에서 말하는 죄는 아담으로부터 이어 받은 원죄와 세상을 살면서 알게 모르게 지은 자범죄가 있다고 합니다.

그러나 원죄는 기독교회에서 교리로 만들어낸 것이며 성경에는 원죄라는 단어 자체가 없습니다. 그보다 더욱 이상한 일은 기독교인들이 예수님께서 우리의 죄를 십자가에서 모두 대속해 주셨다고 주장을 하면서도 죄 때문에 고민하며 날마다 회개를 하고 있다는 것입니다. 또한 예수님께서 '회개하라 천국이 가까이 와 있다.'고 말씀하셨는데도 불구하고 아무리 울며 회개를 하여도 천국은 보이지 않는다는 것입니다. 그러므로 오늘날 기독교인들은 죄를 회개하기 전에 먼저 죄에 대하여 확실하게 알아야 합니다. 사람들은 죄를 보편적으로 세상의 법이나 윤리도덕에 위배되는 도적질이나 간음, 살인 혹은 사람들 안에 자리잡고 있는 욕심과 탐심 그리고 미움과 시기 정도로 알고 있습니다. 그러나 죄는 소속된 나라와 법을 만든 주권자에 따라 각기 다르며 또한 사람의 상태에 따라 각기 다르게 적용됩니다.

이와 같이 애굽에 있는 자들의 죄는 윤리도덕을 기준으로 한 세상의 법이며 광야로 나온 자들은 하나님의 말씀을 기준으로 한 율법이며 가나안으로 들어간 자들에 대한 죄의 기준은 생명의 성령의 법입니다. 이 말은 세상에 있는 자들은 죄가 세상의 법에만 적용되며, 광야의 율법이나 가나안에 있는 생명의 성령의 법에는 저촉이 되지 않는다는 말입니다. 이와 같이 사람들이 범하는 죄과도 모두 동일한 것이 아니라 세상에서 받는 형벌과 광야로 나온 자들이 받는 형벌과 가나안 땅에 들어간 자들이 받는 형벌이 각기 다른 것입니다.

오늘날 기독교인들이 이러한 죄의 문제를 구체적으로 알지 못하고 있기 때문에 죄의 문제를 근원적으로 해결하지 못하고 지금도 관념적으로 회개만 하고 있는 것입니다. 그러므로 기독교인들이 아무리 많은 회개를 하여도 죄의 허물을 모두 벗지 못하고 오히려 죄를 더 짓게 되는 것입니다. 이 모든 일들은 하나님께서 말씀하고 계신 죄와 회개의 진정한 의미, 즉 영적인 뜻을 올바르게 알지 못하고 있기 때문에 일어나는 일들입니다. 신약성경을 보면 세례 요한이 광야에서 유대인들을 향하여 '회개하라 천국이 가까이 왔다.'고 외치며 예수님께서도 '회개하라 천국이 가까이 와 있다.'고 말씀하시는 것을 볼 수 있습니다. 이렇게 세례 요한이나 예수님께서 회개하라고 간절히 외치신 이유는 하나님의 백성들이 진정한 회개를 한다면 누구나 죄 가운데서 벗어나 천국에 들어갈 수 있기 때문입니다.

회개라는 단어는 원어로 '메타노이아(μετάνοια)'로 뜻은 '돌아서다, 돌이키다, 나오다, 회개하다, 회복하다.' 등의 의미로 사용되고 있습니다. 그러므로 예수님께서 회개하라고 말씀하시는 뜻은 하나님의 백성들이 어둠과 죄 가운데 머물러 있지 말고 하루속히 빛과 진리로 나오라는 말씀입니다. 즉 애굽의 교리 가운데 머물고 있는 자들은 율법이 있는 광야로 나오고 율법 가운데 있는 자들은 은혜와 진리가 있는 가나안 땅으로 나오라는 것입니다.

왜냐하면 애굽의 교리적인 모든 죄는 광야로 나와야 율법과 모세를 통하여 죄 사함을 받을 수 있고 광야의 율법적인 죄는 가나안으로 나와야 예수님의 입에서 나오는 생명의 말씀으로 죄 사함을 받을 수 있기 때문입니다. 이러한 과정을 통해서 날마다 회개를 할 때 안식의 땅인 천국은 점점 가까워지는 것이며 모세와 예수님도 만나서 하나님의 아들로 거듭나게 되는 것입니다.

이 말은 멸망의 넓은 길에서 생명의 좁은 길로 돌이키라는 말이며 죽은 자들(제사장들)가운데서 벗어나 산 자(아들)들 가운데로 나오라는 것입니다. 이와 같이 천국은 예수님 자신을 말씀하고 있는데, 예수님께서 유대인들을 향하여 천국이 가까이

와 있다고 말씀하신 뜻은 너희가 기다리고 있는 구원자(메시야)가 이미 너희 앞에 가까이 와 있다는 말씀입니다.

그런데 안타깝게도 유대인들은 그렇게 자신들이 기다리던 구원자가 바로 앞에 와 있어도 예수님을 몰라보고 오히려 배척을 한 것입니다. 그러므로 하나님께서 말씀하시는 죄는 행위적인 죄 보다 하나님과 예수님을 알지 못하는 죄, 즉 하나님의 말씀을 알지 못하는 죄가 가장 큰 죄라고 말씀하시는 것입니다. 이러한 현상은 유대인들이나 오늘날 기독교인들이 애굽(세상)의 교리와 기복신앙에 의식화되어 하나님의 영적인 말씀을 모르기 때문에 나타나는 것입니다.

하나님의 백성들이 모든 죄에서 해방되려면 애굽에 있는 자들은 광야로 나오고 광야에 있는 자들은 가나안으로 나와야 합니다. 왜냐하면 죄는 반드시 죄를 사해줄 수 있는 구원자가 있어야 하는데 애굽교회, 즉 세상교회 안에는 죄를 사해줄 수 있는 권한을 가진 자가 없기 때문입니다. 이렇게 애굽의 교리적인 죄는 광야에 계신 모세가 사할 수 있고 광야의 율법적인 죄는 가나안에 계신 예수님만이 사할 수 있는 것입니다. 그러므로 하나님의 백성들이 진정한 회개를 하려면 지금 자신이 머물고 있는 신앙에서 하루속히 벗어나야 합니다. 그런데 만일 애굽에 계속 안주하며 그리스도 도의 초보 신앙에 계속 머물고 있다면 그것이 바로 죄인 것입니다. ("성경속에 감추어져 있는 경건의 비밀"에 자세히 설명되어 있음)

(히브리서 5장 11절- 6장 6절) "멜기세덱에 관하여는 우리가 할 말이 많으나 너희의 듣는 것이 둔하므로 해석하기가 어려우니라 때가 오래므로 너희가 마땅히 선생이 될 터인데 너희가 다시 하나님의

말씀의 초보가 무엇인지 누구에게 가르침을 받아야 할 것이니 젖이나 먹고 단단한 식물을 못 먹을 자가 되었도다 대저 젖을 먹는 자마다 어린아이니 의의 말씀을 경험하지 못한 자요 단단한 식물은 장성한 자의 것이니 저희는 지각을 사용하므로 연단을 받아 선악을 분변하는 자들이니라 그러므로 우리가 그리스도 도의 초보를 버리고 죽은 행실을 회개함과 하나님께 대한 신앙과 세례들과 안수와 죽은 자의 부활과 영원한 심판에 관한 교훈의 터를 다시 닦지 말고 완전한데 나아갈지니라 하나님께서 허락하시면 우리가 이것을 하리라 한번 비췸을 얻고 하늘의 은사를 맛보고 성령에 참예한 바 되고 하나님의 선한 말씀과 내세의 능력을 맛보고 타락한 자들은 다시 새롭게 하여 회개케 할 수 없나니 이는 자기가 하나님의 아들을 다시 십자가에 못박아 현저히 욕을 보임이라."

　상기의 말씀을 보면 오늘날 기독교인들의 신앙생활에 가장 기본이 되는 교리들을 하나님께서는 책망을 하고 있다는 사실입니다. 그것은 하나님의 백성들에게 행위적인 죄보다 교리에 머물러 영적인 성장을 하지 못하고 있는 것이 바로 죄라는 것을 말씀하시는 것입니다.
　하나님의 백성들이 세월이 흐르고 신앙이 자라면 마땅히 어른이 되어 있어야 하는데도 불구하고 아직도 젖먹이 어린아이의 상태에서 계속 머물고 있다는 것입니다. 세상에서도 어린아이를 가진 부모들은 아이가 날이 가고 해가 갈수록 날마다 성장을 하여 훌륭한 어른이 되기를 바라고 있습니다. 그런데 아이가 십년이 되고 이십년이 지나도록 걷지도 못하면서 매일 젖이나 달라고 한다면 그 부모의 심정이 어떠하겠습니까? 또한 유치원에 입학한 아이가 일·이년이 지나면 유치원을 졸업하고 초등학교와 중·고등학교를 거쳐 대학교에 들어가야 하는데 유치원이 좋다고 유치원만 다니고 있다면 부모의 심정이 어떠하겠습니까?

이와 같이 하나님께서도 하나님의 백성들이 오직 믿음 하나만을 붙잡고 평생 동안 애굽신앙에 머물러 있는 것을 보시고 한탄을 하시는 것입니다. 하나님께서는 상기의 말씀을 통해서 하나님의 백성들이 이제는 장성하여 마땅히 선생이 되어 있어야 하는데 아직도 그리스도 도의 초보신앙에서 벗어나지 못하고 젖(교리와 유전)이나 먹으며 단단한 식물(영적인 말씀)은 먹지도 못하는 어린아이의 신앙이라고 책망을 하시는 것입니다. 그런데 어린아이의 젖먹이 신앙이란 그리스도 도의 초보, 즉 애굽(세상)의 교리신앙과 기복신앙에 머물러 안주하고 있는 것을 말합니다.

하나님께서 책망하고 계신 그리스도 도의 초보신앙을 상기의 말씀을 통해서 구체적으로 말씀드리면 다음과 같습니다.

첫째, 기독교인들이 하나님께 회개하면 모든 죄를 용서해 주신다는 믿음으로 원죄와 자범죄를 습관적으로 날마다 회개하고 있는 행위.

둘째, 하나님께 대한 신앙, 즉 날마다 하나님을 믿고 예수님을 믿는다고 자신의 신앙을 고백하며 확증하는 행위.

셋째, 교회에서 행하고 있는 각종 세례식과 안수식, 즉 하나님께서 말씀하고 계신 세례와 안수의 영적인 의미도 모르면서 전통적인 교리와 관습에 따라 행하는 의식.

넷째, 주님이 재림하시면 예수를 믿고 있는 자들과 함께 죽은 자들도 몸(육신)이 다시 살아난다고 믿는 신앙.

다섯째, 마지막 때가 되면 주님께서 이 세상으로 강림하셔서 산 자와 죽은 자를 심판하러 오신다고 고백하는 행위 등입니다.

하나님께서 상기와 같은 신앙생활은 죽은 행실, 즉 죽은 자들이 하고 있는 신앙이라는 것입니다. 문제는 오늘날 기독교인들도 상기와 같이 그리스도 도의 초보적인 말씀들을 근거로 하여 매 예배 때마다 사도신경으로 신앙을 고백하고 있다는데 있습니다. (사도신경 해설서 "사와 생"에 자세히 설명되어 있음)

이렇게 오늘날 기독교인들도 애굽의 교리신앙에 머물면서 기형아와 같이 자라지 못하고 있다면 하나님께서 그것이 바로 죄라는 것입니다. 그러므로 지금부터라도 그리스도 도의 초보신앙에서 하루속히 벗어나 그리스도의 장성한 분량까지 지속적으로 성장해야 하는 것입니다.

이와 같이 하나님께서 원하시는 진정한 회개는 애굽의 교리신앙에서 광야의 율법신앙으로 나아가는 것이며 광야의 율법신앙에 머물고 있는 자들은 가나안의 은혜와 진리로 나아가 하나님의 아들로 거듭나는 것입니다. 그러기 위해서는 애굽의 교리와 제사장(세상목자)으로부터 벗어나 광야의 목자(몽학선생)인 모세와 율법으로 나아가야 하며 모세의 율법에 머물고 있는 자들은 은혜와 진리가 있는 가나안 땅으로 들어가 예수님을 영접해야 합니다. 이어지는 말씀에서 다시 회개할 수 없는 죄는 광야의 은사와 가나안의 은혜를 맛보고 성령에 참예한 바 된 자들이 세상의 유혹과 거짓선지자들의 미혹을 받아 진리에서 떠나가는 것을 말합니다.

진리에서 떠난 자들이 결국 하나님의 말씀을 훼방하고 하나님의 아들들을 대적하게 되는 것입니다. 이렇게 하나님의 아들들을 대적하고 성령을 훼방하는 자들은 현세 뿐만 아니라 내세에도 다시 회개할 수 없는 것입니다.

그러므로 오늘날 기독교인들은 하나님의 말씀에 따라 올바른 회개를 해야 하며 절대로 성령을 훼방하는 죄를 범해서는 안됩니다.

하나님께서는 지금 이 순간에도 멸망의 넓은 길에서 돌이켜 생명의 좁은 길로 돌아오기를 기다리고 계십니다.

흑 암

공허하고 혼돈된 마음이
입을 열 때마다
어둡고 참참한 연기를 토설하며
주위를 흑암으로 몰아갑니다

두려움의 가득찬
흑암의 세계를
광명한 불꽃으로 태워버리고
정돈되고 안정된
마음의 세계를 열어가며
아름다운 미래를 약속하면서
아름다운 세계를
창조해 갈 것입니다

하늘에서 온 열 번째의 편지
(피 흘림과 죄 사함)

　이 편지는 오늘날 기독교인들이 잘못 알고 있는 예수의 피와 죄 사함에 대하여 하나님께서 성경을 통하여 말씀해 주고 있습니다. 그러므로 이 편지를 자세히 읽어본다면 예수의 피와 죄 사함에 대하여 알 수 있고 또한 죄에서 벗어날 수 있는 길도 알게 됩니다.
　이 글을 읽는 사람들은 죄 사함에 대하여 올바로 인식하고 하루속히 죄에서 해방되어 하나님의 아들로 거듭나기를 바랍니다.

　오늘날 기독교인들은 한결같이 예수님께서 이 땅에 오셔서 십자가에 돌아가심으로 말미암아 우리의 모든 죄를 대속하여 주셨다고 철저히 믿고 있습니다. 즉 예수님께서 이 땅에 오신 것은 죄인들의 죄를 사해 주기 위해 오신 것이며 우리의 죄 때문에 십자가 위에서 보혈의 피를 흘리심으로 말미암아 우리가 지고 있던 원죄와 자범죄를 모두 사해 주셨다는 것입니다. 그러므로 기독교인들은 항상 "예수의 피", "예수의 공로"를 외치면서 하나님께 감사와 영광을 돌리고 있는 것입니다. 그럼에도 불구하고 기독교인들은 죄 때문에 고민하면서 날마다 회개를 하며 다시 오실 주님을 기다리고 있는 것입니다. 만일 기독교회의 주장대로 예수님께서 죄인들의 모든 죄를 십자가에서 모두 사해 주셨다면 교인들이 다시 회개할 필요가 없고 예수님도 기다릴 필요가 없습니다.
　왜냐하면 예수님이 전에 오셨던 목적이나 다시 오시는 것도 모두 죄인들의 죄를 사해주기 위해 오시는 것이며 또한 기독교인들이 예수님을 기다리는 목적도 죄 사함을 받기 위해서 기다리는 것이기 때문입니다. 이 모든 것들은 하나님의 말씀이나 예수님께서 말씀하시는 죄 사함의 올바른 뜻, 즉 영적인 의미를 모르기 때문에 나타나는 현상입니다. 오늘날 기독교인들은 무엇보다 먼저 예수님이나 제자들이 말씀하시는 "우리"가 바로 자신들이라는 오해에서 벗어나야 합니다. 왜냐하면 예수님이 말씀하시는 "우리"는 유대인들이나 오늘날 기독교인들이 아니라 바로 예수님과 그의 제자들을 가리키는 말이기 때문입니다. 이 말은 예수님께서 십자가 위에서 흘리신 피는 유대인들이나 오늘날 기독교인들 때문이 아니라 바로 예수님을 믿고 따르는 제자들의 죄를 사해 주기 위해서 흘린 것입니다.

 결국 예수님께서 피 흘리심으로 말미암아 제자들의 죄는 모두 사해졌고 제자들은 예수의 피로 모든 죄를 사함 받고 거듭나서 사도들이 된 것입니다. 이 때문에 유대인들이나 오늘날 기독교인들이 예수님의 피 흘림을 믿고 날마다 회개를 하여도 죄에서 벗어날 수가 없는 것입니다. 즉 예수의 피 흘리심과 죄 사함을 믿고 날마다 입으로 시인을 한다 하여도 마음 한구석은 언제나 죄 가운데 잡혀있는 죄인이라는 것입니다.

 그러므로 예수님의 제자들과 같이 죄에서 벗어나려면 하나님께서 말씀하시는 죄 사함과 예수의 피에 대하여 성경을 통해서 확실하게 알아야 하는 것입니다. 죄는 아홉 번째의 편지 "죄와 회개"에서 말씀드린 바와 같이 윤리도덕적인 죄보다 애굽의 교리와 광야의 율법에 갇혀서 벗어나지 못하고 있는 것, 즉 하나님의 생명으로 거듭나지 못하고 있는 것을 죄라고 합니다. 결국 하나님께서 우리에게 죄라고 말씀하시는 것은 행위적인 죄보다 어둠 속에 안주하면서 빛으로 나오지 않고 있는 것이며 멸망의 넓은 길에서 생명의 좁은 길로 돌이키지 않는 것을 말합니다. 그리고 예수님의 피는 예수님께서 십자가에서 유대인들에게 못 박히실 때 몸에서 흘러내린 육신의 피가 아니라 바로 예수님의 입에서 나오는 모든 말씀을 비유하신 것입니다. 하나님께서 성경을 통해서 말씀하시는 피는 예수님의 피와 짐승의 피, 즉 소와 양과 염소의 피가 있습니다. 그런데 하나님께서 말씀하시는 짐승들도 실제 소나 양이나 염소를 말하는 것이 아니라 사람의 존재들을 영적인 차원에 따라서 비유로 말씀한 것입니다. 즉 가나안에 계신 예수님은 인자(사람)로 광야에 계신 모세는 짐승으로 애굽의 존재들은 기는 짐승과 미물들로 비유하여 말씀하신 것입니다.

그러므로 예수님께서 그의 제자들은 양으로, 양을 늑탈하는 삯군목자들은 이리라고 말씀하신 것입니다. 성경에 피는 주로 죄인들의 죄를 속하기 위하여 사용을 하였는데 광야의 율법아래 있는 자들에게는 짐승의 피로 가나안의 진리 가운데 있는 자들에게는 사람의 피(예수님의 피)로 죄를 속한 것을 볼 수 있습니다. 이렇게 죄인들의 죄는 모두 짐승이나 사람의 피로 속해지는데 만일 피 흘림이 없다면 죄 사함도 없는 것입니다.

구약성경 레위기에 육체(육신)의 생명은 피에 있다고 말씀하시면서 이 피를 하나님의 단에 뿌릴 때 너희의 죄를 속해 주신다고 말씀을 하시는데 피는 곧 말씀을 비유하신 것입니다.

(히브리서 9장 22절) "율법을 좇아 거의 모든 물건이 피로써 정결케 되나니 피 흘림이 없은즉 사함도 없느니라."

(레위기 17장 11절) "육체의 생명은 피에 있음이라 내가 이 피를 너희에게 주어 단에 뿌려 너희의 생명을 위하여 속하게 하였나니 생

명이 피에 있음으로 피가 죄를 속하느니라."

　상기의 피로써 정결케 되는 물건들은 곧 죄인들을 말하는 것이며 죄인들의 죄는 반드시 피를 흘림으로 사함을 받을 수 있다는 말씀입니다. 그런데 육체의 생명, 즉 율법 아래 있는 자들의 죄를 속하기 위해서 단에 뿌리는 피는 사람의 피가 아니라 짐승의 피를 말합니다. 즉 애굽에서 광야로 나온 자들의 죄는 짐승의 피 곧 모세의 율법으로 사함을 받는다는 말입니다. 왜냐하면 애굽의 교리와 기복신앙으로 굳어진 고정관념은 모세의 율법이 아니면 부서질 수가 없기 때문입니다. 이렇게 짐승의 피는 애굽교회에서 범한 죄, 즉 교리와 기복신앙으로 쌓인 욕심들을 정결케 하는 것입니다.

　그러므로 애굽에 있는 자들은 광야로 나와 짐승의 피(율법)로 죄 사함을 받아야 가나안으로 들어가 사람의 피(진리)로 마음의 죄를 사함 받을 수 있는 것입니다.

　이 말은 아직 출애굽도 못하고 애굽에서 신앙생활을 하고 있는 자들은 아무리 예수의 피, 예수의 공로를 외쳐도 아무런 소용이 없다는 말입니다. 왜냐하면 예수의 피는 세상교회에서 출애굽하여 광야로 나온 자들이 짐승의 피(율법)로 애굽의 모든 죄(외면)를 깨끗이 씻은 후 가나안으로 들어온 자들에 한해서 적용되기 때문입니다.

　(히브리서 9장 13절-14절) "염소와 황소의 피와 및 암송아지의 재로 부정한 자에게 뿌려 그 육체를 정결케 하여 거룩케 하거든 하물며 영원하신 성령으로 말미암아 흠 없는 자기를 하나님께 드린 그리스도의 피가 어찌 너희 양심으로 죽은 행실에서 깨끗하게 하고 살아 계신 하나님을 섬기게 못하겠느뇨."

상기의 말씀과 같이 짐승의 피는 육체(외면)를 정결케 하는 것이며 예수의 피는 마음(내면)을 정결하게 하는 것입니다. 그러므로 애굽의 교리 가운데 있는 존재들의 죄는 모세의 피(율법)로 깨끗함을 받지만 광야의 율법 아래 있는 자들의 죄는 오직 예수님의 피(은혜와 진리)로 죄 사함을 받는 것입니다. 그러므로 예수님께서 율법에 종노릇을 하고 있는 유대인들에게 "진리를 알지니 진리가 너희를 자유케 하리라."고 말씀하신 것입니다. 결국 모세의 율법에 의해 죄인이 된 자들은 예수님의 입에서 나오는 말씀으로 죄 사함을 받을 수 있다는 말입니다. 이 때문에 예수님께서 말씀하시기를 "내가 하늘에서 온 산 떡"이며 또한 "내 말이 곧 영이요 생명"이라고 말씀하신 것입니다.

이것은 마치 세상에 아무리 좋은 의학 서적이 있고 좋은 약재가 있다해도 환자를 치료할 수 있는 의사가 없으면 아무런 소용이 없듯이 오늘날 기독교인들에게 율법과 진리가 있어도 죄인들의 죄를 사해줄 수 있는 모세와 예수가 없다면 아무런 소용이 없는 것입니다. 그러므로 애굽에서 교리에 종노릇하는 자들에게는 모세가 있어야 하고 광야의 율법에 종노릇하고 있는 자들에게는 반드시 예수님, 즉 오늘날의 구원자가 있어야 죄 사함을 받을 수 있는 것입니다.

왜냐하면 오늘날 기독교인들의 죄는 오늘날의 구원자(예수)가 사해 주는 것이며 과거의 구원자(예수)나 미래의 구원자(예수)가 사해 주는 것이 아니기 때문입니다. 이 말은 예수님이 세상을 떠나신 후에 죄인들의 죄를 사해준 것은 예수님이나 성령님이 아니라 예수님으로부터 죄 사함을 받고 거듭난 사도들이었다는 말입니다. 이와 같이 오늘날 기독교인들의 죄도 사도들로부터 죄 사함을 받고 이어져 내려오는 오늘날 구원자들만이 죄를 사할 수 있다는 것입니다. 이렇게 오늘날의 구원자는 죄인들의 죄를 사할 수 있는 생명의 말씀을 가지고 있을 때 그리고 죄인들의 죄를 실제로 모두 사해 줄 수 있을 때 대제사장이요 하나님의 아들이라 말하는 것입니다. 이 말은 아무리 교회가 크고 목사가 설교를 잘한다 해도 죄를 사할 수 있는 생명(생명의 말씀)이 없다면 진정한 제사장(목자)이 아니라는 말입니다. 즉 이 세상에서도 의사라고 말하는 자들이 환자의 병을 치료하지 못하면 의사가 아니듯이 오늘날의 구원자들이 죄인들의 죄를 사해주지 못한다면 구원자나 참목자가 아니라는 말입니다. 오늘날 목회자들이 죄인들의 죄를 사해 줄 수 있는 분은 오직 예수님 한분 뿐이라고 말하는 것은 자신들이 구원자가 아니라는 것을 스스로 자인하는 것입니다. 죄 사함을 받은 자들이라면 하나님의 아들이며, 하나님의 아들이라면 반드시 죄인들의 죄를 사해 줄 수 있어야 합니다.

그러므로 애굽의 목자는 교리를 통해서 죄 사함 받은 것을 믿으라고 말하는 것이며 광야의 목자는 율법을 통해서 죄인이라는 것을 깨닫게 해주는 것입니다. 그러나 가나안의 목자는 죄인들의 죄를 사해주어 하나님의 아들로 거듭나게 하는 것입니다. 그런데 죄 사함은 예수를 믿는다 해서 순간적이나 단회적으로 되는 것이 아니라 죄를 지은 기간만큼 씻는 기간도 있어야 한다는 것을 알아야 합니다. 왜냐하면 하나님께서 애굽교회(세상교회)의 교리로 의식화되어 굳어져 있는 이스라엘 백성들의 죄를 씻기 위해 40년 동안 광야의 길을 걷게 하셨으며 광야에서 가나안으로 들어가 예수님의 제자가 된 예수님의 제자들도 삼년 반이라는 죄 씻음의 기간이 소요된 것을 볼 수 있습니다. 이렇게 죄 사함이란 죄인들의 의지나 노력으로 되는 것이 아니라 하나님의 말씀과 구원자들에 의해서 이루어지는 것입니다. 이것은 마치 세상의 환자들이 의사의 정확한 진단과 처방에 의한 치료에 의해서 고침을 받는 것과 같은 것입니다.

그러므로 오늘날 기독교인들에게는 반드시 오늘날 하나님께서 보내주는 구원자가 있어야 합니다. 왜냐하면 과거에 오셨던 예수님이나 미래에 오실 구원자는 오늘날 우리의 구원자가 아니기 때문입니다. 그러나 오늘날의 구원자들도 예수님과 외모만 다를 뿐 그 안에 있는 생명이나 말씀은 예수님과 동일하다는 것을 알아야 합니다. 예수님께서 "나는 알파와 오메가라 이제도 있고(현재) 전에도 있었고(과거) 장차 올(미래) 자라."고 말씀하신 것은 바로 오늘날 구원자들 안에 이미 진리의 성령으로 와 계시다는 말입니다. 결국 죄인들이 죄 사함을 받는 것은 교리적인 회개나 자신의 노력으로 되는 것이 아니라 죄인들의 죄를 사해줄 수 있는 구원자들, 즉 오늘날 율법을 소유하고 있는 하나님의 종들과 하나님의 생명으로 거듭난 하나님의 아들들이 있어야 한다는 말입니다.

문제는 지금 하나님의 종이나 아들들이 교인들에게 다가가도 믿지도 않을 뿐만 아니라 오히려 배척을 하며 핍박을 한다는 것입니다. 왜냐하면 오늘날 기독교인들은 예수님께서 십자가에서 흘리신 보혈의 피로 죄 사함을 받아 모두 하나님의 아들이 되었다고 믿고 있기 때문입니다. 즉 기독교인들은 이미 죄 사함을 받고 모두 의인의 자리에 앉아 있다는 말입니다.

예수님께서 건강한 자에게는 의원이 필요 없고 병든 자에게만 필요하다고 말씀하신 것은 바로 이러한 자들 때문에 하신 말씀이십니다. 그러나 자신이 죄인이라는 것을 깨닫고 하나님께서 보내주시는 오늘날의 구원자들을 믿고 영접하는 자들에게

는 하나님의 자녀가 되는 권세를 주시겠다는 것입니다

(요한복음 1장 9절-13절) "참빛 곧 세상에 와서 각 사람에게 비취는 빛이 있었나니 그가 세상에 계셨으며 세상은 그로 말미암아 지은 바 되었으되 세상이 그를 알지 못하였고 자기 땅에 오매 자기 백성이 영접지 아니하였으나 영접하는 자 곧 그 이름(말씀)을 믿는 자들에게는 하나님의 자녀가 되는 권세를 주셨으니 이는 혈통으로나 육정으로나 사람의 뜻으로 나지 아니하고 오직 하나님께로서 난 자들이니라.

상기의 말씀을 보면 하나님의 아들이 이미 이 세상에 참빛으로 오셔서 각 사람에게 죄 사함의 복음을 전파하고 있지만 하나님의 백성들은 그를 알아보지 못하여 영접하지 않고 있다는 말씀입니다. 그러나 예수를 믿고 그의 이름(말씀)을 영접하는 자에게는 하나님의 자녀가 되게 해주시겠다는 것입니다. 이 말씀대로 예수를 믿고 그의 말씀(이름)을 영접한 열두 제자들은 결국 하나님의 아들로 거듭나서 사도들이 된 것이며, 오늘날도 동일하게 혈통으로나 육정으로나 사람의 뜻으로 나지않고 하나님께로 난 오늘날의 구원자들을 통하여 이들의 입에서 나오는 말씀(이름)을 영접하는 자들은 하나님의 자녀로 낳음을 받고 있는 것입니다.
오늘날 기독교인들이 죄 사함을 받으려고 회개를 하고 세례와 침례를 받으며 예수님의 피 흘림을 굳게 믿고 있습니다. 이렇게 기독교인들이 예수의 피 흘림을 믿고 회개를 하고 세례를 받는 모든 행위들은 결국 죄 사함을 받고 하나님의 아들로 거듭나기 위함입니다. 이 말은 아무리 예수의 피를 믿고 또한 할례와 세례를 받고 회개를 철저히 한다해도 하나님의 아들로 거듭나지 못한다면 이러한 행위들은 아무 소용이 없다는 말입니다. 결국 오늘날 기독교인들이 지금까지 예수의 피를 믿고 예수를 입으로 시인하여도 하나님의 아들로 거듭나지 못하는 이유는 기독교안에 하나님께서 보내 주시는 오늘날의 구원자가 없기 때문입니다. 그러나 오늘날의 구원자들을 하나님께서는 지금도 변함없이 보내주시지만 유대인들이 그들을 구원하러 오신 예수님이나 사도들을 몰라 본 것같이 오늘날 기독교인들도 하나님께서 보내주신 오늘날의 구원자를 몰라 보고 있는 것입니다.

　예수님께서 이 세상에 오셔서 물과 피를 아낌없이 모두 흘리신 것은 오직 그를 믿고 따르는 자들의 영혼을 구원하여 하나님의 아들로 거듭나게 하려는 것이였으며, 예수님은 하나님의 뜻대로 자신을 믿고 따르는 그의 제자들에게 자신의 살과 피(생명의 말씀)를 아낌없이 흘리심으로 말미암아 제자들의 죄가 모두 정결케 된 것입니다. 예수님은 유대인들이나 기독교인들, 즉 교회를 다니고 있는 모든 교인들을 위해서 피를 흘리신 것이 아니라 자신을 믿고 따르며 모든 삶을 그와 함께 하였던 그의 제자들을 위해서 피를 흘리신 것입니다. 그래서 예수님의 말씀으로 죄 사함을 받고 하나님의 아들로 거듭난 제자들은 모든 죄에서 벗어나 다시 회개할 필요가 없게 된 것이며, 이 때부터 제자들은 사도들이 되어 예수님과 같이 죄인들의 죄를 사해주는 사역을 시작하게 된 것입니다.

　이렇게 예수님께서 흘리신 피나 사도들이 흘리는 피는 산 자들의 입으로부터 나오는 생명의 말씀을 말합니다. 하나님께서 피 흘림이 없이는 죄 사함도 없다고 말씀하시는데 이 말은 오늘날 산 자가 없다면 피 흘림도 없다는 것이요 죄 사함도 없다는 것입니다. 왜냐하면 피는 곧 산 자의 입에서 나오는 생명의 말씀이요 피 흘림은 산 자들이 죽은 영혼을 살리기 위한 모든 희생을 말하기 때문입니다. 이와 같이 죄 사함은 반드시 산 자들의 피(말씀)로 이루어지며 죽은 자들의 피(말씀)로는 절대로 죄 사함을 받을 수 없는 것입니다. 그런데 만일 기독교인들에게 산 자들, 즉 오늘날 하나님의 생명으로 거듭난 구원자가 없다면 죄 사함도 없는 것입니다.

이렇게 예수의 피는 오늘날 하나님의 아들로 거듭난 자들의 입에서 나오는 말씀을 말하며 이 말씀이 바로 오늘날 기독교인들이 먹어야 할 일용할 양식입니다. 그러므로 오늘날 기독교인들은 예수의 피를 찾기 전에 먼저 하나님께서 보내주시는 오늘날의 구원자를 찾아야 합니다.

오늘날 기독교인들이 죄 사함을 받기 위해서 진실한 마음으로 구원자를 구하고 찾고 두드린다면 하나님께서 반드시 죄를 사해 줄 수 있는 오늘날의 구원자를 보내 주실 것입니다.

당신의 사랑

당신의 뜨거운 사랑은
얼어 붙은 굳어진 마음을
따뜻한 햇살로
감싸주면서

불어오는 바람으로
어루만져
얼어붙은 마음을
달래주며 녹여줍니다

당신의 사랑은
따뜻한 봄날의
햇살처럼 따뜻하게
느껴 집니다.

하늘에서 온 그리스도의 열한 번째 편지
(성경적 말세와 주의 임하심)

　이 편지는 오늘날 기독교인들이 잘못 알고 있는 시대적 종말과 주의 임하심에 대하여 하나님께서 성경을 통하여 말씀해 주십니다. 그러므로 이 편지를 자세히 읽어 보신다면 종말에 대한 두려움과 말세의 공포에서 벗어날 수 있고 성경적 종말을 통해서 새롭게 거듭나는 계기가 될 것입니다.
　하나님은 이 말씀을 듣고 지키고 깨달아서 모두가 하나님의 아들로 거듭나기를 기다리고 계십니다.

　오늘날 기독교인들이 불안과 초조한 마음으로 기다리고 있는 세상의 종말은 과연 오는 것일까? 그보다 종말이 오는 시기는 언제이며 그 시점은 어느 때일까? 요즈음 전 세계적으로 일어나는 대형 지진들과 민족간의 치열한 전쟁과 기근으로 굶주려 죽어가는 현상들은 모두 주님께서 마태복음 24장을 통하여 말씀하신 종말에 대한 예언이 도래하고 있다는 것을 절실하게 느끼게 됩니다. 그러므로 오늘날 기독교인들은 이러한 현상을 바라보면서 지금이 바로 말세지말 혹은 종말이라는 말을 이구동성으로 하고 있습니다.
　이 때문에 요즈음 곳곳에서 종말론자들이 나타나면서 요한계시록 강해가 유행처럼 번지고 있고 요한계시록을 듣는 무리들은 초조한 마음으로 모든 것을 정리하고 주님을 맞이할 준비를 하고 있는 것입니다. 소수의 무리이긴 하지만 종말론자들 중에 어떤 사람들은 다니던 직장이나 가정까지도 저버리고 산 속에서 은둔 생활을 하며 주님을 기다리고 있습니다. 그런데도 불구하고 가실 때 분명히 속히 오시겠다고 말씀하신 주님은 지금까지 오시지 않고 있는 것입니다. 주의 임하심에 대하여 더욱 이해할 수 없는 것은 예수님께서 당시에 주님과 함께 서있던 자들도 죽기 전에 인자(주님)가 왕권을 가지고 오는 것을 볼 자도 있다고 하신 말씀입니다.(마태복음 16장 28절) 또한 성경은 요한계시록 1장이나 마태복음 24장 등 여러 곳을 통해서 주님은 지체하지 않으시고 속히 오시겠다고 말씀하고 있습니다. 그러면 주님께서 약속을 어기시고 지금까지 오시지 않은 것인지 아니면 주님은 약속대로 이미 오셨는데도 불구하고 기독교인들이 영안이 없어 모르고 있는지를 알아야 합니다.

  문제는 오늘날 기독교인들이 다시 오시는 주님이 어떻게 오시며 주님이 말씀하신 영적인 말세가 언제인가를 전혀 모르고 있다는 것입니다. 그러므로 오늘날 기독교인들은 성경적 말세와 주님의 임하심에 대하여 말씀을 통해서 확실하게 알아야 합니다. 예수님은 마태복음 24장을 통해서 세상의 종말과 주의 임하심에 대하여 자세히 말씀하고 있지만 영안이 없는 자들은 말씀을 아무리 보아도 잘 알 수가 없는 것입니다.

  (마태복음 24장 1절-14절) "예수께서 성전에서 나와서 가실 때에 제자들이 성전 건물들을 가리켜 보이려고 나아오니 대답하여 가라사대 너희가 이 모든 것을 보지 못하느냐 내가 진실로 너희에게 이르노니 돌 하나도 돌 위에 남지 않고 다 무너뜨리우리라 예수께서 감람산 위에 앉으셨을 때에 제자들이 종용히 와서 가로되 우리에게 이르소서 어느 때에 이런 일이 있겠사오며 또 주의 임하심과 세상 끝에는 무슨 징조가 있사오리이까 예수께서 대답하여 가라사대 너희가 사람

의 미혹을 받지 않도록 주의하라 많은 사람이 내 이름으로 와서 이르되 나는 그리스도라 하여 많은 사람을 미혹케 하리라 난리와 난리 소문을 듣겠으나 너희는 삼가 두려워 말라 이런 일이 있어야 하되 끝은 아직 아니니라 민족이 민족을 나라가 나라를 대적하여 일어나겠고 처처에 기근과 지진이 있으리니 이 모든 것이 재난의 시작이니라 그 때에 사람들이 너희를 환난에 넘겨주겠으며 너희를 죽이리니 너희가 내 이름을 위하여 모든 민족에게 미움을 받으리라 그 때에 많은 사람이 시험에 빠져 서로 잡아 주고 서로 미워하겠으며 거짓 선지자가 많이 일어나 많은 사람을 미혹하게 하겠으며 불법이 성하므로 많은 사람의 사랑이 식어지리라 그러나 끝까지 견디는 자는 구원을 얻으리라 이 천국 복음이 모든 민족에게 증거되기 위하여 온 세상에 전파되리니 그제야 끝이 오리라."

상기의 말씀을 보면 세상 끝이 바로 주님이 임하시는 날이며 주님이 임하시는 날이 곧 말세라는 것을 알 수 있습니다. 상기의 말씀들은 말세에 일어나는 사건들, 즉 주님이 오실 때 나타나는 징조들을 주님께서 예언하신 것입니다. 예수님께서 말세에 대하여 말씀하시기 전에 제자들이 가리키는 성전 건물(예루살렘)을 바라보시면서 "돌 하나도 돌 위에 남기지 않고 다 무너뜨리우리라." 라고 말씀을 하셨습니다. 이 말씀 속에는 말세의 큰 비밀이 숨어 있는데 그 비밀은 성전이 무너지는 날이 곧 말세라는 것입니다. 즉 예수님이 말씀하시는 영적인 말세는 사람에 의해서 지어진 세상의 성전(자아)이 모두 무너지는 그날이 바로 말세 혹은 종말이라는 것입니다.

왜냐하면 세상 목자들이 교인들 안에 교리로 지은 육신의 성전(지상교회)이 무너져야 예수님께서 생명의 말씀으로 영적인 성전(천상교회)을 지을 수 있기 때문입니다. 이 말은 육적인 존재(자아)가 죽어야 영적인 존재(하나님의 아들)로 거듭날 수 있다는 말입니다. 주님께서 "이 성전(예루살렘 성전)을 헐라 내가 사흘 동안에 일으키리라".라고 말씀하신 것은 땅에 있는 성전(육신의 장막)을 무너뜨리면 하나님의 말씀으로 하늘에 있는 새예루살렘 성전을 건축하시겠다는 말씀입니다.

(요한복음 2장 19절-22절) "예수께서 대답하여 가라사대 너희가 이 성전을 헐라 내가 사흘 동안에 일으키리라 유대인들이 가로되 이 성전은 사십 육년 동안에 지었거늘 네가 삼일 동안에 일으키겠느뇨 하더라 그러나 예수는 성전된 자기 육체를 가리켜 말씀하신 것이라 죽은 자 가운데서 살아나신 후에야 제자들이 이 말씀하신 것을 기억하고 성경과 및 예수의 하신 말씀을 믿었더라."

주님께서 하신 이 말씀은 유대인들은 물론 예수님의 제자들도 이해하지 못했던 말씀입니다. 예수님은 상기의 말씀을 통해서 유대인들 안에 건축해 놓은 육적인 성전을 헐면 예수님께서 사흘 동안에 영적인 성전, 즉 하나님의 말씀으로 하늘의 새 예루살렘 성전을 짓겠다고 말씀을 하신 것입니다. 그런데 유대인들이나 예수님의 제자들도 이 말씀을 도저히 이해할 수 없기 때문에 그들의 눈 앞에 보이는 예루살렘 성전(건물)을 헐고 다시 짓겠다는 말씀으로 오해를 하고 있는 것입니다. 이렇게 예수님의 제자들 조차도 예수님께서 제자들 안에서 살아나신 후에야 이 말씀의 뜻을 알고 이해하게 된 것입니다.

이와 같이 주님께서 말씀하시는 말세는 육신의 장막 곧 육신의 성전(자아)이 무너지는 날이며, 주님이 오시는 날 역시 육신의 성전(장막)이 무너지는 날입니다. 결국 영적인 말세는 어둠과 빛이 교차되는 시점, 즉 죽은 영혼이 하나님의 생명으로 거듭나는 기점을 말세라 말씀하시는 것입니다. 이렇게 주님은 우리 육신 안에 들어있는 혼(사람의 생명)이 죽을 때 영(하나님의 생명)으로 오셔서 우리 안에 임하시는 것입니다. 이렇게 상기의 말씀에서 말세에 일어나는 징조들은 육신의 존재가 죽고 영으로 거듭나는 과정 속에서 일어나는 사건들을 세상의 비유를 들어 말씀하신 것입니다.

하나님의 백성들이 영적인 성장을 하여 세상 끝, 즉 말세에 이르게 되면 거짓 목자들의 미혹과 영적인 싸움이 일어나며 자기 내면(마음)에서 영적인 기근과 지진과 전쟁이 일어나는 것입니다. 이 기근은 영적인 말씀의 기근이며 지진은 육과 혼과 영이 갈라지는 지진, 즉 애굽의 존재와 광야의 존재와 가나안의 존재가 구별되는 과정에서 내적으로 일어나는 마음의 지진이며 민족과 민족의 싸움도 육신의 존재들과 영적인 존재들의 말씀에 대한 싸움입니다. 즉 애굽의 존재들과 광야의 존재들과 가나안의 존재들이 서로 대적을 하며 자기들의 교리나 말씀이 옳다고 주장을 하면서 자신들의 신앙을 사수하기 위한 싸움을 말합니다. 이러한 영적인 싸움과 모든 과정을 참고 인내하며 주님의 말씀만을 끝까지 붙잡고 걸어가는 자들이 구원을 얻어 하나님의 아들로 거듭나게 되는 것입니다.

이렇게 하나님께서 말씀하시는 말세는 사람의 영적인 차원에 따라 각기 다른데 애굽에서 광야를 나올 때 홍해바다에서 육적인 요소(교리)가 죽는 것이 일차적인 말세이고 광야의 길을 통과한 후 가나안 땅에 들어가기 전 요단강에서 혼적인 요소(율법)가 죽는 것이 이차적 말세이며, 가나안에 들어가 하나님의 생명(진리)으로 거듭나기 직전을 말세지말이라 하는 것입니다. 이것은 애굽의 육적인 존재와 광야의 혼적인 존재가 모두 죽어야 영적인 하나님의 아들로 거듭난다는 말입니다. 즉 애굽의 교리와 광야의 율법으로 형성된 존재는 모두 죽어 없어져야 하나님의 생명으로 거듭나서 하나님의 아들이 된다는 말입니다. 이와 같이 시험과 연단이 없이는 깨달음을 얻을 수 없고 죽음이 없이는 생명을 얻을 수 없는 것입니다.

하나님께서 애굽에 있는 하나님의 백성들에게 불모지 사막의 광야 길을 걷게 하신 것과 가나안에 들어간 자들에게 고난의 십자가를 지고 오라는 것은 바로 이러한 이유 때문입니다. 즉 애굽에서 기복과 교리로 굳어진 존재는 반드시 불도가니 속과 같은 광야로 들어가야 부서지고 녹아져서 죽어 없어지는 것이며, 광야에서 죽은 존재는 가나안으로 들어가서 고난의 십자가를 지고 갈 때 하나님의 생명으로 거듭나서 하나님의 아들이 되는 것입니다.

그러므로 예수님께서 너희가 죽고자 하면 살겠고 살고자 하면 죽는다고 말씀하신 것이며 또한 한 알의 밀 알이 땅에 떨어져 썩지 않으면 열매를 맺을 수 없다고 말씀하신 것입니다.

(요한복음 12장 24절-25절) "내가 진실로 진실로 너희에게 이르노니 한 알의 밀이 땅에 떨어져 죽지 아니하면 한 알 그대로 있고 죽으면 많은 열매를 맺느니라 자기 생명을 사랑하는 자는 잃어버릴 것이요 이 세상에서 자기 생명을 미워하는 자는 영생하도록 보존하리라."

상기의 말씀과 같이 자신의 생명을 부인하고 하나님의 말씀으로 죽으면 하나님의 생명으로 살아서 많은 열매를 맺을 수 있지만 자기 생명을 아끼고 사랑하기 때문에 죽지 않고 살고자 한다면 결국 죽게된다는 말씀입니다. 이렇게 하나님께서 말씀하시는 세상의 종말이나 말세는 자신의 생명, 즉 자아가 죽는 날을 말하며 주님이 오시는 날 역시 자신의 세상적인 육신의 존재(자아)가 모두 죽는 날입니다.

이러한 영적인 말세와 주님의 임하심은 수 천년을 내려오면서 어느 시대 어느 누구에게나 계속되고 있지만 애굽의 교리적 신앙에 안주하고 있는 자들에게는 수 십년 혹은 수 백년 혹은 수 천년을 기다려도 말세나 말세지말은 오지 않으며 주님도 오시지 않는 것입니다. 이렇게 속히 오시겠다고 말씀하신 주님은 약속하신 대로 말세를 당하여 하나님의 생명으로 거듭난 자들 안에 이미 와 계시지만 오늘날 기독교인들은 주님께서 말씀하신 뜻을 잘 모르기 때문에 지금도 말세와 주님의 오심을 기다리고 있는 것입니다.

그러나 오늘날 기독교인들이 지금이라도 애굽의 신앙에서 벗어나 출애굽을 한다면 일차적인 말세는 곧 도래하게 될 것입니다. 그러나 만일 출애굽을 하지 않고 애굽의 교리와 기복적인 신앙에 계속 머물러 있다면 앞으로 이천년을 더 기다려도 말세나 주님은 절대로 오시지 않습니다. 이렇게 기독교인들이 잘못 알고 기다리고 있는 말세나 지구의 종말은 오지 않으며 설령 온다해도 주님이 말씀하시는 영적인 말세나 주님은 오시지 않으며 오실 수도 없다는 것을 알아야 합니다. 그러나 지금도 출애굽을 한 자들에게는 말세가 계속되고 있으며 광야에서 가나안으로 들어간 자들에게는 말세지말과 주님의 임하심이 이 순간에도 이루어지고 있는 것입니다.

그런데 안타깝게도 이러한 사실을 모르는 기독교인들은 출애굽을 하여 외롭게 광야의 길을 걷고 있는 자들을 이해하지 못하고 이단이라고 핍박을 하며 멸시천대를 하고 있는 것입니다. 예수님이나 사도들이 유대인들에게 배척을 당하고 핍박을 당한 것은 바로 이러한 이유 때문이었습니다.

그러나 이 말씀을 통해서 주님께서 말씀하시는 말세와 주의 임하심을 올바로 알고 하나님의 뜻대로 말세를 준비하는 자들은 하나님께서 말씀하시는 말세와 더불어 반드시 주님이 임하실 것입니다.

하나님은 이 글을 읽는 모든 사람들이 말세를 준비하고 주님을 영접하여 하나님의 아들로 거듭나기를 바라고 계십니다.

고 독

살아 갈수록
외로움에 견딜 수 없어
흐르는 눈물로
고독의 잔을 들고
가슴에 새겨진
추억들을 마주하면서
고독의 잔을 채워 갑니다

외로움을 마실때 마다
그대의 조용한 미소가
그대의 세미한 음성이
외로움을 달래 줍니다

외롭고 고독한 잔을
모두 마셔 버리고
다시는 외롭지 않게
고독한 세월이 오지 않도록
모두 마셔 버리렵니다.

하늘에서 온 그리스도의 열두 번째 편지
(예수님의 부활과 성령의 잉태)

　이 편지는 오늘날 기독교인들이 지금까지 잘못 알고 있는 예수님의 부활과 성령의 잉태에 대하여 말씀해 주고 계십니다. 그러므로 이 편지를 자세히 읽어보신다면 죽은 자들 가운데서 부활하신 예수님과 동정녀 마리아에게 성령으로 잉태하신 예수님에 대하여 보다 확실하게 알 수 있습니다.
　이 글을 읽는 모든 사람들은 예수님의 부활과 성령의 잉태를 올바로 알아서 모두가 부활의 생명으로 나타나기를 바랍니다.

　이 세상의 모든 종교 가운데 유독 기독교만이 참된 종교이며 살아있는 종교라고 주장을 하는 이유는 기독교 안에만 구원이 있고 기독교인들만이 사후에 몸이 부활된다는 자부심 때문입니다. 기독교인들의 주장대로 죽은 몸이 다시 살아서 영원히 죽지 않는 생명체가 된다는 것은 실로 놀라운 일이며 기독교는 누가 뭐라 해도 위대한 종교라 말할 수 있습니다. 이 지구상의 종교인들 가운데 기독교인들의 수가 제일 많은 것도 기독교 안에만 구원과 부활이 있기 때문이라 생각합니다.
　그런데 이상한 것은 기독교가 부활의 종교라는 주장과는 달리 예수님의 부활 이후 지금까지 기독교인들 가운데 죽은 몸이 다시 부활된 사람은 단 한사람도 없었다는 사실입니다. 기독교가 진정한 부활의 종교라면 예수님의 부활 이후에도 부활된 사람이 있거나 오늘날 기독교인들 가운데서도 죽은 자의 부활이 일어나야 합니다. 그런데 예수님의 부활 이후 이천년이 지난 지금까지 수많은 기독교인들이 부활의 소망을 가지고 예수를 믿다가 죽어 장사되었지만 아직까지 부활되지 못한 채 몸이 이미 흙으로 변했거나 화장터의 타버린 연기로 흔적도 없이 사라져 버린 것입니다. 죽은 자들의 부활은 몸이 있을 경우에만 가능합니다. 그런데 부활할 몸이 이미 사라지고 없어져 버렸는데 언제 무엇이 다시 살아서 부활이 된다는 말입니까? 예수님께서 죽은 나사로를 살릴 때도 나사로의 몸이 무덤에 있었기 때문에 살린 것입니다. 또한 예수님께서도 삼년반 동안 말씀으로 정결케 된 제자들의 몸이 있었기 때문에 그 안에서 다시 부활하신 것입니다.

　문제는 오늘날 기독교인들이 하나님께서 말씀하시는 부활이 영적으로 무슨 뜻인지 그리고 어떤 몸이 어떻게 부활이 되는지를 전혀 모르고 있다는 것입니다. 즉 예수님이 말씀하시는 죽음과 부활이 영적으로 어떠한 의미이며 또한 예수님께서 어느 곳에서 어떻게 부활하셨는지 전혀 모르고 있다는 것입니다. 그러므로 성경을 통해서 하나님께서 말씀하시는 죽음과 부활에 대하여 보다 확실하게 알아야 합니다. 오늘날 기독교인들 중에 아직 육에 속한 자들은 예수님의 부활을 육신(몸)의 부활로 믿고 있지만 영에 속한 자들, 즉 예수님이나 사도들은 모두 영의 부활로 말씀하신 것입니다. 이런 이유 때문에 아직 하나님의 생명으로 거듭나지 못한 자들은 하나님의 말씀을 모두 육적으로 보며 예수님께서 하시는 영적인 말씀을 지금도 듣지 못하는 것입니다.

　(요한복음 3장 3절-7절) "예수께서 대답하여 가라사대 진실로 진실로 네게 이르노니 사람이 거듭나지 아니하면 하나님 나라를 볼 수

없느니라 니고데모가 가로되 사람이 늙으면 어떻게 날 수 있삽나이까 두 번째 모태에 들어갔다가 날 수 있삽나이까 예수께서 대답하시되 진실로 진실로 네게 이르노니 사람이 물과 성령으로 나지 아니하면 하나님 나라에 들어갈 수 없느니라 육으로 난 것은 육이요 성령으로 난 것은 영이니 내가 네게 거듭나야 하겠다 하는 말을 기이히 여기지 말라."

 상기의 말씀을 보면 유대인들을 가르치는 이스라엘의 선생이라는 니고데모가 "네가 거듭나야 한다"는 영적인 말씀을 이해하지 못하여 몸이 늙었는데 어떻게 다시 모태에 들어가서 태어날 수 있느냐고 예수님께 항변하고 있는 것입니다. 그러므로 예수님께서 육으로 난 사람이 다시 영으로 거듭나지 않으면 하나님의 나라를 볼 수 없다고 말씀하신 것입니다. 하나님의 나라는 영의 세계를 말하는데, 영의 세계는 곧 영적인 말씀의 세계를 말합니다. 이러한 하나님의 나라, 즉 영적인 말씀의 세계는 영으로 거듭나지 않으면 볼 수 없을 뿐만 아니라 들을 수조차 없는 것입니다.
 예수님께서 "내가 이르는 말을 들을 수 있는 귀가 있는 자가 복되다." 라고 말씀하신 것은 바로 이러한 이유 때문입니다. 예수님께서 니고데모나 오늘날 기독교인들에게 물과 성령으로 거듭나야 한다고 말씀하시는 것은 모두 육으로 났기 때문에 하신 말씀입니다.
 이렇게 아직 거듭나지 못한 자들은 예수님의 말씀이나 하나님의 말씀을 모두 육적으로 보고 들을 수 밖에 없는 것입니다. 그러나 영으로 거듭난 자들은 모든 말씀을 영적으로 보고 듣고 영으로 말하는 것입니다. 이 때문에 아직 영으로 거듭나지 못한 자들은 예수님의 부활이나 성령의 잉태를 모두 육적으로 보고 이해를 하거나 믿고 있는 실정입니다. 기독교인들은 지금까지 사람의 죽음이나 부활을 몸이 죽고 사는 것으로 알고 있지만 예수님이나 사도들이 말씀하시는 죽음과 부활은 모두 죽은 영혼이 다시 사는 것을 말씀하고 있습니다. 즉 산 사람이라도 영으로 거듭나지 못한 자는 죽은 자요 육신은 죽었다 해도 영으로 이미 거듭난 자는 산 자라는 말입니다. 이 말은 육으로 난 자가 아직 영으로 거듭나지 못했다면 모두 죽은 자라는 말입니다.

 (마태복음 8장 21절-22절) "제자 중에 또 하나가 가로되 주여 나로 먼저 가서 내 부친을 장사하게 허락하옵소서 예수께서 가라사대 죽은 자들로 저희 죽은 자를 장사하게 하고 너는 나를 좇으라 하시니라."

 상기의 말씀과 같이 예수님께서 말씀하시는 죽은 자는 지금 살아서 장사를 지내려는 자들이나 이미 죽어 장사될 자나 모두 죽은 자로 말씀하고 있습니다. 이렇게 예수님이나 사도들이 말씀하시는 죽은 자는 영혼이 거듭나지 못한 자들을 말하며 부활도 죽은 영혼이 거듭나는 것을 말씀하고 있습니다. 그런데도 불구하고 오늘날 기독교인들 중에 아직 거듭나지 못한 자들은 예수님의 죽음과 부활을 육신적으로 보고 죽은 몸이 부활되었다고 주장을 하고 있는 것입니다.
 이렇게 죽은 자들은 예수님의 부활뿐만 아니라 하나님의 모든 말씀을 육신적으로 보고 말하고 있으며 오히려 영적으로 말하는 하나님의 아들들을 모두 영지주의자 혹은 이단이라 말하고 있습니다. 그러므로 사도바울은 예수님의 부활에 대하여 고린도전서 15장을 통해서 자세히 말씀하고 있습니다.

(고린도전서 15장 12절-19절) "그리스도께서 죽은 자 가운데서 다시 살아나셨다 전파되었거늘 너희 중에서 어떤 이들은 어찌하여 죽은 자 가운데서 부활이 없다 하느냐 만일 죽은 자의 부활이 없으면 그리스도도 다시 살지 못하셨으리라 그리스도께서 만일 다시 살지 못하셨으면 우리의 전파하는 것도 헛것이요 또 너희 믿음도 헛것이며 또 우리가 하나님의 거짓 증인으로 발견되리니 우리가 하나님이 그리스도를 다시 살리셨다고 증거 하였음이라 만일 죽은 자가 다시 사는 것이 없으면 하나님이 그리스도를 다시 살리시지 아니하셨으리라 만일 죽은 자가 다시 사는 것이 없으면 그리스도도 다시 사신 것이 없었을 터이요 그리스도께서 다시 사신 것이 없으면 너희의 믿음도 헛되고 너희가 여전히 죄 가운데 있을 것이요 또한 그리스도 안에서 잠자는 자도 망하였으리니 만일 그리스도 안에서 우리의 바라는 것이 다만 이생 뿐이면 모든 사람 가운데 우리가 더욱 불쌍한 자리라."

상기의 말씀에 죽은 자 가운데서 부활이 없다고 말하는 자들은 오늘날 기독교인들과 같이 사후에 죽은 몸이 다시 사는 사후의 부활을 부정하는 것이 아니라 현재 죽은 자 가운데서 살아나는 현재의 부활이 없다고 부정하는 자들을 말합니다. 사도바울은 이런 자들에게 만일 현재 죽은 자가 살아나는 부활이 없다면 예수님이 다시 살았다는 것도 믿을 수 없는 일이며, 예수님이 부활되었다는 것도 거짓이라는 것입니다. 그런데 그리스도가 부활되셨다는 것은 현재 죽은 자가 다시 살아나고 있기 때문에 그리스도께서 부활하신 것도 확실하다는 것입니다. 이 말은 오늘날 죽은 자들이 다시 살아나지 못한다면 그리스도가 다시 산 것도 믿을 수 없는 일이며 사도들이 전파하는 부활의 복음도 헛된 것이라는 말입니다. 즉 그리스도께서 다시 살아나신 것은 보지도 못했고 알 수도 없지만 오늘날 죽은 자가 다시 살아나기 때문에 예수님이 부활하신 것도 분명하다는 말입니다. 그런데 사도바울께서 말씀하고 계신 죽음과 부활은 죽은 몸이 다시 사는 육신의 부활이 아니라 죽은 영혼이 다시 사는 영의 부활을 말씀하고 있는 것입니다.

이와 같이 성경에서 말씀하는 부활은 죽은 육체가 다시 사는 것을 말하는 것이 아니라 모두 죽은 영혼이 예수의 생명으로 거듭나는 것을 말하고 있습니다. 이렇게 예수님의 생명으로 말미암아 부활된 자들은 예수님이나 사도들과 같이 육신이 살아 있으나 죽어 있으나 영원한 생명체들입니다. 결국 성경이 말씀하고 있는 부활은 죽은 몸이 다시 사는 것이 아니라 예수님의 생명이 우리 가운데 오셔서 죽은 영혼이 다시 사는 것을 말하고 있습니다. 그런데 유대인들이나 오늘날 기독교인들이 지금까지 영혼의 부활을 육체의 부활로 오해를 하고 있는 것은 수천년 동안 내려오는 유전과 전통적인 교리 때문입니다.

오늘날 기독교인들은 성경의 절대 권위를 인정한다고 말은 하면서도 현실에서는 기독교의 교리를 더 중시하며 교리 중심의 신앙생활을 하고 있는 것입니다. 그리고 더욱 심각한 것은 성령으로 몸이 잉태된 것과 몸이 다시 사는 것을 사도신경을 통하여 날마다 입으로 시인하며 고백을 하고 있다는 것입니다. 이렇게 수 천년 동안 지켜온 기독교의 교리와 사도신경으로 의식화된 기독교의 신앙은 하나님이나 예수님께서도 바꿀 수 없는 신앙으로 굳어진 것입니다. 오늘날 기독교인들은 요한복음 1장 말씀을 통해서 말씀이 곧 하나님이라는 것과 예수님도 하나님의 말씀으로 낳은 하나님의 아들이라는 사실을 알아야 합니다.

그러므로 하나님께서 예수님을 말씀으로 낳은 것과 같이 예수님도 그의 제자들을 말씀으로 낳아 복음의 사도들로 세우신 것입니다. 이렇게 예수님은 하나님의 말씀(성령)으로 잉태되셔서 하나님의 아들이 되신 것이며 하나님의 아들로 낳음을 받은 예수님은 죽은 자들 곧 그의 제자들 가운데서(안에서) 말씀으로 부활하여 열두 아들들을 낳게 된 것입니다. 결국 예수님이 죽어 장사된 무덤은 실제 돌무덤이 아니라 바로 제자들의 몸을 비유하여 말씀하신 것입니다. 그러므로 죽은 자들 가운데서 부활하신 예수님의 몸도 본래 예수님의 몸이 아니라 제자들의 몸을 말하고 있는 것입니다.

이와 같이 예수님께서 죽은 자들 가운데서 부활하신 곳은 바로 열두 제자들의 몸 안이며 이렇게 제자들 속에서 부활하심으로 말미암아 하나님의 아들로 거듭난 열두 사도들이 바로 부활하신 예수님의 몸이며 부활의 실체들인 것입니다. 예수님은 제자들을 위해 삼년반 동안 물과 피를 아낌없이 흘리심으로 제자들이 거듭나서 하나님의 아들들이 된 것입니다. 예수님께서 하신 말씀과 같이 한 알의 밀이 땅에 떨어져 죽어서 하나님께서 원하시는 열두 열매를 맺은 것입니다.

예수님께서 십자가에 죽으시면서 "다 이루었도다."라고 말씀하신 뜻은 바로 제자들 안에서 부활될 생명을 바라보시면서 하신 말씀입니다. 제자들에게 초림 예수로 오신 예수님은 제자들 안에서 부활하심으로 말미암아 다시 재림하신 것입니다. 예수님은 속히 오신다는 약속대로 속히 오셔서 예수님과 함께 있던 자들이나 예수님을 찌른 자들도 볼 수 있게 오신 것입니다. 그런데 부활하신 예수님을 마리아나 그의 제자들도 처음에 알아보지 못한 것은 부활된 예수님의 모습이 전혀 달랐기 때문입니다. 이것은 예수님께서 예수님의 부활체나 재림하여 오시는 모습은 전혀 다르다는 것을 보여주신 것입니다. ("사와 생"에 자세히 기록되어 있음)

이와 같이 오늘날 기독교인들이 기다리는 재림예수는 이미 제자들 안으로 오신 것이며 제자들 안에서 부활하여 사도가 된 열두 사도들이 바로 다시 오신 재림 예수이신 것입니다. 왜냐하면 이들도 예수님과 같이 죽은 영혼들을 구원하기 위해 온갖 피를 흘리면서 죽은 자들 안에 들어가 다시 부활하여 하나님의 아들들을 낳았기 때문입니다. 이렇게 죽은 자들 가운데서 부활하여 살아난 하나님의 아들들은 지금까지 내려오면서 예수의 생명을 이어오고 있는 것입니다.

성경의 모든 역사가 낳고 낳고의 역사로 이어 오고 있는 것은 육신의 생명이 아니라 하나님의 생명으로 죽은 영혼을 살리는 부활의 역사를 말하고 있는 것입니다. 그런데 오늘날 기독교회들은 영적인 말씀의 무지로 말미암아 예수님의 부활을 몸의 부활로 오해를 하고 있으며 성령의 잉태도 영으로 육이 잉태된 것처럼 거짓증거를 하고 있는 것입니다.

(요한복음 3장 6절-7절) "육으로 난 것은 육이요 성령으로 난 것은 영이니 내가 네게 거듭나야 하겠다 하는 말을 기이히 여기지 말라."

예수님은 상기의 말씀을 통해서 육으로 난 것은 육이요 성령으로 난 것은 영이라고 분명히 말씀하시는데 이 말씀은 육신은 육신을 낳고 성령은 영을 낳는 것이며 절대로 영이 육신을 낳거나 육이 영을 낳을 수 없다는 것입니다. 그러므로 예수님의 성령의 잉태는 성령으로 예수님의 육신이 잉태한 것이 아니라 예수님의 몸 안에 성령이 잉태한 것입니다. 예수님이 성령으로 잉태하신 것이 몸이 아니라는 확실한 증거는 예수님께서 육으로 난 자는 거듭나야 한다고 분명히 말씀을 하셨으며 이 말씀대로 예수님도 요단강으로 나아가 세례를 받으시고 영으로 거듭나셔서 하나님의 아들이 되셨기 때문입니다.

그러므로 가브리엘 천사가 마리아에게 꿈에 나타나 성령으로 잉태되어 아들을 낳을 것이라고 하신 말씀은 예언이며 이 예언이 성취된 시점은 바로 삼십세에 요단강으로 나아가 세례 요한으로부터 세례를 받으실 때였습니다. 또한 마리아가 예수님을 낳은 후 삼십년 동안이나 침묵하시던 하나님께서 예수님이 세례를 받고 성령이 임하였을 때 비로소 이는 내 사랑하는 아들이요 내 기뻐하는 자라고 말씀하신 것도 바로 이러한 사실을 입증하고 있는 것입니다.

이 모든 일들은 예수님의 몸이 성령으로 잉태된 것이 아니라 예수님의 몸 안에 성령이 잉태되어 하나님의 아들이 되셨다는 것을 말해주는 것입니다. 결국 성령의 잉태 사건은 마리아의 몸에서 일어난 것이 아니라 요단강에서 세례를 받으실 때 예수님의 몸에서 일어난 것입니다. (일곱번째 편지 성령의 잉태에 자세히 기록되어 있음) 이렇게 요단강에서 성령의 잉태로 하나님의 아들이 되신 예수님은 이 때부터 유대인들을 향하여 천국이 가까이 왔다고 외치시면서 구원의 사역을 하시게 된 것입니다.

성령으로 잉태되어 이미 하나님의 아들이 되셨다는 예수님께서 삼십세가 되도록 구원의 사역을 하시지 못하고 침묵할 수 밖에 없었던 것은 바로 마리아의 성령의 잉태가 예언이었다는 것을 증명하고 있는 것입니다. 이와 같이 성령의 잉태는 죽은 자들이 영으로 살아나는 것을 말하며 부활은 성령의 잉태로 하나님의 아들이 된 자들이 죽은 자들 가운데 들어가 살아나는 것을 말하는 것입니다. 즉 죽은 자가 사는 것은 성령의 잉태이며 산 자가 죽은 자들 안에 들어가서 살아나는 것을 부활이라 말합니다. 그러므로 예수님께서 물과 성령으로 나지 아니하면 하나님 나라에 들어갈 수 없다고 말씀하신 것입니다. 이 말씀의 뜻은 죽은 자들이 살기 위해서는 물, 즉 말씀을 먹어야 하며 거듭난 자들이 죽은 자들을 살리기 위해서는 성령, 즉 생명의 말씀을 먹여야 살릴 수 있다는 말입니다.

(요한복음 6장63절) "살리는 것은 영이니 육은 무익하니라 내가 너희에게 이른 말이 영이요 생명이니라."

예수님께서 사람을 살리는 것은 영이며 육은 무익한 것이라고 분명히 말씀하고 있습니다. 오늘날 기독교인들은 사람이 죽었느냐 살았느냐 하는 것은 모두 육신을 기준하고 있지만 예수님은 육신 안에 들어있는 영혼이 죽었느냐 살았느냐를 말씀하고 있는 것입니다. 예수님께서 살리는 것은 영이요 육은 무익하다고 하신 뜻은 예수님 안에 들어있는 생명, 즉 그 안에서 나오는 말이 곧 영이요 생명이며 몸은 아무 유익이 없다는 것입니다. 이렇게 죽은 자들이 살기 위해서 먹어야 할 양식은 예수님의 입에서 나오는 생명의 말씀입니다. 예수님의 입에서 나오는 생명의 말씀을 일용할 양식으로 먹은 열두 제자들은 결국 하나님의 아들들이 되어 열두 예수님으로 나타난 것입니다. 결국 예수님의 부활은 죽어 있던 열두 제자들 가운데서 일어난 것이며 예수가 된 열두 사도들은 모두 재림하신 예수님의 부활체들입니다.

이렇게 죽은 자들이 살아나는 부활의 역사는 지금도 계속되고 있지만 오늘날 기독교인들은 영의 부활을 부정하고 몸의 부활만을 주장하고 있는 것입니다. 더욱 안타까운 일은 기독교인들이 오늘날 예수의 생명으로 부활되어 오시는 하나님의 아들들을 영접하지 않을 뿐만 아니라 오히려 이단으로 배척을 하며 십자가에 다시 못을 박고 있다는 것입니다. 지금까지 말씀드린 바와 같이 오늘날 기독교인들이 기다리고 있는 재림예수는 이미 여러분 곁에 와 계십니다.

그러므로 기독교인들은 오늘날 재림하여 와 계신 하나님의 아들들을 믿고 영접을 해야 합니다. 그리고 교리적인 몸의 부활에서 하루속히 벗어나 영혼이 다시 사는 영의 부활을 이루어야 합니다. 이렇게 죽은 자들은 예수의 생명으로 부활되어 하나님의 아들로 거듭나야 하며 거듭나서 하나님의 아들이 된 자들은 다시 이웃에 죽어있는 영혼들을 살려서 하나님의 아들로 거듭나게 해야 합니다. 이렇게 살과 피를 아낌없이 흘려서 하나님이 기뻐하시는 열매를 맺은 자들이 천국으로 들어가게 되는 것입니다.

하나님께서는 이 글을 읽으신 모든 분들이 오늘날 재림하여 오신 예수님을 믿고 영접하여 모두 거듭나고 부활이 되어 천국으로 들어오기를 기다리고 계십니다.

영원한 세계

당신의 영혼이
그리워
나의 영혼이
날개짓 하며
날아갑니다

당신의 영혼 속에
내가 들어가
깊은 잠을 깨워
일으켜 세우고

당신의 영혼이
나의 영혼과 하나가 되어
영원한 세계로
날아가고 싶습니다

하늘에서 온 그리스도의 열세 번째 편지
(성찬식과 떡과 포도주)

이 편지는 오늘날 기독교인들이 잘못 알고 행하고 있는 기독교적 성찬식과 예수님께서 성경을 통해서 말씀하고 있는 주의 만찬에 대하여 말씀해 주십니다. 성찬식은 예수님의 고난과 부활을 기념하기 위해 교회 안에서 행하고 있는 교회 의식으로 교인들이 주님의 떡과 포도주를 먹고 마시는 것입니다. 그런데 예수님께서 제자들에게 주신 떡과 포도주가 영적으로 무엇인지 그리고 어떤 사람이 먹어야 하는지 조차도 모르면서 교인들이 함부로 먹고 마시고 있는 것입니다.
  예수님이 주시는 성찬은 반드시 먹을 수 있는 자가 먹어야 하며 먹어서는 안되는 자가 먹으면 오히려 죄를 범하게 됩니다. 그러므로 오늘날 기독교인들은 이 글을 통하여 성찬에 대하여 올바로 알고 성찬에 참여해야 합니다.

  오늘날 기독교인들이 부활절에 행하고 있는 성찬식은 예수님께서 잡히시기 전날 그의 제자들에게 베푸신 주의 만찬을 말합니다. 주의 만찬은 주님의 살과 피, 즉 떡과 포도주를 말하는데 이 만찬은 출애굽하여 광야로 나온 이스라엘 백성들이 양을 잡아 무교병과 함께 먹었던 유월절 제사와 같은 것입니다. 기독교회는 어느 교회를 막론하고 부활절에는 반드시 성찬식을 거행하고 있는데, 교회에 따라 분기별 혹은 매월 행하는 교회도 있습니다.
  기독교인들은 이 성찬식에 참예하기 위해서 사순절 동안 예수님의 고난을 생각하면서 자신의 모든 죄를 회개하며 몸과 마음을 정결케 합니다. 이렇게 몸과 마음을 정결케 한 자들이 부활절날 성찬 의식에 참여하여 목사님이 주시는 떡과 포도주를 주님이 주시는 살과 피라고 믿으며 받아서 먹는 것입니다. 천주교회에서는 주의 만찬을 화체설로 주장을 하고 있는데 화체설이란 성찬식을 통해서 주님의 살과 피(떡과 포도주)를 먹으면 주님의 몸으로 화해진다는 것입니다.

이렇게 예수님께서 그의 제자들과 함께 행하셨던 만찬을 기독교인들이나 천주교인들이 지금까지 행하고 있지만 예수님께서 제자들에게 먹으라고 주신 떡과 포도주가 진정 무엇인지를 알고 있는 사람은 그리 많지 않습니다. 왜냐하면 예수님의 제자들도 떡과 포도주의 영적인 의미, 즉 살과 피의 진정한 뜻을 모르고 있었기 때문입니다. 그러므로 오늘날 기독교인들은 성찬식을 행하기 전에 먼저 주님이 행하셨던 만찬의 의미가 무엇이며 떡과 포도주의 영적 실체가 무엇인지를 알아야 합니다.

(요한복음 6장 48절-60절) "내가 곧 생명의 떡이로라 너희 조상들은 광야에서 만나를 먹었어도 죽었거니와 이는 하늘로서 내려오는 떡이니 사람으로 하여금 먹고 죽지 아니하게 하는 것이니라 나는 하늘로서 내려온 산 떡이니 사람이 이 떡을 먹으면 영생하리라 나의 줄 떡은 곧 세상의 생명을 위한 내 살이로라 하시니라 이러므로 유대인들이 서로 다투어 가로되 이 사람이 어찌 능히 제 살을 우리에게 주어 먹게 하겠느냐 예수께서 이르시되 내가 진실로 진실로 너희에게 이르노니 인자의 살을 먹지 아니하고 인자의 피를 마시지 아니하면 너희 속에 생명이 없느니라 내 살을 먹고 내 피를 마시는 자는 영생을 가졌고 마지막 날에 내가 그를 다시 살리리니 내 살은 참된 양식이요 내 피는 참된 음료로다 내 살을 먹고 내 피를 마시는 자는 내

안에 거하고 나도 그 안에 거하나니 살아 계신 아버지께서 나를 보내시매 내가 아버지로 인하여 사는 것같이 나를 먹는 그 사람도 나로 인하여 살리라 이것은 하늘로서 내려온 떡이니 조상들이 먹고도 죽은 그것과 같지 아니하여 이 떡을 먹는 자는 영원히 살리라 이 말씀은 예수께서 가버나움 회당에서 가르치실 때에 하셨느니라 제자 중 여럿이 듣고 말하되 이 말씀은 어렵도다 누가 들을 수 있느냐."

    상기의 말씀을 보면 나는(예수) 하늘에서 내려온 산 떡이라고 하시면서 이 떡을 먹으면 죽지 않고 영생하리라고 말씀하고 있습니다. 이 말은 예수님이 주시는 떡을 먹으면 죽은 영혼이 살아서 죽지 않고 영원히 산다는 것입니다. 왜냐하면 예수님은 하늘에서 내려온 산 떡이며 산 떡은 곧 예수님 자신이기 때문입니다. 문제는 유대인들이 나는 하늘에서 내려온 떡이라고 하신 말씀도 이해를 하지 못하고 있는데 예수님께서 내가 주는 떡은 세상 사람들의 생명을 위한 나의 살이라고 말씀하신 것입니다. 예수님이 말씀하신 뜻은 지금 세상에 속하여 죽어있는 영혼들은 예수님의 살, 즉 떡을 먹지 않으면 살 수 없다는 것입니다. 예수님의 말씀을 들은 유대인들은 서로 말하되 이 사람이 어떻게 자신의 살을 주어 먹게 하겠느냐 하면서 예수님에게 공격을 하는 것입니다.

    유대인들의 말에 예수님은 한 술 더 떠서 인자의 살을 먹지 않고 인자의 피를 마시지 아니하면 너희 속에 생명이 없어 결국 죽게 된다고 말씀하고 있습니다. 그러나 내 살과 피를 먹고 마시는 자는 영원한 생명을 소유하게 되어 마지막 날에 살게 된다고 말씀을 하시는 것입니다. 왜냐하면 내가 주는 살은 참된 양식이며 내가 주는 피는 참된 음료이기 때문에 살 수 있다는 것입니다. 예수님의 말씀을 들은 유대인들은 물론이고 예수님의 제자들도 이 말씀은 너무 어렵다고 불평을 하면서 우리도 듣지 못하는 이런 말을 과연 누가 들을 수 있느냐는 것입니다. 이렇게 예수님께서 주시는 살과 피, 즉 떡과 포도주는 유대인들뿐만 아니라 예수님의 제자들도 알지 못했던 것입니다. 그러므로 오늘날 기독교인들도 예수님께서 주시는 떡과 포도주의 진정한 의미를 모르는 상태에서 성찬식을 하고 있는 것입니다.

진정한 성찬은 예수님의 말씀과 같이 떡과 포도주, 즉 예수님의 살과 피를 먹으면 반드시 죽은 자가 살아나서 영원히 죽지 않는 생명이 되어야 합니다. 그런데 만일 성찬을 먹어도 죽은 자들이 살아나지 못한다면 성찬의 떡과 포도주를 아무리 많이 먹는다 해도 아무런 소용이 없다는 것을 알아야 합니다.

성경에 하나님의 백성들이 먹는 떡은 모두 세 종류가 있는데 하나는 이스라엘 백성들이 애굽교회에서 먹었던 유교병(누룩 섞인 떡)이며, 또 하나는 출애굽을 하여 광야에서 먹었던 무교병(누룩없는 떡)이며 세 번째 떡은 가나안 땅에 들어간 자들이 먹는 산 떡입니다. 그런데 하나님께서 말씀하시는 이 떡들은 사람이 먹는 육신의 떡이 아니라 모두 진리와 비진리를 비유한 것으로 세상교회의 교리(유교병)와 광야교회의 율법(무교병)과 가나안교회의 진리(산 떡)를 말씀하신 것입니다. 이렇게 예수님께서 주신 떡은 하나님의 백성들이 먹은 양식, 즉 하나님의 말씀을 비유로 말씀하신 것이며 실제 떡이나 빵이 아닙니다. 단지 하나님의 백성들이 영적인 말씀의 뜻을 모르기 때문에 영적인 떡을 육신의 떡으로 오해를 하고 있는 것입니다.

예수님께서 너희 조상들이 광야에서 만나(떡)를 먹었어도 죽었지만 가나안 땅에서 내가 주는 떡을 먹으면 죽지 않고 산다고 말씀하신 것은 예수님이 주시는 떡만이 산 떡, 즉 생명이 있는 말씀이기 때문입니다.

그러므로 예수님께서 제자들에게 내가 너희에게 이르는 말이 곧 영이요 생명이라고 말씀하신 것입니다. 이렇게 애굽에서 유교병(가감된 말씀)을 먹은 자들이나 광야에서 무교병(율법)을 먹은 자들은 모두 죽었지만 가나안으로 들어가 산 떡(생명의 말씀)을 먹은 예수님의 제자들은 모두 영원한 생명으로 살아난 것입니다. 이렇게 제자들이 먹고 마신 살과 피는 예수님의 실제 살과 피가 아니라 예수님의 입에서 나오는 생명의 말씀을 말하고 있는 것입니다. 문제는 이 살과 피는 가나안에 계신 예수님에게만 있으며 애굽의 제사장이나 광야의 모세에게는 없다는 것입니다.

그러므로 애굽교회에서 신앙생활을 하고 있는 자들은 지금도 세상목자들이 주는 떡과 포도주를 예수님의 살과 피로 오해를 하며 먹고 마시면서 성찬식을 하고 있는 것입니다. 이렇게 오늘날 기독교인들이 지금까지 세상의 떡과 포도주로 성찬식을 할 수밖에 없는 것은 애굽에는 산 자, 즉 하나님의 아들들이 없기 때문입니다. 이렇게 세상에서 만든 떡과 포도주는 아무리 많이 먹고 자주 먹는다 해도 절대로 죄를 사함 받거나 죽은 자가 다시 살아나지 못하는 것입니다. 죽은 자가 살기 위해서는 반드시 산 자, 즉 오늘날 하나님의 아들로 거듭난 자들이 주는 참된 양식과 참된 음료를 마셔야 합니다. 산 떡과 산 피는 예수님의 제자들과 같이 생명의 말씀을 먹고 하나님의 아들로 거듭난 자들에게만 있는 것입니다.

그런데 생명의 말씀을 소유하고 있는 하나님의 아들들은 애굽교회나 광야교회에는 없고 가나안교회 안에만 있습니다. 그러므로 생명의 말씀을 먹기 위해서는 하루속히 애굽의 목자로부터 벗어나 광야의 목자에게 나가야 하며 광야의 목자를 통해서 만나를 먹은 자들은 가나안으로 들어가서 하나님의 아들들이 주는 생명의 떡을 먹어야 합니다. 이렇게 하나님이 주시는 떡은 그 사람의 신앙의 차원에 따라 먹는 떡도 각기 다른 것입니다. 즉 세상에서도 어린아이들은 젖이나 죽을 먹고 청년들은 밥과 고기를 먹지만 어른들은 술이나 담배까지도 먹을 수 있는 것과 같습니다.

또한 이것은 유치원생이나 초등학교 학생들은 수준 높은 대학교수의 강의를 들을 수 없는 것과 같습니다. 이와 같이 성찬식을 할 때 죄가 있는 자들은 참예하지 말라고 하는 것은 애굽에서 유교병을 먹고 있는 죄인들은 가나안의 양식인 생명의 떡을 먹어서는 안된다는 말입니다. 이제 고린도 전서 11장을 통해서 말씀하고 계신 성찬식에 대하여 말씀드리겠습니다.

(고린도전서 11장 23절-29절) "내가 너희에게 전한 것은 주께 받은 것이니 곧 주 예수께서 잡히시던 밤에 떡을 가지사 축사하시고 떼어 가라사대 이것은 너희를 위하는 내 몸이니 이것을 행하여 나를 기념하라 하시고 식후에 또한 이와 같이 잔을 가지시고 가라사대 이 잔은 내 피로 세운 새 언약이니 이것을 행하여 마실 때마다 나를 기념하라 하셨으니 너희가 이 떡을 먹으며 이 잔을 마실 때마다 주의 죽으심을 오실 때까지 전하는 것이니라 그러므로 누구든지 주의 떡이나 잔을 합당치 않게 먹고 마시는 자는 주의 몸과 피를 범하는 죄가 있느니라 사람이 자기를 살피고 그 후에야 이 떡을 먹고 이 잔을 마실지니 주의 몸을 분변치 못하고 먹고 마시는 자는 자기의 죄를 먹고 마시는 것이니라."

상기와 같이 예수님은 제자들에게 떡을 떼어 주시면서 이 떡은 내(예수님) 몸이라고 말씀하고 있습니다. 이 말은 예수님의 몸이 떡으로 되어 있다는 말인데 떡은 말씀을 비유한 것이며 사람이 먹는 떡을 말하는 것이 아닙니다. 왜냐하면 예수님은 말씀이 육신되신 분으로 예수님의 몸은 떡이 아니라 말씀이시기 때문입니다. 결국 제자들에게 먹으라고 주신 떡은 곧 예수님의 입에서 나오는 말씀을 먹으라고 하신 것입니다. 이렇게 세상사람들이 먹는 양식은 떡이나 밥이지만 하나님의 백성들이 먹어야 할 일용할 양식은 바로 하나님의 말씀인 것입니다. 그러므로 예수님께서 주기도문을 통해서 말씀하신 일용할 양식도 우리가 식사 때마다 먹는 육신의 양식이 아니라 하나님의 말씀을 말합니다. 그러나 육신에 속한 자들은 지금도 성찬식에 먹는 떡이나 주기도문에서 말씀하시는 일용할 양식을 모두 육신의 양식으로 알고 먹고 있는 것입니다.
　이와 같이 예수님께서 제자들에게 마시라는 피도 하나님의 생명을 비유한 것이며 사람의 몸 속에 있는 피를 마시라는 것이 아닙니다. 이렇게 예수님께서 먹고 마시라는 살과 피는 모두 예수님의 입에서 나오는 생명의 말씀을 먹고 마시라는 것입니다. 그런데 예수님께서 주시는 거룩한 말씀을 합당치 않은 자들, 즉 아직 죄 사함도 받지 못한 부정한 자들이 함부로 먹으면 오히려 죄를 범하게 되는 것입니다.
　하나님께서 말씀하시는 합당치 않은 자들은 윤리 도덕적인 죄를 범한 자들을 말하는 것이 아니라 위에서 말씀드린 바와 같이 지금 애굽교회에서 유교병(가감된 말씀)을 먹고 있는 자들이나 아직 광야교회에서 만나(율법)를 먹고 있는 자들을 말합니다. 이런 자들은 아직 죄인의 신분이기 때문에 예수님의 살과 피(생명의 말씀)를 먹지 말라는 것입니다. 성찬은 하나님이 주시는 성스러운 하늘의 양식으로 죄 사함을 받은 자들에 한해서 먹을 수 있는 것입니다. 그런데 지금 애굽교회에서 누룩이 섞인 유교병(교리)을 먹고 있는 부정한 죄인들이 하나님의 거룩한 말씀을 함부로 먹고 마신다면 죄를 범하는 것입니다.

 이와 같이 예수님이 주시는 성찬은 아무나 함부로 참예하거나 먹고 마시면 안된다는 것을 알아야 합니다. 그러므로 성찬을 참예하기 전에 반드시 자신의 존재, 즉 영적인 상태를 확인하고 예수님의 살과 피를 먹고 마셔야 합니다. 예수님께서 성찬을 모든 유대인들에게 주시지 않고 오직 예수님을 믿고 따랐던 그의 제자들에게만 주신 이유는 제자들만이 성찬을 먹을 자격, 즉 준비가 되어 있었기 때문입니다. 그런데 예수님의 제자들은 주의 살과 피, 즉 주님이 주시는 생명의 말씀을 성찬식에만 먹은 것이 아니라 삼년반 동안 날마다 먹은 것입니다.

 이렇게 주님이 주시는 살과 피를 일용할 양식으로 먹은 제자들은 결국 하나님의 생명으로 거듭나서 예수님의 몸과 같이 하나님의 아들들이 된 것입니다. 그러므로 오늘날 기독교인들도 예수님의 제자들과 같이 하나님의 아들로 거듭나려면 오늘날 하나님의 아들들이 주시는 생명의 말씀을 먹어야 합니다. 그런데 주님이 주시는 산 떡을 먹으려면 애굽에서 먹고 있는 유교병(가감된 교리)을 과감히 버리고 광야로 나와 무교병(율법)부터 먹어야 합니다. 이러한 순서나 과정을 거치지 않고는 주님이 주시는 성찬, 즉 거룩한 말씀을 먹을 수도 없고 먹어서도 안됩니다. 그러므로 오늘날 기독교인들은 무엇보다 먼저 자신이 머물고 있는 곳(애굽, 광야, 가나안)과 지금 자신이 먹고 있는 양식(말씀)이 어떤 종류의 양식(유교병 혹은 무교병)인지를 알아야 합니다. 이렇게 자신이 신앙생활을 하고 있는 현 위치(차원)나 먹고 있는 양식(말씀)을 확실하게 알게 된다면 점차 애굽과 광야에서 벗어나 가나안으로 들어가게 될 것이며 그곳에서 주님이 주시는 살과 피를 먹게 될 것입니다.

　주님은 이 말씀을 듣고 애굽과 광야를 통과하여 가나안으로 들어오는 자들에게 하늘의 양식을 주시기 위해 지금도 기다리고 계십니다.

선 택

인간의 이성과 체면은
외식과 위선을 만들어 가고
진실과 사랑은
아름다운 생명을 창조 합니다.

당신은 외식과 위선을
선택할 수도 있고
당신은 진실한 사랑으로
아름다운 생명을
선택할 수도 있습니다.

내가 바라는 당신은
진실한 사랑을 선택 하길 바라고
이성과 체면을 벗어버리고
진실한 사랑을 통해
아름다운 생명을 발견하고
영원히 소유하기를
바라고 원한답니다.

하늘에서 온 그리스도의 열네 번째 편지
(안식일을 거룩히 지키라)

　이 편지는 하나님께서 율법을 통하여 하나님의 백성들에게 안식일을 거룩하게 지키라고 명하신 안식일(토요일)을 일요일로 변경하여 지키고 있는 기독교인들을 향해서 보내주신 글입니다.
　하나님께서 오늘날 기독교인들에게 안식일에 대하여 말씀하시는 이유는 안식일을 잘못알고 지킨다면 오히려 안식일에 죄를 범할 수 있기 때문입니다. 만일 하나님의 백성들이 신앙생활을 아무리 열심히 한다 하여도 안식일을 범하게 되면 천국(안식)으로 들어가는 것이 아니라 지옥으로 들어가게 됩니다.
　그러므로 오늘날 기독교인들은 안식일을 지키기 전에 먼저 하나님께서 말씀하고 계신 안식일에 대하여 분명히 알아야 합니다.

　하나님은 십계명의 제 4계명을 통해서 하나님의 백성들에게 안식일을 기억하여 거룩히 지키라고 말씀하고 있습니다. 이 계명에 따라서 하나님을 믿는 유대인들이나 오늘날 기독교인들이 안식일을 열심히 지켜오고 있지만 안식일을 거룩하게 지키는 사람은 별로 없습니다. 왜냐하면 하나님께서 말씀하시는 안식일의 영적인 의미와 안식의 실체를 모르고 있기 때문입니다. 그러나 유대인들이나 기독교인들은 안식일을 거룩하게 지키기 위해 오늘날도 변함없이 정성껏 준비한 예물을 가지고 성전에 들어가 하나님께 제사를 드리고 있는 것입니다.
　안식일의 성경적 근거는 창세기 1장에 하나님께서 만물을 육일 동안 창조하시고 일곱째 되는 날을 복 주어 거룩하게 하시고 그날 안에서 안식하신 것이며 율법으로 명하신 안식일은 금요일 해지는 시점부터 토요일 해지기 직전까지를 말합니다. 그런데 하나님께서 거룩하게 지키라고 명하신 안식일을 어느 때부터인가 주일날, 즉 일요일로 바꾸어 지키고 있는 것입니다. 이것은 하나님의 백성들이 안식일을 거룩히 지키라는 하나님의 계명과, 하나님의 말씀은 일점일획도 가감하거나 변형하지 말라는 하나님의 명령을 범하고 있는 것입니다.

오늘날 기독교인들이 안식일을 주일날로 바꾸게된 이유는 예수님이 안식 후 첫 날, 즉 일요일에 부활하셨기 때문이라고 말을 하고 있습니다. 그러나 이것은 기독교인들의 생각과 주장일 뿐 하나님께서는 이러한 것을 허락하신 적이 없습니다. 그러므로 유대인들이나 오늘날 안식일을 고수하고 있는 안식교인들은 지금도 율법대로 토요일을 안식일로 지키고 있는 것입니다. 그런데 만일 토요일이나 일요일 날을 안식일로 지키고 있는 하나님의 백성들이 하나님께서 말씀하시는 안식의 의미를 정확히 모르고 있다면 절대로 안식일을 거룩하게 지킬 수가 없다는 것을 알아야 합니다. 그러므로 안식일이 토요일이다 일요일이다 하기 이전에 먼저 하나님께서 말씀하시는 안식의 실체와 안식의 의미를 분명히 알아야 합니다.

오늘날 하나님의 백성들이 안식일을 요일 중의 한날로 알고 그날을 열심히 지키고 있지만 하나님께서 말씀하시는 안식일은 특정한 요일이나 날이 아니라 존재를 말하고 있습니다. 즉 하나님께서 창조하여 복 주시고 거룩하게 하여서 안식하고 계신 곳은 날이 아니라 사람 안이라는 말입니다. 왜냐하면 하나님이 안식하고 계신 곳이 바로 하나님의 아들 안이며 안식일에 하나님의 백성들에게 안식을 주시는 분도 날이 아니라 하나님의 아들이시기 때문입니다.

(출애굽기 20장 8절-11절) "안식일을 기억하여 거룩히 지키라 엿새 동안은 힘써 네 모든 일을 행할 것이나 제 칠일은 너의 하나님 여호와의 안식일인즉 너나 네 아들이나 네 딸이나 네 남종이나 네 여종이나 네 육축이나 네 문 안에 유하는 객이라도 아무 일도 하지 말라 이는 엿새 동안에 나 여호와가 하늘과 땅과 바다와 그 가운데 모든 것을 만들고 제 칠일에 쉬었음이라 그러므로 나 여호와가 안식일을 복되게 하여 그날을 거룩하게 하였느니라."

상기의 말씀은 십계명의 제 4계명으로 안식일을 기억하여 거룩하게 지키라는 말씀입니다. 만일 하나님께서 거룩하게 지키라는 안식일이 날이나 시제의 개념으로 토요일이라면 이 날을 24시간 동안 거룩하게 지켜야 하는데 어떻게 지키는 것이 거룩하게 지키는 것이며 과연 이 날을 온종일 거룩하게 지킬 수 있는가 하는 것입니다. 이렇게 하나님의 백성들이 지금까지 안식일을 어떻게 그리고 무엇을 거룩하게 지켜야 하는지 조차도 모르면서 안식일을 지키고 있는 것입니다.

하나님께서 말씀하시는 안식일은 위에서 말씀드린 바와 같이 날의 개념이 아니라 존재의 개념으로 날은 곧 하나님의 아들을 말하며 하나님의 백성들이 거룩히 지켜야 할 안식은 곧 하나님의 말씀을 말하고 있습니다. 즉 하나님의 백성들은 하나님의 아들이 주시는 하나님의 말씀을 가감하거나 오염시키지 말고 거룩하게 지키라는 말입니다. 왜냐하면 하나님께서 엿새 동안 만물을 말씀으로 창조하여 완성하신 칠일은 자연만물이 아니라 바로 하나님의 형상과 모양이 같은 하나님의 아들이기 때문입니다.

 이렇게 하나님께서는 하나님의 말씀으로 창조된 아들에게 하늘의 복, 즉 하나님의 생명을 주셔서 그 아들을 거룩하게 하신 것입니다. 이와 같이 하나님께서 하나님의 백성들에게 거룩하게 지키라는 안식일은 날이 아니라 하나님의 아들들과 그 입에서 나오는 말씀을 말합니다. 날이 사람의 존재라는 것은 성경 여러 곳에서 말씀하고 있습니다.

 (시편 19장 1절-4절) "하늘이 하나님의 영광을 선포하고 궁창이 그 손으로 하신 일을 나타내는도다 날은 날에게 말하고 밤은 밤에게 지식을 전하니 언어가 없고 들리는 소리도 없으나 그 소리가 온 땅에 통하고 그 말씀이 세계 끝까지 이르도다."

 상기의 말씀에 하나님의 영광을 나타내는 하늘은 하나님의 아들을 말하며 하나님께서 하신 일을 나타내는 궁창은 그리스도를 비유하여 말씀하신 것입니다. 그리고 말을 하고 있는 날이나 지식을 전하고 있는 밤도 모두 인간의 존재를 비유하여 말씀하신 것입니다. 즉 날은 빛의 아들들을 말한 것이며 밤은 어둠의 아들들을 말한 것입니다. 왜냐하면 날이나 밤은 말을 하거나 지식을 전하는 존재들이 아니기 때문입니다.
 이와 같이 하나님께서 말씀하시는 안식일도 날의 개념이 아니라 존재의 개념으로 영적인 존재를 말씀하고 있습니다. 즉 하나님이 안식하시는 곳은 날이 아니라 바로 거룩하게 된 사람 안(마음)이라는 것입니다. 그러므로 안식일에 일하시는 예수님을 보고 정죄하는 유대인들에게 내가 바로 안식의 주인이라고 말씀하신 것입니다. 왜냐하면 하나님은 바로 예수님 안에서 안식하고 계시기 때문입니다. 즉 거룩하신 하나님은 거룩하게 된 예수님이나 사도들 안에 계신 것입니다.

결국 안식일은 특정한 날을 말하는 것이 아니라 하나님이 안에 계신 하나님의 아들들을 말하는 것입니다. 이와 같이 안식일은 곧 하나님의 말씀으로 거듭난 하나님의 아들들을 말하며 안식의 실체는 바로 하나님의 말씀을 말합니다. 그러므로 하나님께서 하나님의 백성들에게 안식일을 거룩하게 지키라는 말씀은 곧 하나님의 말씀을 거룩하게 간직하라는 말입니다. 이 말은 하나님의 거룩한 말씀을 절대로 오염시키거나 가감하지 말라는 뜻입니다. 이렇게 안식일은 하나님의 말씀을 받는 날이며 안식일을 거룩하게 지키는 것은 하나님께 받은 말씀을 조금도 가감하지 않고 거룩하게 지키는 것입니다. 하나님의 백성들이 신앙생활을 열심히 하면서도 천국에 들어가지 못하고 멸망당한 것은 안식일을 거룩하게 지키지 못했기 때문이었습니다.

이 말은 오늘날 기독교인들도 안식일에 참목자가 주시는 하나님의 말씀을 거룩하게 지키지 못한다면 결국 멸망을 받아 지옥으로 가게 된다는 말입니다. 이렇게 안식일은 하나님의 백성들에게 중요한 날이며 안식일을 어떻게 지키느냐에 따라서 천국과 지옥의 생사가 결정되는 것입니다.

(출애굽기 31장 12절-17절) "여호와께서 모세에게 일러 가라사대 너는 이스라엘 자손에게 고하여 이르기를 너희는 나의 안식일을 지키라 이는 나와 너희 사이에 너희 대대의 표징이니 나는 너희를 거룩하게 하는 여호와인 줄 너희로 알게 함이라 너희는 안식일을 지킬지니 이는 너희에게 성일이 됨이라 무릇 그 날을 더럽히는 자는 죽일지며 무릇 그 날에 일하는 자는 그 백성 중에서 그 생명이 끊쳐지리라

엿새 동안은 일할 것이나 제 칠일은 큰 안식일이니 여호와께 거룩한 것이라 무릇 안식일에 일하는 자를 반드시 죽일지니라 이같이 이스라엘 자손이 안식일을 지켜서 그것으로 대대로 영원한 언약을 삼을 것이니 이는 나와 이스라엘 자손 사이에 영원한 표징이며 나 여호와가 엿새 동안에 천지를 창조하고 제 칠일에 쉬어 평안하였음이니라 하라."

　상기의 말씀과 같이 하나님께서 모세를 통하여 이스라엘 자손, 즉 오늘날 하나님의 백성들에게 지키라고 명하신 안식일은 하나님과 하나님의 백성들 사이에 대대로 내려오는 영원한 언약이며 표징입니다. 그러므로 이스라엘 백성들이 지금까지 안식일을 지키고 있는 것이며 오늘날 기독교인들도 지키고 있는 것입니다. 이와 같이 하나님의 백성들이라면 어느 시대 어느 누구를 막론하고 안식일을 열심히 지키고 있습니다. 그러나 하나님께서는 하나님의 백성들이 안식일을 아무리 열심히 지킨다 해도 거룩하게 지키지 않으면 결국 멸망하게 된다고 말씀하십니다. 즉 안식일을 더럽히거나 안식일에 다른 일을 하는 자는 반드시 죽게된다는 말입니다.
　왜냐하면 하나님의 거룩한 말씀을 받는 안식일에 다른 일을 하거나 받은 말씀을 가감하여 오염시킨다면 하나님께 큰 죄를 범하는 것이기 때문입니다. 하나님의 백성들이 하나님의 말씀으로 창조되어 하나님의 아들로 거듭나려면 첫째, 거룩한 하나님의 말씀을 온전히 받아야 하며 둘째는, 받은 말씀을 더럽히지 말고 마음속에 거룩하게 보존해야 합니다. 이렇게 하나님의 거룩한 말씀을 안식일에 받아야 하며, 받은 말씀으로 엿새동안 일할 수 있고 그리스도의 형상으로 창조될 수 있는 것입니다. 하나님의 거룩한 말씀만이 죄인들의 더러운 마음을 날마다 깨끗하게 씻어줄 수 있고 또한 날마다 하나님의 아들로 창조할 수 있는 것입니다. 이렇게 안식일을 거룩하게 지켜서 하나님께서 거하실 거룩한 처소가 완성되면 하나님께서 그 안에 들어오셔서 안식하게 되는 것입니다.
 이와 같이 하나님의 아들로 거듭나고 못 나는 것은 결국 안식일에 받은 하나님의 말씀을 거룩히 지키느냐 못 지키느냐에 달려 있는 것입니다. 그런데 만일 안식일에 받는 말씀이 가감된 말씀이나 오염된 더러운 말씀이라면 아무리 말씀을 받고 지켜도 아무런 소용이 없다는 것을 알아야 합니다. 하나님께서 말씀하시는 더러운 말씀은 목사님들이 전통적인 교리를 중심으로 한 신학사상이나 간증 혹은 경제나 정치 등을 접목하거나 요리를 하여 전하는 말씀을 말합니다. 이러한 말씀은 들으면 들을수록 오히려 마음이 점점 더러워지고 부패하여 결국 죽게되는 것입니다. 이와 같이 안식일을 지키기 위하여 교회를 열심히 다닌다 해도 삯군목자들이 주는 가감된 말씀을 먹거나 아니면 복이나 받으려는 욕심으로 교회를 다니는 사람들은 모두 멸망을 받게 된다는 것을 알아야 합니다.
 그러므로 이 편지를 읽고 안식일을 올바로 알게 된 사람들은 하나님께서 말씀하시는 안식일을 거룩하게 지켜서 모두 하나님의 아들로 거듭나야 합니다.
 하나님께서는 안식일을 기억하고 하나님의 말씀을 거룩하게 지켜서 하나님의 아들로 거듭난 자들 안에 들어가 안식하시기 위하여 지금도 기다리고 계십니다.

하늘에서 온 그리스도의 열다섯 번째 편지
(십일조와 헌물)

　오늘날 기독교인들은 하나님께서 하늘 문을 열고 쌓을 곳이 없도록 부어주시는 복을 받기 위하여 어느 누구나 십일조 헌금을 열심히 드리고 있습니다. 그런데 하나님께서 드리라는 십일조가 무엇인지 또한 하나님께서 넘치도록 부어주시는 복이 어떤 복인지를 확실하게 모르고 있습니다. 그러므로 열다섯 번째 편지는 하나님께서 말씀하시는 십일조와 헌물에 대하여 말씀하고 있습니다.

　하나님과 예수를 믿으며 신앙생활을 하고 있는 하나님의 백성들이라면 거의 모두가 십일조와 헌물을 드려오고 있습니다. 그러므로 오늘날 기독교인들도 하나님께 예배를 드리려면 반드시 십일조 헌금이나 각종 헌금을 준비하여 드리는 것입니다. 그런데 하나님께서 하나님의 백성들에게 드리라고 말씀하시는 온전한 십일조와 헌금이 영적으로 무엇이며 또한 하나님께서 부어주신다는 복의 실체가 무엇을 말하고 있는지 확실하게 알고 있는 사람은 그리 많지 않습니다. 왜냐하면 하나님의 백성들이 하나님께서 부어주시는 복에 대해서는 모두 관심이 많지만 하나님의 말씀이나 그 영적인 의미에 대해서는 별로 관심이 없기 때문입니다.
　단지 말라기 3장에 온전한 십일조를 드리면 하나님께서 하늘 문을 열고 창고에 쌓을 곳이 없도록 복을 부어주신다는 말씀만을 문자 그대로 믿고 그 복을 받기 위해 열심히 십일조와 헌금을 드리고 있는 것입니다. 문제는 하나님의 백성들이 하나님의 말씀을 말씀대로 믿고 십일조와 헌물을 열심히 드려왔지만 부분적인 복을 받은 사람들은 있으나 창고에 쌓을 곳이 없도록 복을 받은 사람은 지금까지 없었다는 것입니다. 하나님께서 온전한 십일조를 드리면 복을 쌓을 곳이 없도록 넘치게 부어 주지 않나 시험까지 해보라고 분명히 약속하신 하나님께서 무엇 때문에 약속을 지키지 않는지 모두 의아스럽기만 할 것입니다.

문제는 하나님께서 약속을 지키지 않으시는 것이 아니라 하나님의 백성들이 하나님께서 말씀하시는 영적인 십일조와 쌓을 곳이 없도록 부어 주신다는 영적인 복을 전혀 모르고 있다는데 있습니다. 왜냐하면 하나님은 영이시기 때문에 말씀을 모두 영적으로 하고 계시지만 아직 하나님의 생명으로 거듭나지 못한 자들은 하나님의 말씀을 모두 육으로 듣고 보고 있기 때문입니다. 즉 하나님께서 말라기서 3장을 통해서 하나님께 드리라는 온전한 십일조나 하나님께서 주시겠다고 약속하신 복은 모두 영적 의미로 말씀하셨는데 아직 육에 속한 자들은 십일조나 복을 모두 땅의 썩어 없어질 것들로 오해를 하고 있는 것입니다.

그러므로 오늘날 기독교인들도 하나님께서 말씀하시는 십일조와 헌물의 진정한 뜻을 모르는 상태에서 단지 십일조를 하나님께 드리면 복을 많이 받을 수 있다는 믿음으로 자기 수입의 십분의 일을 계산하여 헌금으로 드리고 있는 것입니다. 그런데 하나님의 백성들이 하나님께 복을 많이 받으려는 목적으로 십일조나 헌금을 드린다면 그 자체가 욕심이며, 또한 복을 조건으로 하여 드리는 헌금은 헌물이 아니라 일종의 투자와 같은 것입니다. 이렇게 하나님의 백성들이 지금까지 하나님께 드리고 있는 헌물들 대부분이 진실한 마음에서 나오는 순수한 헌물이 아니라 복을 받으려는 욕심입니다.

　오늘날 하나님의 백성들이 하나님께 드리는 십일조와 헌물은 하나님께서 율법을 통하여 거제로 드리라고 명하신 것이기 때문에 신앙생활을 하고 있는 하나님의 백성들이라면 어느 누구를 막론하고 당연히 드려야 할 의무이며 어떠한 조건이나 이유가 있어서는 안됩니다. 그런데도 불구하고 목회자들은 강대상에서 교인들에게 십일조를 내면 하나님께서 복을 창고에 쌓을 곳이 없도록 부어 주신다고 큰소리 치며 시험까지 해보라고 헌금을 강조하고 있는 것입니다.

　이렇게 목회자들이 교인들을 미혹하기 위하여 하늘의 신령한 복을 땅의 썩어질 복으로 둔갑시켜 거짓증거를 하고 있는 것입니다. 이러한 사실을 모르는 교인들은 목회자의 말을 그대로 믿고 육신의 썩어질 복을 받기 위하여 지금도 십일조 헌금을 열심히 드리고 있는 것입니다. 그러나 오늘날 기독교인들은 십일조와 헌물을 드리기 전에 하나님께서 드리라고 말씀하시는 십일조와 헌물의 영적인 의미를 아는 것이 더 중요하다고 생각합니다.

　그러므로 이제부터 하나님께서 말씀하시는 십일조와 헌물에 대한 성경적 근원과 영적인 의미에 대하여 말씀을 근거로 하여 알아보기로 하겠습니다. 십일조는 두 종류가 있는데 하나는 성령과 진리로 하나님께 드리는 온전한 십일조가 있고 또 하나는 땅의 소산으로 성전 일을 하는 레위 지파(제사장, 목회자)를 위해 거제로 드리는 십일조가 있습니다. 그런데 하늘의 소산인 성령과 진리로 드리는 온전한 십일조는 하나님이 받으시는 것이며 땅의 소산으로 드리는 십일조는 결국 사람이 받는 것입니다. 그러므로 창세기 4장에 가인과 아벨이 하나님께 제물을 드렸지만 하나님께서 아벨과 그의 제물은 받으셨으나 가인의 제물은 받지 않으신 것입니다.

(창세기 4장 1절-5절) "아담이 그 아내 하와와 동침하매 하와가 잉태하여 가인을 낳고 이르되 내가 여호와로 말미암아 득남하였다 하니라 그가 또 가인의 아우 아벨을 낳았는데 아벨은 양치는 자이었고 가인은 농사하는 자이었더라 세월이 지난 후에 가인은 땅의 소산으로 제물을 삼아 여호와께 드렸고 아벨은 자기도 양의 첫 새끼와 그 기름으로 드렸더니 여호와께서 아벨과 그 제물은 열납하셨으나 가인과 그 제물은 열납하지 아니하신 지라."

상기의 가인과 아벨이 하나님께 드린 제사는 인간이 하나님께 최초로 드린 제사로 지금까지 하나님의 백성들에게 예배의 모범이 되어오고 있으며 이 제사는 앞으로도 변함없이 계속될 것입니다. 상기의 말씀을 보면 하나님께서 받으시는 제사가 있고 받지 않으시는 제사가 있다는 것을 알 수 있습니다. 왜냐하면 가인과 아벨이 각기 제물을 가지고 하나님께 제사를 드렸으나 하나님께서 아벨과 그 제물은 받으셨으나 가인의 제물은 받지 않으셨기 때문입니다. 그 이유는 하나님은 영이시기 때문에 하늘의 소산인 양과 기름(진리와 성령)은 받으실 수 있으나 땅의 소산(곡식)은 받으실 수가 없기 때문입니다. 그보다 더 중요한 것은 가인은 첫 아담과 같이 육으로 난 자이며 아벨은 영으로 거듭난 둘째 아담이기 때문입니다.

이것은 유대인들과 같이 거듭나기 전에 드리는 제사는 가인의 제사이며 예수님이나 사도들과 같이 거듭난 자들이 드리는 제사가 바로 아벨의 제사라는 것을 말해주고 있는 것입니다. 이렇게 하나님은 지금도 성령과 진리로 거듭난 영혼들이 드리는 제물(헌물)과 제사(예배)는 받으시나 아직 거듭나지 못한 자들이 땅의 소산(세상의 물질)으로 드리는 헌물(헌금)은 받으시지 않는다는 것입니다. 그렇다면 가인이나 아직 하나님의 생명으로 거듭나지 못한 하나님의 백성들은 하나님께 제사를 드릴 필요가 없다고 생각할 수도 있습니다.

그러나 그렇지가 않습니다. 왜냐하면 땅에 속한 자들이 가인의 제사를 열심히 드릴 때 하나님의 생명으로 거듭나서 아벨의 제사도 드릴 수 있기 때문입니다. 또한 하나님의 백성들이 땅의 소산으로 제물을 드리지 않으면 성전에서 일하는 제사장들이나 레위인들이 먹고 살 수가 없기 때문입니다. 그러므로 하나님께서 땅의 소득으로 드리는 헌물(헌금)은 성전에서 일하는 사람들(제사장, 목사)이 받아서 생활을 하도록 율법으로 정해 놓으신 것입니다.

(민수기 18장 19절-31절) "이스라엘 자손이 여호와께 거제로 드리는 모든 성물은 내가 영영한 응식으로 너와 네 자손에게 주노니 이는 여호와 앞에 너와 네 후손에게 변하지 않는 소금 언약이니라 여호와께서 또 아론에게 이르시되 너는 이스라엘 자손의 땅의 기업도 없겠고 그들 중에 아무 분깃도 없을 것이나 나는 이스라엘 자손 중에 네 분깃이요 네 기업이니라 내가 이스라엘의 십일조를 레위 자손에게 기업으로 다 주어서 그들의 하는 일 곧 회막(성전)에서 하는 일을 갚나니 이 후로는 이스라엘 자손이 회막에 가까이 말 것이라 죄를 당하여 죽을까 하노라 오직 레위인은 회막에서 봉사하며 자기들의 죄를 담당할 것이요 이스라엘 자손 중에는 기업이 없을 것이니 이는 너희의 대대에 영원한 율례라 이스라엘 자손이 여호와께 거제로 드리는

십일조를 레위인에게 기업으로 준 고로 내가 그들에 대하여 말하기를 이스라엘 자손 중에 기업이 없을 것이라 하였노라 여호와께서 모세에게 일러 가라사대 너는 레위인에게 고하여 그에게 이르라 내가 이스라엘 자손에게 취하여 너희에게 기업으로 준 십일조를 너희가 그들에게서 취할 때에 그 십일조의 십일조를 거제로 여호와께 드릴 것이라 내가 너희의 거제물을 타작마당에서 받드는 곡물과 포도즙 틀에서 받드는 즙 같이 여기리니 너희는 이스라엘 자손에게서 받는 모든 것의 십일조 중에서 여호와께 거제로 드리고 여호와께 드린 그 거제물은 제사장 아론에게로 돌리되 너희의 받은 모든 예물 중에서 너희는 그 아름다운 것 곧 거룩하게 한 부분을 취하여 여호와께 거제로 드릴지니라 이러므로 너는 그들에게 이르라 너희가 그 중에서 아름다운 것을 취하여 드리고 남은 것은 너희 레위인에게는 타작마당의 소출과 포도즙 틀의 소출 같이 되리니 너희와 너희 권속이 어디서든지 이것을 먹을 수 있음은 이는 회막에서 일한 너희의 보수임이니라."

  상기의 말씀은 하나님께서 레위지파에게 성전일을 전담하도록 하기 위해 땅을 분깃으로 주시지 않고 그 대신 이스라엘의 열한 지파가 각기 하나님께 거제로 드리는 십일조를 응식(생활비)으로 주셨다는 말씀입니다. 이스라엘 백성들은 야곱의 열두 아들들에게서 낳음을 받은 야곱의 후손들로 열두 지파로 형성되어 있습니다.
  이들은 광야의 고된 훈련을 거쳐 하나님께서 아브라함에게 주시겠다고 약속하신 가나안에 들어갔을 때 하나님께서 레위지파를 제외한 열한 지파에게는 땅을 기업으로 주셨지만 레위지파에게는 성막, 즉 성전 일에 전념하도록 하기 위하여 땅을 기업(분깃)으로 주시지 않으신 것입니다. 그러나 레위지파에게는 하나님께서 각 지파(열한 지파)로부터 소득의 십분의 일씩 십일조를 드리도록 하여 레위지파에게 생활비로 쓸 수 있도록 보장을 해 주신 것입니다.

 그러므로 성전일을 하는 제사장이나 오늘날 목회자들은 십일조 헌금을 정당히 받아서 생활비로 사용할 수 있는 것입니다. 이와 같이 땅의 소득의 십일조는 하나님이 받으시는 것이 아니라 사람, 즉 성전일을 하는 제사장들이나 오늘날 목회자들이 받아서 생활비로 사용하는 것입니다. 그러므로 오늘날 기독교인들도 십일조를 하나님께 거제(제물을 하나님께 드렸다가 제사장이 다시 받는 것)로 드리는 것이며 목회자들은 교인들이 드린 십일조를 받아서 생활비로 쓰고, 남은 돈은 교회를 운영하는 데 사용하고 있는 것입니다. 이렇게 하나님의 백성들이 여호와께 드리는 거제물은 여호와께서 제사장들과 회막(성전)에서 일하는 일군들에게 보수(사례금)로 주신 것입니다. 이렇게 땅의 소산으로 드리는 십일조는 하나님께서 모세를 통하여 하나님의 백성들에게 드리라고 말씀하신 법이요 명령입니다. 따라서 하나님께 드리는 십일조는 하나님의 백성들이 당연히 지켜야 할 의무이기 때문에 십일조를 드림에 있어서 어떠한 조건이나 대가를 바라서는 안되는 것입니다.

 문제는 29절 말씀에 제사장들(목회자)이 받은 예물 중에서 아름다운 것 곧 거룩하게된 것은 반드시 여호와께 드리라는 말씀입니다. 하나님께서 제사장들에게 바라고 원하시는 예물이 무엇입니까? 그것은 바로 하나님의 백성들 가운데서 말씀으로 거룩하게된 자들 곧 하나님의 생명으로 거듭난 자들을 말하는 것입니다. 이렇게 하나님의 아들로 거듭난 영혼들이 바로 하나님께서 받으시는 십일조의 십일조(온전한 십일조)라는 말입니다. 그런데도 불구하고 제사장들이나 오늘날 목회자들이 거저로 드리는 십일조는 받으면서 온전한 십일조는 드리지 않고 있는 것입니다.

그러면 하나님께서 말라기 3장을 통해서 온전한 십일조를 드리면 하늘 문을 열고 창고에 쌓을 곳이 없도록 복을 부어 주신다는 말씀은 무슨 뜻입니까? 십일조는 땅의 소산으로 드리는 십일조가 있고 하늘의 소산으로 드리는 온전한 십일조가 있는데 말라기서를 통해서 말씀하고 계신 십일조는 바로 온전한 십일조, 즉 하늘의 소산으로 드리는 영적인 십일조를 말씀하고 있는 것입니다. 예수님께서도 마태복음 23장을 통하여 십일조를 분명하게 두 종류로 말씀하시고 있습니다.

(마태복음 23장 23절) "화 있을찐저 외식하는 서기관들과 바리새인들이여 너희가 박하와 회양과 근채의 십일조는 드리되 율법의 더 중한 바 의와 인과 신은 버렸도다. 그러나 이것도 행하고 저것도 버리지 말아야 할찌니라."

예수님은 상기의 말씀을 통해서 땅에서 생산되는 박하와 회양과 근채는 땅(육신)의 십일조이며 하나님으로부터 오는 의와 인과 신은 하늘(영)의 십일조라고 말씀하고 있습니다. 그런데 바리새인들이 땅에서 나오는 소득의 십일조는 열심히 드리고 있지만 하나님께서 바라시고 원하시는 온전한 십일조는 버렸다고 말씀하고 있습니다. 그 이유는 첫째, 하나님의 백성들이 하나님께서 받으시는 온전한(영적) 십일조 자체를 모르기 때문이며 둘째는 세상의 욕심 때문에 영적인 십일조에는 관심이 없기 때문입니다. 온전한 십일조는 아벨이 하늘의 소산인 양(진리)과 기름(성령)을 통해서 자신을 하나님께 제물로 드린 것이며 또한 예수님이 그의 제자들을 진리(양)와 성령(기름)으로 거듭나게 하여 하나님께 제물로 드린 것을 말합니다.

이와 같이 오늘날 기독교인들도 온전한 십일조를 하나님께 드리려면 성령과 진리를 통해서 하나님의 아들로 거듭나야 하는 것입니다. 또한 하나님의 생명으로 거듭난 하나님의 아들들은 이웃에 죽어있는 영혼들을 구원하여 그 구원한 영혼들을 하나님께 헌물로 드려야 합니다. 즉 하나님이 받으시는 온전한 십일조는 물질이나 돈이 아니라 하나님의 생명으로 거듭난 영혼들을 말하고 있는 것입니다.

(창세기 14장 18절-21절)"살렘왕 멜기세덱이 떡과 포도주를 가지고 나왔으니 그는 지극히 높으신 하나님의 제사장이었더라 그가 아브람에게 축복하여 가로되 천지의 주재시요 지극히 높으신 하나님이여 아브람에게 복을 주옵소서 너의 대적을 네 손에 붙이신 지극히 높으신 하나님을 찬송할찌로다 하매 아브람이 그 얻은 것에서 십분의 일을 멜기세덱에게 주었더라 소돔왕이 아브람에게 이르되 사람(영혼)은 내게 보내고 물품(물질)은 네가 취하라."

상기의 말씀은 성경 상에 아브람이 멜기세덱에게 드린 최초의 십일조입니다. 이 말씀을 보면 아브람이 멜기세덱에게 얻은 것(탈취물)중에서 십분의 일(십일조)을 드렸으나 멜기세덱은 소돔왕을 통해서 사람, 즉 영혼은 받으시고 물품들은 아브람에게 돌려준 것을 볼 수 있습니다. 멜기세덱이 영혼은 받으시고 물품은 아브람에게 돌려준 이유는 멜기세덱은 하나님과 같은 영이시기 때문에 세상의 물질은 받으실 수가 없기 때문입니다. 이렇게 하나님은 영이시기 때문에 예나 지금이나 오직 거듭난 영혼들만 받으시며 물질들은 육을 가진 사람들이 받는 것입니다.

그런데도 불구하고 오늘날 기독교인들이나 목회자들은 땅의 소산으로 드리는 소득의 십일조(물질)를 하나님께서 받으신다고 오해를 하며 거짓증거를 하고 있는 것입니다. 이와 같이 하나님께서 받으시는 온전한 십일조는 성령과 진리로 거듭난 하나님의 아들들이며 사람, 즉 목회자들이 받는 십일조는 교인들이 자기 수입의 십분의 일을 계산하여 드리는 헌금을 말합니다. 그런데 문제는 예수님의 말씀과 같이 유대인들이나 오늘날 기독교인들도 육신의 복을 받기 위하여 땅에서 나는 소득의 십일조는 열심히 드리고 있으나 자신이 하나님의 생명으로 거듭나서 자신의 몸을 온전한 십일조로 하나님께 드릴 생각은 하지 않고 있다는데 있습니다. 그러므로 사도바울은 로마서 12장을 통해서 이렇게 말씀하고 있습니다.

(로마서 12장 1절-2절) "그러므로 형제들아 내가 하나님의 모든 자비하심으로 너희를 권하노니 너희 몸을 하나님이 기뻐하시는 거룩한 산 제사로 드리라 이는 너희의 드릴 영적 예배니라. 너희는 이 세대를 본받지 말고 오직 마음을 새롭게 함으로 변화를 받아 하나님의 선하시고 기뻐하시고 온전하신 뜻이 무엇인지 분별하도록 하라."

상기의 말씀과 같이 하나님이 기뻐하시는 거룩한 산 제사의 제물은 물질이나 돈이 아니라 하나님의 말씀으로 새롭게 변화된 우리 몸(마음)을 말합니다. 즉 하나님의 말씀으로 거듭난 자신을 하나님께 제물로 드릴 때 하나님은 기뻐 받으신다는 말씀입니다. 사도바울께서 이 세대를 본받지 말라는 것은 현 세대들이 하나님께 드리는 제사나 제물을 본받지 말라는 말씀입니다. 왜냐하면 이 세대들은 예수님의 말씀과 같이 땅의 소득으로 드리는 십일조는 복을 받기 위한 욕심으로 열심히 드리고 있지만 그보다 더 중요한 온전한 십일조, 즉 자신이 성령과 진리로 거듭나서 자기 몸을 산 제물로 드리려고 하지 않기 때문입니다.

하나님께서 말라기서를 통하여 너희가 온전한 십일조를 드릴 때 하늘 문을 열고 창고가 넘치도록 복을 부어 주신다는 말씀은 너희 자신을 하나님께 산 제물로 드릴 때 영원한 하나님의 생명을 주신다는 말씀입니다. 이렇게 하나님께서 약속하고 계신 신령한 복은 예수님을 통하여 사도들이 받은 것인데 이 복은 땅에서 썩어 없어질 육신의 복이 아니라 하나님의 생명, 즉 차고 넘치는 생명의 말씀을 말합니다.

그런데 제사장들이나 목회자들이 영적인 말씀의 무지와 욕심 때문에 하늘의 신령한 복을 땅의 썩어 없어질 복으로 바꾸어 교인들을 미혹하면서 자신의 욕심을 채우고 있는 것입니다. 예수님께서 제사장들에게 너희가 바로 양을 늑탈하는 이리요 강도라고 말씀하신 것은 바로 이러한 이유 때문입니다. 오늘날 목회자들이 교인들에게 내라고 하는 헌금의 종류가 얼마나 많습니까? 건축헌금, 선교헌금, 신방헌금, 생일헌금, 구역헌금, 작정헌금, 감사헌금, 각종 절기헌금, 이사헌금, 취업헌금, 득남헌금 등 헌금의 종류가 하도 많아서 일일이 나열할 수 조차 없습니다. 그런데 이러한 헌금들은 하나님께서 하라고 명하신 것이 아니라 사람들, 즉 목회자들이 교회의 수입을 증대시키기 위하여 만들어 낸 것입니다. 그런데도 불구하고 교인들이 아무런 불평

없이 헌금을 내는 것은 믿음이 좋기 때문이 아니라 하나님께 많은 복을 받으려는 욕심 때문입니다. 그러므로 하나님의 백성들이 수 많은 헌금들을 하나님께 열심히 드리고 있지만 아직까지 창고에 쌓을 곳이 없도록 넘치는 복을 받은 사람은 없는 것입니다.

그러나 하나님께서 말씀하시는 영적인 십일조를 온전히 드린다면 지금도 하나님은 반드시 하늘 문을 열어 창고(마음)에 쌓을 곳이 없도록 하늘의 신령한 복을 넘치도록 부어 주십니다. 그런데 안타깝게도 오늘날 기독교인들도 가인이나 유대인들과 같이 세상욕심 때문에 아벨이나 예수님께서 드리는 온전한 십일조를 드리지 못하고 있는 것입니다. 오늘날 기독교인들이 하나님의 받으시는 온전한 십일조나 헌물을 드리지 못하는 또 하나의 이유는 오늘날 양(진리)과 기름(성령)을 소유하고 있는 하나님의 아들, 즉 하나님의 생명으로 거듭난 하나님의 아들이 없기 때문입니다.

그러므로 오늘날 기독교인들은 성령과 진리로 산 제사를 드릴 수 있는 하나님의 아들이 다시 오기를 기다리고 있는 것입니다. 그런데 불행하게도 기독교인들은 하나님의 아들이 다시 오시거나 아니면 지금 하나님의 아들이 오셔서 계신다해도 가인과 같이 또는 유대인들과 같이 하나님의 아들들을 돌로 쳐죽이고 십자가에 못 박아 죽인다는 것입니다. 왜냐하면 하나님의 아들들은 유대인들이나 오늘날 기독교인들이 땅의 소산으로 드리는 헌물이나 예배를 인정하지 않고 있기 때문입니다.

(요한복음 4장 19절-24절) "여자가 가로되 주여 내가 보니 선지자로소이다 우리 조상들은 이 산에서 예배하였는데 당신들의 말은 예

배할 곳이 예루살렘에 있다 하더이다 예수께서 가라사대 여자여 내 말을 믿으라 이 산에서도 말고 예루살렘에서도 말고 너희가 아버지께 예배할 때가 이르리라 너희는 알지 못하는 것을 예배하고 우리는 아는 것을 예배하노니 이는 구원이 유대인에게서 남이니라 아버지께 참으로 예배하는 자들은 신령(성령)과 진정(진리)으로 예배할 때가 오나니 곧 이 때라 아버지께서는 이렇게 자기에게 예배하는 자들을 찾으시느니라 하나님은 영이시니 예배하는 자가 신령(성령)과 진정(진리)으로 예배할찌니라."

상기의 말씀은 수가성 우물가의 여인과 예수님과의 대화입니다. 상기의 말씀은 유대인들이나 오늘날 기독교인들에게 많은 충격을 주고 있습니다. 왜냐하면 예수님은 위의 말씀과 같이 유대인들이나 사마리아인들이 예배 드리고 있는 성전(교회)을 인정하지 않고 있기 때문입니다. 예수님께서 건물성전을 인정하지 않는 이유는 구원은 오직 유대인, 즉 하나님의 아들에 의하여 이루어지는 것이지 건축물인 성전이나 교회가 구원을 시키는 것이 아니기 때문입니다.

이 말은 하나님의 백성들을 구원시키는 것은 건물성전이나 교회가 아니라 사람이신 예수님이라는 것입니다. 왜냐하면 예수님, 즉 하나님의 생명으로 거듭난 하나님의 아들들만이 진정한 성전이요 교회로서 죽은 영혼들을 살릴 수 있기 때문입니다. 그러므로 성경에서 하나님의 생명으로 거듭난 자들을 성령이 거하시는 하나님의 교회요 거룩한 성전이라 말씀하는 것입니다. 이어지는 말씀에 하나님께 참으로 예배하는 자들은 신령과 진정으로 드리라고 말씀하시는데 원문성경에는 신령(성령)과 진정(진리)이 분명히 "성령($\pi\nu\varepsilon\hat{u}\mu\alpha$-푸뉴마)"과 "진리

($\alpha\lambda\dot{\eta}\theta\epsilon\iota\alpha$-알레데이아)"로 기록되어 있습니다. 결국 하나님께서 받으시는 예배를 드리려면 아벨과 같이 양(진리)과 기름(성령)으로 드려야 한다는 것입니다. 왜냐하면 하나님은 영이시기 때문에 성령과 진리로 드리는 예배만을 받으시기 때문입니다.

그러므로 오늘날 수 많은 하나님의 백성들이 교회에서 땅의 소산으로 십일조를 드리며 예배를 열심히 드리고 있지만 하나님은 혹시나 성령과 진리로 예배하는 자들이 있는가 해 지금도 찾고 계신다는 것입니다. 그러므로 오늘날 기독교인들도 가인이 드리는 제사와 헌물에서 벗어나 아벨이나 예수님이 드리는 예배와 온전한 십일조를 드려야 합니다. 그러나 아직 아벨의 제사나 제물을 드릴 준비가 되어있지 않은 자들은 가인과 같이 땅의 소산으로 드리는 제사나 제물이라도 열심히 드려야 합니다. 왜냐하면 땅의 십일조를 드린 자들이 결국 하나님의 생명으로 거듭나서 영적인 십일조를 드릴 수 있기 때문입니다. 그러면 하나님께 드리는 온전한 십일조와 헌물은 무엇을 말하며 하나님이 기뻐 받으시는 예배는 어떻게 드려야 하는가를 보다 구체적으로 살펴보기로 하겠습니다.

하나님께서 말씀하시는 온전한 십일조는 하나님의 아들로 거듭난 생명을 말하며 헌물은 하나님의 생명으로 거듭나기 전에 자신을 부분적인 제물로 드리는 것을 말합니다. 열왕기상 3장에 솔로몬이 그의 아버지 다윗이 지으려고 했던 하나님의 성전을 짓기를 기다리며 하나님께 일천 번제를 드린 것을 볼 수 있습니다. 솔로몬이 천번의 제사를 드린 목적은 하나님의 지혜를 얻는 것과 하나님의 성전을 완성시키는 것이었습니다. 솔로몬이 하나님께 일천번의 제사를 드린 이유는 제사를 일천번 드릴 때 솔로몬 안에 영적인 하나님의 성전이 완성되기 때문입니다.

즉 솔로몬이 하나님의 성전을 지으려면 하나님께 산 제사를 일천번 드려야 완성된다는 말입니다. 결국 솔로몬안에 하나님의 성전이 완성되었다는 것은 결국 하나님의 아들로 거듭났다는 말입니다.

　이렇게 일천번의 제사를 드려 하나님의 아들로 거듭난 솔로몬은 자기 자신을 하나님께 번제로 드린 것인데 산 제물로 드린 솔로몬 자신이 바로 온전한 십일조라는 말입니다. 결국 온전한 십일조(1000번째)는 하나님의 생명으로 거듭난 솔로몬 자신이요, 헌물은 솔로몬이 하나님의 아들로 거듭날 때까지 몸(마음)의 일부를 날마다(999번)제물로 드린 것을 말합니다. 이와 같이 온전한 십일조는 단번에 완성이 되는 것이 아니라 날마다 부분적으로 조금씩 드리는 헌물에 의해서 완성되어지는 것입니다. 즉 하나님께서 받으시는 영적인 십일조와 헌물은 물질이 아니라 하나님의 백성들이 말씀으로 변화된 마음을 말합니다.

　그러나 땅에 속한 자들이 영적인 십일조나 헌물을 드리려면 먼저 땅의 소득으로 드리는 십일조도 열심히 드려야 합니다. 왜냐하면 하나님의 생명으로 거듭나기 전, 즉 아직 육신에 속해 있는 자들은 가인과 같이 땅의 십일조를 드리지 않고는 절대로 영적인 십일조를 드릴 수가 없기 때문입니다. 하나님의 백성들이 처음에 신앙생활을 시작하는 곳은 애굽인데 애굽의 신앙은 교리를 중심으로 한 기복신앙입니다. 기복신앙이란 하나님을 믿는 목적이 영혼의 구원이나 하나님의 생명으로 거듭나려는 것보다 육신의 복을 받아서 이 세상에서 잘 살려고 하는 신앙생활을 말합니다. 그러므로 애굽의 신앙인들이 교회에 십일조나 헌금을 드리는 목적은 대부분이 세상적인 육신의 복을 받으려는 것입니다.

이렇게 애굽교회(세상교회)의 교인들이 앞을 다투어 십일조 헌금을 내는 이유는 목사님들이 십일조를 내면 하나님께서 하늘 문을 열고 창고가 넘치도록 복을 주신다는 말씀과 또한 헌금을 내면 하나님께서 삼십배, 육십배, 백배 혹은 천배, 만배로 갚아 주신다고 큰소리치며 기도를 해주기 때문입니다. 이러한 현상들은 오늘날 목회자들이나 교인들 안에 깊이 자리잡고 있는 욕심 때문에 나타나는 것입니다. 그러므로 오늘날 목회자들은 말씀을 전하기 전에 욕심부터 버려야하며 그리고 하나님의 뜻과 말씀에 대한 영적인 뜻을 알 수 있도록 모두 힘써야 합니다. 왜냐하면 교인들이 죽고 사는 것과 천국으로 가고 지옥으로 가는 것이 모두 목회자들이 전하는 말씀에 달려있기 때문입니다.

예수님께서 이 세상에는 생명으로 인도하는 참목자는 적고 멸망으로 인도하는 거짓선지자와 삯군목자는 많다고 말씀하신 것은 바로 이러한 이유 때문입니다. 이상의 말씀과 같이 십일조는 영적인 온전한 십일조가 있고 부분적이고 육신적인 십일조가 있습니다. 그런데 하나님의 백성들의 관심은 대부분이 온전한 십일조보다 육신적인 십일조에 있다는 것입니다. 그 이유는 하나님의 생명으로 거듭나 천국을 가는 것보다 이 세상에서 잘 살려는 욕심 때문입니다. 그러나 하나님은 욕심을 버리지 않고는 절대로 천국에 들어가지 못한다고 말씀하고 있습니다. 하나님의 뜻대로 하는 신앙생활은 욕심을 채우는 것이 아니라 자기 안에 있는 욕심을 모두 버리는 것입니다.

그러므로 하나님의 백성들이 천국을 가려면 지금부터라도 하나님의 말씀을 통해서 자신 안에 들어있는 욕심들을 하나하나 내려 놓아야 합니다. 이렇게 자신 안에 있는 욕심을 날마다 버릴 때 하나님의 마음으로 변화되어 가는 것입니다. 이러한 신앙생활이 바로 로마서 12장에서 말씀하시는 하나님이 기뻐 받으시는 거룩한 산 제사를 드리는 것입니다. 하나님께서는 하나님의 백성들에게 너희가 이 세상을 살아가면서 무엇을 심든지 그대로 거두게 된다고 말씀하십니다.

(갈라디아서 6장 6절-9절) "가르침을 받는 자는 말씀을 가르치는 자와 모든 좋은 것을 함께 하라 스스로 속이지 말라 하나님은 만홀이 여김을 받지 아니하시나니 사람이 무엇으로 심든지 그대로 거두리라 자기 육체를 위하여 심는 자는 육체로부터 썩어진 것을 거두고 성령을 위하여 심는 자는 성령으로부터 영생을 거두리라 우리가 선을 행하되 낙심하지 말찌니 피곤하지 아니하면 때가 이르매 거두리라."

상기의 말씀은 사람이 무엇으로 심든지 그대로 거두게 된다는 하나님의 공의를 말씀하고 있습니다. 즉 육체를 위하여 심는 자는 육체로부터 썩어진 것을 거두고 성령을 위하여 심는 자는 성령으로부터 영생을 거두게 된다는 말씀입니다. 하나님의 백성들은 신앙생활을 하면서 모두 나름대로 무엇인가를 날마다 열심히 심고 있습니다. 그러나 추수하는 심판의 때에는 예외 없이 자신이 심은 것을 거두게 됩니다. 즉 오늘 내가 무엇을 심느냐에 따라서 그 결과가 그대로 나타난다는 말입니다.

그러므로 신앙생활은 믿기만 하면 되는 것이 아니라 무엇을 어떻게 심느냐가 중요합니다. 그런데 아무것도 심지 않고 무조건 예수를 믿기만 하는 자들은 영적인 복은 물론 육신의 복도 받지 못합니다. 이렇게 육신의 복도 심을 때만이 거두게 되듯이 물질의 십일조도 열심히 드릴 때 물질의 복도 받게 되는 것입니다. 그러나 육신의 복을 아무리 많이 받는다 해도 영적인 하늘의 복을 받지 못하면 결국 지옥으로 가게 되는 것입니다. 그러므로 하늘의 신령한 복을 받아서 천국으로 들어가려면 이 세상 사는 동안에 생명의 말씀을 소유하고 있는 참목자를 찾아서 그의 가르침에 따라서 열심히 신앙생활을 해야 합니다.

이렇게 참목자가 주는 생명의 말씀을 먹으며 자신 안에 들어 있는 욕심을 하나하나 버리고 날마다 하나님의 마음으로 변화된다면 반드시 하나님의 아들로 거듭나서 천국에 이르게 될 것입니다.

이 글을 읽으시는 모든 분들은 하나님이 원하시는 헌물과 온전한 십일조를 하나님께 드려서 창고에 쌓을 곳이 없도록 부어주는 하늘의 신령한 복을 받아서 모두 천국에 이르기를 기원하는 바입니다.

안다는 것

당신을 위해서
무엇을 할 수 있다는 것이
얼마나 교만했던 마음인가
오직 당신을 위하여
할 수 있다는 것은
당신의 사랑을 아는 것 외에는
아무 것도 할 수가 없었고

당신을 안다는 것이
자랑거리가 되어
이야기 하며
당신을 기억하며
살아가고 있습니다

당신이 사랑하신
사랑만을 바라보며 살아가는 것이
당신을 위해서 할 수 있는 일일 뿐
당신의 뜨거운 사랑에 묻혀서
영원한 안식에서 쉬고 싶습니다.

하늘에서 온 그리스도의 열여섯 번째 편지
(예수님의 탄생 비밀)

　오늘날 이 세상에는 약 20억이나 되는 기독교인들이 예수를 믿고 있습니다. 그런데 이들 중에 예수를 알고 있는 사람이 얼마나 될까 하는 생각을 해봅니다. 왜냐하면 예수를 믿는 자들과 예수를 알고 있는 자들은 전혀 다르기 때문입니다. 예수를 믿고 있는 자들은 지금 실존하는 예수가 없고 예수에 대해서도 잘 모르기 때문에 믿고 있는 것이며 예수를 아는 자들은 실존하는 예수와 함께 살면서 예수를 직접 보고, 듣고, 손으로 만질 수 있기 때문에 안다고 말하는 것입니다. 즉 유대인들은 오실 메시야를 믿고 있었던 자들이며 예수님의 제자들은 예수와 함께 살고 있었기 때문에 메시야를 알고 있었던 자들입니다.
　그러므로 오늘날 기독교인들은 예수를 믿는 것이 중요한 것이 아니라 예수에 대해서 아는 것이 중요한 것입니다. 왜냐하면 오늘날 기독교인들도 예수님을 확실하게 모르면 유대인들처럼 예수님이 지금 자신 앞에 와 있어도 모르고 배척할 수밖에 없기 때문입니다. 그러므로 오늘날 기독교인들은 다른 것은 모른다 해도 예수님의 실체에 대해서 분명하게 알아야 합니다.
　그런데 오늘날 기독교인들이 예수를 알 수 있는 길은 오직 성경 밖에 없다는 것입니다. 그러므로 지금부터 마태복음 1장을 통해서 예수님이 탄생하게 된 과정과 예수님의 실체에 대해서 알아보기로 하겠습니다.

신약성경에 처음 등장되는 마태복음은 예수님의 제자 마태가 예수님으로부터 듣고 보고 체험하면서 자신 안에 이루어진 사실들을 기록한 것입니다. 그런데 마태복음 1장은 놀랍게도 마태가 예수님을 만나기 이전의 세대와 마태가 보지도 못한 예수님의 출생까지 자세히 기록하고 있다는 것입니다. 이것은 예수님에게 일어났던 사실들이 마태에게도 이루어졌기 때문이며 또한 성령의 감화 감동이 있었기 때문에 가능한 일입니다. 창세기 1장에 하나님의 뜻과 성경의 모든 비밀이 감추어져 있듯이 마태복음 1장에도 예수님의 뜻과 성경의 비밀들이 모두 감추어져 있습니다. 그러므로 마태복음 1장을 잘 이해한다면 성경에 감추어져 있는 수많은 영적인 비밀들을 알게 될 것입니다.

　　마태복음 1장 1절은 아브라함과 다윗의 자손 예수그리스도의 세계라고 기록되어 있습니다. 그런데 "세계"라고 번역된 단어는 원어로 "비블로스($\beta\iota\beta\lambda os$)"로 기록되어 있으며 뜻은 책이라는 뜻입니다. 그리고 마태복음 1장은 모두 낳고 낳고로 이어져 예수님의 출생에 대한 근원을 기록하고 있습니다. 그러므로 마태복음 1장 1절은 예수그리스도의 세계라는 뜻보다 예수님이 출생하기까지의 과정을 기록한 출생록, 즉 족보라는 뜻입니다.

　　문제는 오늘날 기독교인들이 예수님은 성령으로 잉태한 하나님의 아들이라 믿고 있는데 상기의 말씀은 예수님을 하나님의 아들이라 하지 않고 다윗의 자손(아들)이라 말씀하고 있다는 것입니다. 그리고 성경의 많은 부분에서 예수님 자신도 인자, 즉 사람의 아들이라 말씀하고 있습니다. 인자란 원어로 "안드로포스 휘오스($\alpha\nu\delta\rho o\phi os\ \upsilon\iota os$)"라는 단어로 뜻은 사람의 아들 혹은 남자의 아들이라는 말입니다. 성령으로 잉태하여 하나님의 아들로 태어나셨다는 예수님을 그의 형제들이나 친구 혹은 친척이나 이웃사람들이 30세가 되도록 예수가 하나님의 아들이나 세상에 오신 구원자라는 것을 전혀 모르고 있었던 것은 예수님도 우리와 같이 평범한 사람으로 태어나셨다는 것을 말해 주는 것입니다. 그런데 오늘날 기독교인들이 예수님은 사람의 씨를 받지 않은 처녀의 몸에 성령으로 육신이 잉태되어 여자(마리아)가 낳은 아들이라 믿고 있습니다. 그러나 이 세상에 존재하는 모든 동물들은 수컷의 씨에 의해서 잉태되도록 하나님께서 정하신 법이며 질서입니다.

그러므로 마태복음의 계보에 아이를 낳은 자가 모두 남자로 기록되어 있는 것입니다. 그런데 남자들의 족보에 여자 다섯이 기록되어 있는 것을 볼 수 있습니다. 그러나 이 여자들도 모두 남자의 씨를 받아 아이를 낳은 것입니다. 왜냐하면 유다가 다말을 통해서 베레스와 세라를 낳고 살몬은 라합에게서 보아스를 낳고 보아스는 룻에게서 오벳을 낳고 다윗은 우리야의 아내에게서 솔로몬을 낳은 것입니다. 이와 같이 요셉은 마리아에게서 예수를 낳은 것입니다. 그런데 성경 기록자가 요셉이라는 이름을 누락시켜 마리아가 예수를 낳은 것처럼 기록한 것입니다. 예수님이 육신의 씨를 받고 태어났다는 것은 로마서 1장 2절 이하의 말씀에 분명히 기록되어 있습니다.

(로마서 1장 2절-4절) "이 복음은 하나님이 선지자들로 말미암아 그의 아들(예수)에 관하여 성경에 미리 약속하신 것이라. 이 아들(예수)로 말하면 육신으로는 다윗의 혈통(씨)에서 나셨고 성결의 영으로는 죽은 가운데서 부활하여 능력으로 하나님의 아들로 인정되셨으니 곧 우리 주 예수 그리스도시니라."

상기의 말씀에 예수님의 육신은 다윗의 혈통에서 태어나셨고 예수님의 영(성령)은 하나님의 능력으로 죽은 자 가운데서 부활(거듭남)되어 하나님의 아들로 인정되신 것이라 말씀하고 있습니다. 그런데 혈통이라는 단어는 원문에 "스페르마(σπερμα)"로 기록되어 있으며 뜻은 "씨"입니다. 즉 예수는 다윗의 씨에 의해서 육신이 태어나셨다는 말입니다. 그리고 예수님의 영혼은 하나님의 능력으로 죽은 자 가운데서 부활(성령의 잉태)하여 하나님의 아들로 인정이 되신 것입니다. 이 때문에 예수님께서 "육으로 난 것은 육이요, 성령으로 난 것은 영"이라고 말씀하신 것입니다.

이 말씀은 육신은 육을 낳고 성령이 영을 낳는 것이지 육이 영을 낳거나 영이 육을 낳을 수 없다는 뜻입니다. 죄가 전혀 없다는 예수님께서 30세가 되던 해에 요단강으로 나아가 세례요한에게 세례를 받은 것은 예수님도 죄가 있었다는 것과 육으로 낳았다는 것을 증명하고 있는 것입니다. 이와 같이 예수님께서 세례를 받을 때 하늘 문이 열려 성령이 임하게 되었고 이때 하나님께서 이는 내 사랑하는 아들이라 인정을 하신 것입니다. 이것은 마태복음 1장에 주의 사자가 나타나서 말씀하신 성령의 잉태는 예언이고 예수님께서 실제 성령으로 잉태되어 하나님의 아들로 거듭난 시점은 30세라는 것을 말해 주고 있는 것입니다.

구원자로 오신 예수님께서 세례를 받기 전, 즉 30년의 기나긴 세월동안 구원의 사역을 하지 못했던 것은 예수님이 아직 성령으로 거듭나지 못했기 때문입니다. 이 때문에 예수님께서 30세에 요단강에서 세례를 받고 하나님의 아들로 거듭난 후에 비로소 "회개하라 천국이 가까이 왔다"고 외치시면서 구원의 사역을 하시게 된 것입니다. 예수님도 세례를 받기 전에는 우리와 같은 죄인이었다는 것을 이미 이사야 선지자를 통해서 예언하고 있습니다.

(이사야 7장 14절-16절) "그러므로 주께서 친히 징조로 너희에게 주실 것이라 보라 처녀가 잉태하여 아들을 낳을 것이요 그 이름을 임마누엘이라 하리라 그가 악을 버리며 선을 택할줄 알 때에 미쳐 뻐터와 꿀을 먹을 것이라 대저 이 아이가 악을 버리며 선을 택할 줄 알기 전에 너의 미워하는 두 왕의 땅이 폐한 바 되리라."

이사야 선지자는 처녀의 몸에서 임마누엘 예수가 잉태한다는 것을 분명하게 예언하고 있습니다. 그런데 상기의 말씀에서 예수님도 어린 시절에는 악이 있었다는 것을 분명하게 말하고 있습니다. 이렇게 예수 안에 있는 악, 즉 예수님도 죄가 있기 때문에 선한 의인이 될 때까지 뻐터와 꿀을 먹어야 하며 또한 예수님의 미워하는 두 왕, 즉 자신 안에 들어있는 애굽의 왕과 광야의 왕을 모두 제거해야 한다고 말씀하고 있습니다. 이 말은 예수 안에 들어있는 죄(악)가 뻐터와 꿀, 즉 생명의 말씀을 먹어야 깨끗하게 소멸되어 처녀의 몸과 같이 깨끗하게 된다는 것이며, 이렇게 예수의 몸이 정결한 처녀와 같이 되었을 때 성령이 잉태되어 하나님의 아들로 거듭난다는 뜻입니다.

그런데 안타깝게도 오늘날 기독교인들이 상기의 말씀에 처녀의 몸에서 예수가 잉태한다는 말씀은 보고 믿으면서 예수에게 악, 즉 죄가 있다는 말씀은 보지도 않고 믿지도 않고 있는 것입니다. 그 이유는 기독교인들이 사람이 만든 교리나 신화적 예수는 전적으로 믿지만 하나님의 말씀은 선별해서 믿고 있기 때문입니다. 그러나 하나님은 하나님의 말씀을 조금이라도 더

하거나 빼면 멸망하게 된다고 말씀하고 있습니다. 그럼에도 불구하고 기독교에서 예수를 신화적 우상으로 섬기려 하기 때문에 예수가 육신의 씨에 의해서 탄생되었다는 것이나 예수도 우리와 같은 죄와 악이 있었다는 것은 전적으로 부인하며 배척을 하고 있는 것입니다.

그러면 기독교회들은 예수가 아기일 때 할례를 받은 것이나 장성하여 30세에 요단강에서 세례요한에게 세례를 받은 것도 모두 부인을 해야 할 것입니다. 왜냐하면 할례나 세례는 죄인들만 받는 것이며 의인들, 즉 하나님의 아들들은 세례나 할례를 받아서는 안되기 때문입니다. 이와 같이 하나님은 마태복음과 이사야서를 통해서 예수님이 성령으로 잉태하기 전의 실체와 성령으로 잉태하기까지의 과정을 자세히 말씀하고 있습니다.

그런데도 불구하고 오늘날 기독교인들은 지금까지 내려오는 전통과 교리에 가려져 있어 말씀을 날마다 보면서도 예수님의 실체를 보지 못하고 있는 것입니다. 마태복음 1장에 기록된 예수님의 실체와 출생과정이 무엇보다 중요한 것은 오늘날 기독교인들도 예수님과 같은 하나님의 아들로 거듭나려면 예수님과 같은 출생의 과정을 모두 거쳐야 하기 때문입니다. 그러므로 하나님의 백성들이라면 반드시 마태복음을 통해서 예수님의 실체와 출생의 과정을 분명하게 알아야 합니다.

(마태복음 1장 16절-17절) "야곱은 마리아의 남편 요셉을 낳았으니 마리아에게서 그리스도라 칭하는 예수가 나시니라 그런즉 모든 대수(예수가 되기까지)가 아브라함부터 다윗까지 열네 대요 다윗부터 바벨론으로 이거할 때까지 열네 대요 바벨론으로 이거한 후부터 그리스도까지 열네 대러라."

상기의 말씀은 믿음의 조상 아브라함이 예수가 되기까지의 과정과 대수를 14대, 14대, 14대로 나누어 총 42대로 말씀하신 것입니다. 이 말은 하나님의 아들로 태어나려면 이 세상에서 마흔 두번의 윤회(죽고 다시 태어남)를 거쳐야 하나님의 아들로 태어날 수 있다는 말입니다.

　이렇게 오늘날 기독교인들이 하나님의 아들이 되려면 첫째, 믿음의 조상 아브라함과 같이 갈대아 우르(우상의 도시)를 떠나 애굽으로 들어가서 14대 동안 오직 믿음으로 신앙생활을 하면서 다윗과 같은 이스라엘의 왕(바로 왕)이 되어야 하며 둘째, 다윗과 같은 왕이 되면 안하무인과 같이 교만해지는데 이 왕은 바벨론(광야)포로로 잡혀가 14대 동안 모든 굴욕을 참아가며 종(율법의 종)노릇을 해야 왕의 존재, 즉 교만한 자아가 모두 죽게 되는 것입니다. 셋째, 바벨론의 포로생활을 통해서 자신의 육적 존재(세상의 욕심)와 혼적 존재(광야의 율법)가 모두 죽게 되면 요단강을 건너 가나안 땅으로 들어가 다시 14대가 지나야 하나님의 아들(진리의 영)로 거듭나게 되는 것입니다. 이렇게 하나님의 아들이 탄생하려면 애굽에서 14대, 광야에서 14대, 가나안에서 14대 모두 42대의 과정을 마쳐야 하나님의 아들로 거듭날 수 있는 것입니다.

　그런데 오늘날 기독교인들은 당대에 그보다 예수를 믿는 즉시 하나님의 아들이 된다고 말하고 있습니다. 이것은 기독교회들이 교리로 만들어낸 이신칭의 구원관 때문입니다.

　그러나 하나님께서 말씀하시는 구원과 생명의 길은 상기의 말씀과 같이 아주 멀고 험난한 길입니다. 예수님께서 생명의 길이 좁고 협착하여 찾는 사람조차 없다고 말씀하신 것은 바로 이 때문입니다. 구약성경은 모두 예수님의 오심을 예언하고 있으며 신약성경은 예수님의 탄생과 구원하신 행적을 기록하고 있는 것도 바로 이러한 이유 때문입니다. 이와 같이 18절 이하에 주의 사자가 꿈에 마리아에게 나타나 성령이 잉태되어 아들을 낳게 된다고 하신 말씀은 예언이며, 이 예언이 예수님에게 실제로 성취되어 하나님의 아들이 되신 시점은 30세에 요단강에서 세례요한으로부터 세례를 받은 때입니다.

왜냐하면 예수님께서 세례를 받을 때 하늘이 열렸고(영안이 열림), 비둘기 같은 성령이 임하셨고(성령의 잉태), 이때 비로소 하나님께서 이는 내 사랑하는 아들이요 내가 기뻐하는 자라고 말씀하셨기 때문입니다. (마태복음 3장 16절 이하)

예수님께서 하나님의 백성들을 죄 가운데서 구원하기 위하여 구원자로 오셨지만 30세가 되도록 아무 사역도 하시지 못하고 침묵만 하고 계시다가 30세에 세례를 받고 난 후에야 하나님의 구원의 사역을 하시게 된 것은 바로 이러한 이유 때문이었습니다. 그럼에도 불구하고 오늘날 기독교인들이 예수님께서 사람의 씨를 받지 않고 성령으로 육신이 잉태되었다고 주장하는 성경적 근거는 마태복음 1장 18절과 24절-25절의 말씀 때문입니다.

(마태복음 1장 18절) "그 모친 마리아가 요셉과 정혼하고 동거하기 전에 성령으로 잉태된 것이 나타났더니."

(마태복음 1장 24절-25절) "요셉이 잠을 깨어 일어나서 주의 사자의 분부대로 행하여 그 아내를 데려 왔으나 아들을 낳기까지 동침치 아니하더니 낳으매 이름을 예수라 하니라."

18절의 말씀에 마리아가 요셉과 정혼하고 동거하기 전에 성령으로 잉태되었다는 것은 성령으로 아기가 임신이 되었다는 뜻이 아니라 마리아가 성령(은사)을 소유하고 있었다는 뜻입니다. 왜냐하면 성령으로 잉태되었다고 번역된 문장 "엔 가스트리 에쿠사 엑크 푸뉴마토스 하기우(εν γαστρι ἔχουσα ἐκ πνεύματος ἁγίου)"는 마리아 배 안에 아기를 가졌다는 뜻이 아니라 마리아 안에 "성령을 가지고 있었다"는 뜻이기 때문입니다.

　　요즈음도 보수 신앙인들은 기도를 할 때나 기도원에서 갑자기 성령이나 악령 받은 자들을 두려워하여 멀리하거나 이단시하며 교제를 끊는 경우도 종종 있습니다. 이와 같이 예수님 당시에도 마리아와 정혼한 의로운 요셉은 마리아가 받은 성령을 악령으로 오해하고 파혼을 하려고 한 것입니다. 이렇게 상기의 말씀은 요셉이 마리아가 성령으로 아기를 임신하여 파혼을 하려 하였다는 뜻이 아닙니다. 그러므로 주의 천사가 요셉에게 꿈에 나타나 마리아가 받은 영은 악령이 아니라 성령이니 무서워하지 말고 데려 오라고 말을 한 것입니다.

　　25절의 말씀에 요셉은 마리아가 아들을 낳기까지 동침을 하지 않았다고 말하고 있는데 이 말씀 역시 요셉과 마리아가 아들을 낳기까지 잠자리를 같이 하지 않았다는 뜻이 아닙니다. 헬라어에 동침이라는 단어는 "기노스코(γινωσκω)"로 히브리어의 "야다(יָדַע)"라는 단어와 동일하며 뜻은 "동침하다"라는 의미도 있지만 주로 "알다"라는 뜻으로 사용하고 있습니다. 그러므로 상기의 말씀은 요셉이 아들을 낳기까지 마리아와 동침하지 않았다는 뜻이 아니라 마리아가 아기를 낳기까지 마리아가 받은 영이 성령인지 악령인지를 알 수 없었다는 뜻입니다.

　　요셉이 마리아 안에 있는 영이 악령이 아니라 성령이었다는 것은 예수가 하나님의 아들로 거듭남으로 말미암아 확실히 알게된 것입니다. 오늘날 기독교인들도 기도생활을 열심히 하는 사람들 가운데 성령이나 은사를 받았다는 사람들이 많이 있습니다.

이렇게 성령을 받았다고 모두 좋아하지만 말씀의 거울에 비추어보면 악령, 즉 귀신의 영이 대부분입니다. 왜냐하면 그 입에서 나오는 말이 진리의 영이 아니며 그 열매도 하나님이 기뻐하시는 열매가 아니기 때문입니다. 성령을 받은 자들은 예수님과 같이 그 입에서 생명의 말씀이 나와야 하며 또한 그 말씀으로 죄인들의 죄를 모두 사해주고 하나님의 아들로 거듭나게 할 수 있어야 합니다.

만일 죄인들의 죄를 사해줄 수 없다거나 죽은 영혼을 일으켜 살릴 수 없다면 자신이 받은 영이 성령이 아니라 귀신의 영이라는 것을 알아야 합니다. 왜냐하면 예수님이나 성령으로 거듭난 사도들은 모두 죄인들의 죄를 사해주고 죽은 영혼을 살렸기 때문입니다. 이러한 일들은 예수님이나 사도들뿐만 아니라 오늘날 기독교인들도 성령으로 거듭나서 하나님의 아들이 된다면 누구나 할 수 있는 일들입니다. 하나님께서 마태복음 1장을 통해서 예수님의 육신의 잉태와 성령으로 거듭나는 모든 과정을 우리에게 자세히 말씀하신 이유는 오늘날 기독교인들도 하나님의 아들로 거듭나려면 상기와 같은 과정을 통과해야 하나님의 아들로 거듭날 수 있다는 것을 보여주시는 것입니다.

성경에 아브라함이 갈대아 우르를 떠나 가나안 땅을 찾아간 것이나 이스라엘 백성들이 애굽에서 나와 광야를 통과하여 가나안 땅으로 들어간 것은 모두 하나님의 아들로 거듭나는 과정을 말씀하고 있는 것입니다. 이와 같이 오늘날 기독교인들도 하나님의 아들로 실제 거듭나려면 상기와 같은 신앙의 과정들을 모두 통과해야 하는 것입니다.
 그러므로 오늘날 기독교인들은 예수를 믿기만 하면 모두 하나님의 아들이 된다는 거짓선지자와 삯군목자들의 말만 믿지 말고 하루속히 멸망의 길에서 벗어나 상기와 같이 좁고 협착한 생명의 길을 찾아가야 합니다.
 이 길은 예수님의 말씀과 같이 자신을 부인하고 자기 십자가를 지고 걸어가는 길입니다.

하늘에서 온 그리스도의 열일곱 번째 편지
(구원받은 우편강도의 믿음)

　오늘날 목회자나 기독교인들이 평생동안 예수를 믿지 않던 불신자라 해도 임종 전 단 5분의 여유만 있어도 예수를 믿는다고 입으로 시인만하면 구원을 받아 천국에 갈 수 있다고 주장을 하는 성경적 근거는 바로 십자가 우편에 달린 강도의 믿음 때문입니다. 이 때문에 하나님께서 오늘날 기독교인들에게 구원받은 우편강도의 믿음에 대해서 말씀해 주시는 것입니다.

　오늘날 예수를 믿고 있는 기독교인들은 어느 누구를 막론하고 하나님을 아버지라고 부르고 있습니다. 하나님을 아버지라고 부르고 있는 것은 곧 자신이 하나님의 아들이라는 말입니다. 그런데 하나님이 자신을 언제, 어떻게 낳았는지 그리고 어떤 과정을 통해서 아들이 되었는지를 확실하게 알고 있는 사람은 별로 없습니다. 단지 목사님이 예수를 믿는 자는 모두 하나님의 자녀들이라는 말씀을 믿고 하나님을 아버지라고 부르고 있는 것입니다. 그보다 기독교인들은 하나님을 모두 아버지라고 부르니까 자신도 따라서 하나님을 아버지라 부르고 있는 것입니다.
　그런데 하나님께서는 하나님의 백성들에게 십계명을 통해서 하나님의 이름을 망령되이 부르지 말라고 엄히 명하고 있습니다. 왜냐하면 아직 하나님의 아들로 거듭나지 못한 자들은 하나님의 종이며 피조물로서 하나님의 이름을 함부로 불러서는 안 되기 때문입니다. 그런데 아직 하나님의 아들로 거듭나지 못한 종들이 하나님의 이름을 함부로 부른다던지 혹은 하나님을 아버지라고 부른다면 큰 죄를 범하는 것입니다. 그러므로 아직 거듭나지 못한 종들은 하나님을 주인님, 즉 주님이라 불러야 하는 것입니다. 그런데도 불구하고 오늘날 기독교인들은 하나님을 망령되이 아버지라 부르고 있는 것입니다.

오늘날 기독교인들이 하나님의 아들이라고 주장하는 것은 로마서 1장 17절의 말씀을 근거로 한 이신칭의 교리이며 또 하나는 십자가 우편에 달려 있던 강도의 구원 때문입니다. 이러한 근거로 오늘날 기독교인들은 구원의 과정이나 행위에 관계없이 예수를 믿음으로 구원을 받았고, 입으로 시인하여 모두 하나님의 자녀가 된 것입니다. 그러나 예수님은 이렇게 쉽고 간단하게 구원을 받아 하나님의 아들이 되었다는 자들을 하나님의 아들로 인정을 하지 않을 뿐만 아니라 전혀 알지도 못한다고 말씀하고 있습니다.

성경에 주님께서 나는 너를 도무지 모른다하여 지옥문 앞에서 이를 갈며 슬피 울고 있는 자들은 바로 이런 자들을 말합니다. 이들은 세상 교회에서 예수님의 말씀보다 목사님들의 말을 더 믿고 신앙생활을 했던 자들입니다. 왜냐하면 오늘날 목사님들은 누구나 예수를 믿기만 하면 모두 구원을 받아 천국에 들어간다고 말하지만 예수님께서는 내 아버지의 뜻대로 행한 자들만이 천국에 들어 갈 수 있다고 분명히 말씀하고 있기 때문입니다. 하나님께서는 하나님의 백성들이 구원을 받아 하나님의 아들로 거듭나는 과정을 성경을 통해서 자세하게 말씀하고 있습니다.

즉 어린 아이가 자라서 대학교에 들어가려면 초, 중, 고등학교를 거쳐야 대학으로 들어가는 것과 같이 하나님의 백성들도 구원을 받고 하나님의 아들로 거듭나서 천국으로 들어가려면 하나님께서 정해 놓으신 구원의 과정, 즉 애굽-광야-가나안을 거쳐야 하나님의 아들로 거듭나 천국으로 들어가는 것입니다. 이렇게 예수님께서는 너희가 구원을 받으려면 나를 믿어야 하지만, 영혼이 살려면 내 음성을 직접 들어야하며 하나님의 아들로 거듭나려면 내가 주는 산 떡(생명의 말씀)을 먹어야 한다고 차원적으로 말씀하고 있습니다. 이와 같이 오직 예수를 믿고 있는 자들은 애굽 교회(세상 교회)의 어린아이들이며, 아들의 음성을 듣는 자들은 출애굽을 하여 광야에서 훈련을 받고 있는 청년들이며, 요단강을 건너 젖과 꿀이 흐르는 가나안 땅으로 들어가 생명의 떡(생명의 말씀)을 먹는 자들은 장성한 자들입니다. 이런 과정을 통해서 가나안 땅에 이른 자들이 하나님의 아들이 주는 생명의 말씀(산 떡)을 날마다 일용할 양식으로 먹고 하나님의 아들로 거듭날 때 비로소 하나님을 아버지라 부를 수 있는 것입니다.

 이 때문에 예수님께서 생명의 좁은 길과 멸망의 넓은 길을 말씀하신 것인데, 멸망의 길은 애굽 교회에서 오직 예수를 믿는 믿음 하나로 아주 쉽고 간단하게 천국을 들어가려는 자들의 신앙을 말하며, 생명의 길은 예수님의 말씀과 같이 자신을 부인하고 자기 십자가를 지고 힘들게 걸어가는 길, 즉 애굽-광야-가나안을 통과하여 하나님의 아들로 거듭나는 신앙을 말합니다. 그런데도 불구하고 오늘날 기독교인들이 삯군목자와 거짓선지자들에게 철저히 속고 있는 것은 우편강도의 믿음 때문입니다. 왜냐하면 예수님이 십자가에서 돌아가실 때 우편에 매달려 있던 강도는 예수를 향해 "당신의 나라에 임하실 때 나를 생각 하소서"라는 말 한마디로 예수님과 함께 천국으로 들어갔다고 모두 생각하고 있기 때문입니다.

  이 말씀 때문에 목사님들이 예수를 믿지 않았던 불신자라 해도 운명직전 5분간의 여유만 있어도 모두 구원을 시켜 천국으로 보내고 있는 것입니다. 그런데 오늘날 목사님들이 예수님 우편에 달려 있던 강도가 영적으로 어떤 강도이며 예수님 좌편에 달려 있던 강도는 어떤 강도인지는 전혀 모르고 있는 것입니다.

  이렇게 오늘날 목회자들은 우편강도를 세상의 일반적인 강도로 알고 있으며 또한 우편강도는 유대인들을 동조하며 예수님을 비방하던 좌편강도를 꾸짖고 책망한 마음 좋은 강도로 알고 있을 뿐입니다. 그러나 예수님 좌편과 우편에 달려 있던 강도들은 영적인 비사와 비유로 그 속에는 그리스도의 큰 비밀이 숨겨져 있는 것입니다.

(누가복음 23장 33절-42절) "해골이라 하는 곳에 이르러 거기서 예수를 십자가에 못 박고 두 행악자도 그렇게 하니 하나는 우편에 하나는 좌편에 있더라 이에 예수께서 가라사대 아버지여 저희를 사하여 주옵소서 자기의 하는 것을 알지 못함이니이다 하시더라 저희가 그의 옷을 나눠 제비 뽑을 쌔 백성은 서서 구경하며 관원들도 비웃어 가로되 저가 남을 구원하였으니 만일 하나님의 택하신 자 그리스도여든 자기도 구원할지어다 하고 군병들도 희롱하면서 나아와 신 포도주를 주며 가로되 네가 만일 유대인의 왕이어든 네가 너를 구원하라 하더라 그의 위에 이는 유대인의 왕이라 쓴 패가 있더라 달린 행악자 중 하나는 비방하여 가로되 네가 그리스도가 아니냐 너와 우리를 구원하라 하되 하나는 그 사람을 꾸짖어 가로되 네가 동일한 정죄를 받고서도 하나님을 두려워 아니하느냐 우리는 우리의 행한 일에 상당한 보응을 받는 것이니 이에 당연하거니와 이 사람의 행한 것은 옳지 않

은 것이 없느니라 하고 가로되 예수여 당신의 나라에 임하실 때에 나를 생각 하소서 하니 예수께서 이르시되 내가 진실로 네게 이르노니 오늘 네가 나와 함께 낙원에 있으리라 하시니라."

상기의 말씀을 올바로 이해하려면 먼저 성경에 기록된 모든 말씀과 사건들은 모두 영적인 의미라는 것과 예수님이 하신 말씀도 모두 영적인 뜻이라는 것을 알아야 합니다.

예수님께서 내가 하는 말은 모두 비사와 비유라고 말씀하신 것도 바로 이러한 이유 때문입니다. 그러므로 예수님 좌, 우편에 달려 있던 강도를 단순한 세상의 강도로 보아서는 안된다는 것입니다. 상기의 말씀을 보면 좌편강도는 예수를 못 박은 유대인들과 같이 예수를 비방을 하고 있지만 우편강도는 예수를 비방하는 좌편강도를 심히 꾸짖는 것을 볼 수 있습니다. 그보다 더 중요한 것은 우편강도는 예수님께서 그동안 행하신 일들이 모두 의로운 일이라는 것을 이미 잘 알고 있는 자라는 것입니다.

이렇게 우편강도는 유대인들이나 대제사장들도 모르는 예수님에 대하여 자세히 알고 있는 자입니다. 이것은 예수님 좌, 우편에 달려 있던 강도들은 세상적인 살인 강도가 아니라 영적인 강도들을 비유로 말씀하고 있다는 것입니다. 즉 좌편강도는 하나님의 백성들을 탈취하여 배나 더 지옥자식을 만들고 있는 삯군목자들과 거짓선지자들을 말하며, 우편강도는 예수님과 사도들과 같이 삯군목자들에게 탈취 당한 영혼들을 다시 탈취하여 구원시키고 있는 참목자들을 말하고 있는 것입니다.

이렇게 예수님 좌, 우편에 있는 강도들은 단순한 세상적인 강도가 아니라 영혼들을 미혹하여 멸망으로 인도하고 있는 삯군목자들과 탈취 당한 영혼들을 구원하고 있는 참목자를 비유하여 말하고 있는 것입니다. 이 때문에 우편강도는 예수님을 잘 알고 있었던 것이며 예수님 역시 우편강도를 이미 알고 있었던 것입니다. 예수님께서 이러한 우편강도와 함께 천국으로 들어가는 것은 지극히 당연한 일입니다.

그런데 이러한 영적인 말씀의 의미들을 전혀 모르는 소경 된 목회자들은 우편강도가 십자가에서 순간적으로 예수를 믿고 천국으로 들어갔다고 큰소리치면서 어느 누구나 예수를 믿기만 하면 모두 천국에 들어간다고 교인들을 속이고 있는 것입니다. 이렇게 거짓증거를 하면서 교인들을 멸망으로 인도하고 있는 자들이 바로 십자가의 좌편에 있는 강도들입니다.
이들이 바로 예수님의 말씀과 같이 천국 문을 닫아놓고 자신도 들어가지 않고 남도 못 들어가게 하면서 교인들을 배나 더 지옥자식을 만들고 있는 자들입니다.

(마태복음 23장 13절-15절) "화 있을진저 외식하는 서기관들과 바리새인들이여 너희는 천국 문을 사람들 앞에서 닫고 너희도 들어가지 않고 들어가려하는 자도 들어가지 못하게 하는도다 화 있을진저 외식하는 서기관들과 바리새인들이여 너희는 교인 하나를 얻기 위하여 바다와 육지를 두루 다니다가 생기면 너희보다 배나 더 지옥 자식이 되게 하는도다."

예수님께서 책망하고 계신 서기관과 바리새인들은 하나님의 백성들을 인도하고 있는 영적 지도자들, 즉 소경 된 목회자들을 말하고 있습니다. 이들이 바로 하나님의 뜻을 사람의 뜻으로 바꾸고 영적인 말씀을 육신적인 말씀으로 바꾸고 천국으로 들어가려는 자들을 미혹하여 배나 더 지옥자식을 만들고 있는 자들입니다. 이렇게 오늘날 기독교인들이 지금까지 알고 있는 구원관이나 천국관이 예수님의 말씀과 너무나 다른 것입니다. 이런 삯군목자들 때문에 오늘날 기독교인들이 하나님의 뜻이나 인생의 진정한 의미조차도 모르면서 지금도 멸망의 길을 따라가고 있는 것입니다.

이 때문에 예수님께서 참목자와 거짓목자를 말씀하시면서 소경들이 소경된 인도자를 따라가면 모두 멸망하게 된다고 말씀하고 있는 것입니다. 오늘날 소경된 인도자들은 하나님의 말씀의 영적인 의미나 생명의 좁은 길 조차도 모르면서 오직 자신의 욕심을 채우기 위해서 목회를 하고 있는 자들을 말합니다. 예수님의 말씀과 같이 이들이 바로 성전(교회) 안에서 양과 비둘기를 팔며 돈을 바꾸고 있는 자들입니다.

(요한복음 2장 13절-16절) "유대인의 유월절이 가까운지라 예수께서 예루살렘으로 올라가셨더니 성전 안에서 소와 양과 비둘기 파는 사람들과 돈 바꾸는 사람들의 앉은 것을 보시고 노끈으로 채찍을 만드사 양이나 소를 다 성전에서 내어쫓으시고 돈 바꾸는 사람들의 돈을 쏟으시며 상을 엎으시고 비둘기 파는 사람들에게 이르시되 이것을 여기서 가져가라 내 아버지의 집으로 장사하는 집을 만들지 말라 하시니."

상기의 예수님께서 말씀하시는 소와 양과 비둘기는 영적으로 성부, 성자, 성령을 말하며 돈 바꾸는 자들은 삯군목자와 거짓선지자를 비유로 말씀하고 있는 것입니다. 이들은 교회 안에서 예수님과 성령을 팔아서 치부를 하며 전도해온 교인(돈으로 비유)들은 배나 더 지옥자식으로 만들고 있는 것입니다.

　죄인들의 죄를 용서해주시고 사랑으로 감싸주시는 예수님께서 심히 진노하시며 채찍까지 만들어 성전 안에서 모두 내어 쫓으신 것은 바로 이러한 이유 때문입니다. 그런데 이렇게 사악한 자들이 어떻게 죽은 영혼들을 구원시키며 천국을 어떻게 간단 말입니까? 이런 삯군목자들은 하나님의 종이 아니라 사탄의 종이며, 성령을 훼방하는 자들로 결국은 지옥으로 들어가 큰 형벌을 받을 자들입니다.

　그러므로 오늘날 기독교인들은 이러한 삯군목자와 거짓선지자들에게서 하루속히 벗어나야 합니다. 이러한 삯군목자들 때문에 지금도 수많은 영혼들이 죽어가고 있는 것입니다. 그런데 심히 안타까운 것은 참목자가 삯군목자들에게 미혹 당해 죽어가는 자들을 향해 진실을 말하고 생명의 길을 올바르게 알려주어도 유대인들이 예수님과 사도들을 배척하며 핍박한 것처럼 오늘날 기독교인들도 참목자를 이단자로 배척하며 핍박하고 있는 것입니다.

그러나 이 말씀을 진정한 하나님의 음성으로 듣고 그곳에서 나오는 자들은 모두 구원을 받게 될 것입니다. 그러므로 예수님은 삯군목자들에게 미혹을 당해 지금도 멸망의 길을 걸어가고 있는 자들에게 이렇게 말씀하고 계십니다.

　(마태복음 7장 13절-14절) "좁은 문으로 들어가라 멸망으로 인도하는 문은 크고 그 길이 넓어 그리로 들어가는 자가 많고 생명으로 인도하는 문은 좁고 길이 협착하여 찾는 이가 적음이니라 거짓 선지자들을 삼가라 양의 옷을 입고 너희에게 나아오나 속에는 노략질하는 이리라."

상기의 말씀과 같이 오늘날 기독교인들 중에도 생명으로 인도하는 문은 좁고 가는 길도 협착하고 힘들다 하여 이 생명길을 찾는 자가 극히 적고 반대로 문이 크고 길도 넓은 멸망의 길은 가기가 편하고 쉽다고 하여 모두 앞을 다투며 달려가고 있는 것입니다. 그런데 이 모두가 양의 탈을 쓰고 노략질하는 거짓선지자와 삯군목자들 때문입니다. 그러므로 이 글을 하나님의 말씀으로 믿고 받아들이시는 분들은 하루속히 멸망의 넓은 길에서 벗어나 생명의 좁은 길로 돌아오시기를 바랍니다.

하나님은 지금도 거짓선지자와 삯군목자들이 인도하고 있는 멸망의 길에서 벗어나 생명의 길로 돌아오기를 간절히 기다리고 계십니다.

무지

얽힌 삶의
현실이
사슬처럼 묶이어

풀고 또 풀어도
다시 엉키는 까닭은

진실을 모르며
드러나지 않은
정체에 이끌려

어두움을 향해
달려가는 모습이구나

하늘에서 온 그리스도의 열여덟 번째 편지
(구원자로 오신 인간 예수)

 이 편지는 하나님께서 하나님의 백성들을 구원하기 위해서 구원자로 보내주신 인간 예수에 대하여 기록한 그리스도의 편지입니다. 하나님께서 이 편지를 보내주시는 이유는 예전의 유대인들이나 오늘날 기독교인들도 하나님께서 구원자로 보내주시는 인간 예수는 믿지 않고 자신들이 만들어 섬기는 교리적 예수와 신화적 예수를 믿고 있기 때문입니다. 만일 하나님께서 구원자로 보내주신 인간 예수를 믿지 않고 교리적 다른 예수를 믿는다면 천국은 물론 구원도 받지 못하고 멸망을 당하게 됩니다. 이 때문에 하나님께서 구원자로 보내주신 인간 예수에 대하여 아는 것은 그 무엇보다 중요한 일입니다.

 이 세상에는 바다의 모래수와 같이 수많은 하나님의 백성들과 하늘의 별수와 같은 목회자들이 주 예수를 구주로 믿으며 신앙생활을 하고 있습니다. 그런데 대부분의 사람들이 예수를 성자 하나님으로 알고 있을 뿐 육신의 몸을 입고 오신 인간예수는 모르고 있습니다. 왜냐하면 오늘날 기독교인들은 부활 승천하여 지금 하나님우편에 앉아 계신 예수님은 모두 잘 알고 있으나 오늘날 하나님의 백성들을 구원하기 위해서 인간의 몸을 입고 오신 인간 예수는 아무도 모르기 때문입니다. 하나님의 택한 백성인 유대인들이 구원을 받지 못하고 멸망당한 것은 하나님께서 죄인들을 구원하기 위해서 보내주신 인간 예수를 몰랐기 때문입니다.

 이와 같이 오늘날 기독교인들도 예수님을 구주로 믿으며 신앙생활을 열심히 한다 해도 하나님께서 오늘날 기독교인들을 구원하기 위해서 보내주시는 인간 예수를 모른다면 유대인들과 같이 멸망당할 수밖에 없습니다. 하나님께서 죄인들을 구원하시기 위해서 보내주시는 메시야는 눈으로 볼 수 없는 하나님이나 성령님이 아니라 말씀이 육신 되신 인간 예수입니다. 왜냐하면 하나님께서 구원과 심판하는 권세를 모두 인간 예수에게 주셨기 때문입니다.

오늘날 기독교인들은 하나님께서 죄인들을 구원하시기 위해서 이 낮고 천한 세상에 죄인의 몸으로 오셨다고 말하고 있습니다. 하나님께서 낮고 천한 죄인의 몸으로 오셨다는 것은 인간으로 오셨다는 말입니다. 이렇게 죄인들을 구원하시기 위해서 세상에 오신 분은 하나님 예수가 아니라 인간 예수입니다. 이 때문에 예수님은 자신을 하나님의 아들이라는 말보다 "인자"(안드로포스 휘오스), 즉 "사람의 아들"이라는 말씀을 더 많이 강조하신 것입니다. 그런데 오늘날 기독교인들은 유대인들과 같이 하나님께서 죄인들을 구원하기 위해서 보내주신 인간 예수는 믿지도 않으며 오히려 이단자로 배척을 하고 있습니다.

이 때문에 평생 동안 예수를 믿으며 신앙생활을 열심히 하여도 하나님의 아들로 거듭나지 못하는 것은 물론 죄 사함도 받지 못한 상태에서 이 세상을 떠나가게 되는 것입니다. 그럼에도 불구하고 오늘날 기독교인들은 하나님 우편에 앉아 계신 예수님이 하늘의 구름을 타고 혜성과 같이 나타나기를 지금도 기다리고 있는 것입니다. 그러나 하늘의 구름을 타고 오시는 예수님은 영원히 오시지 않습니다. 왜냐하면 하나님의 백성들을 구원하기 위해서 구름타고 오신다는 예수님은 이미 오셔서 지금도 계시기 때문입니다. 오늘날 기독교인들은 하늘의 구름이 영적으로 무엇을 말하는지도 모르면서 구름타고 오시는 예수님을 기다리고 있습니다. 예수님께서 "하늘의 구름을 타고" 오신다는 말씀은 영적인 비유로 "하나님의 말씀과 함께" 오신다는 의미이며 곧 "말씀이 육신 되어" 오신다는 뜻입니다. 이 때문에 오늘날 기독교인들이 구원을 받아 하나님의 아들로 거듭나려면 말씀이 육신 되신 인간예수를 믿어야 하고, 그의 음성을 들어야 하고, 그의 말씀을 마음속에 영접해야 합니다. 그런데 오늘날 육신의 옷을 입고 오신 인간예수를 모르고 배척을 한다면 장차 지옥문 앞에서 슬피 울며 이를 가는 자가 다른 사람이 아니라 바로 자신이 될 것입니다.

오늘날 기독교인들은 자신을 구원하기 위해서 하나님께서 보내주신 인간예수를 반드시 믿어야 하고, 알아야 하고, 영접해야 합니다. 그러면 반드시 구원을 받고 하나님의 생명으로 거듭나서 천국으로 들어가게 될 것입니다. 이렇게 하나님이 계신 천국은 인간예수를 통해서 하나님의 생명으로 거듭난 하나님의 아들들이 들어가는 곳이며, 보이지도 않고, 알지도 못하는 교리적 예수를 막연히 믿는 자들이 들어가는 곳이 아닙니다.

그러므로 오늘날 기독교인들은 하나님께서 구원자로 보내주시는 성경적 인간 예수에 대하여 반드시 알아야 합니다.

이제 성경 이사야 선지서 53장을 통해서 하나님께서 하나님의 백성들을 구원하기 위해서 보내주시는 인간 예수에 대해서 살펴보기로 하겠습니다.

1. 육신의 몸을 입고 오신 초라한 모습의 인간 예수

(이사야 53장 1절-3절) "우리의 전한 것을 누가 믿었느뇨 여호와의 팔이 뉘게 나타났느뇨 그는 주 앞에서 자라나기를 연한 순같고 마른 땅에서 나온 줄기 같아서 고운 모양도 없고 풍채도 없은즉 우리의 보기에 흠모할만한 아름다운 것이 없도다. 그는 멸시를 받아서 사람에게 싫어 버린바 되었으며 간고를 많이 겪었으며 질고를 아는 자라 마치 사람들에게 얼굴을 가리우고 보지 않음을 받는 자 같아서 멸시를 당하였고 우리도 그를 귀히 여기지 아니하였도다"

　상기의 말씀은 하나님의 선지자들이 하나님께서 구원자로 보내주시는 예수님에 대해서 하신 말씀입니다. 그런데 하나님의 백성들 가운데 선지자들이 전하는 예수를 믿고 영접하는 사람이 없다는 것입니다. 하나님의 백성들이 자신들을 구원하기 위해서 오신 예수를 믿지 않고 배척하는 이유는 예수님이 연한 순같고 마른땅에서 나온 줄기 같아서 고운 모양이나 풍채도 없고 사람들이 보기에 흠모할 만한 아름다움을 찾아볼 수 없는 지극히 평범한 인간의 모습으로 오셨기 때문입니다. 이렇게 예수님은 하나님의 아들이시며 만왕의 왕이시지만 사관(여관)에 해산할 방 한간도 없어 짐승들이 거하는 초라한 말구유에서 태어나 오신 것입니다.
　유대인들이나 오늘날 기독교인들이 고대하며 기다리는 예수는 이렇게 초라한 인간 예수가 아니라 하나님의 큰 권능과 능력을 소유한 위대하고 화려한 모습의 메시야입니다. 이 때문에 하나님의 백성들은 초라한 인간의 모습으로 오신 인간 예수는 믿지 않을 뿐만 아니라 오히려 이단자로 매도를 하며 멸시 천대를 하는 것입니다.

　오늘날 기독교인들이 기다리는 재림 예수가 이천년이 지나도록 오지 않는 이유는 실제 하늘의 구름타고 화려한 모습으로 오시는 예수는 존재하지 않기 때문입니다. 하나님께서 구원자로 보내주시는 예수는 예전에 오셨던 모습그대로 인간 예수로 오십니다.

　이 때문에 초라한 모습의 인간 예수는 예전이나 지금이나 변함없이 하나님의 백성들에게 온갖 배척과 핍박을 받고 있는 것입니다.

2. 하나님 백성들의 모든 질고를 지고서 온갖 고통을 당하는 인간 예수

　(이사야서 53장 4절-6절) "그는 실로 우리의 질고를 지고 우리의 슬픔을 당하였거늘 우리는 생각하기를 그는 징벌을 받아서 하나님에게 맞으며 고난을 당한다 하였노라 그가 찔림은 우리의 허물을 인함이요 그가 상함은 우리의 죄악을 인함이라 그가 징계를 받음으로 우리가 평화를 누리고 그가 채찍에 맞음으로 우리가 나음을 입었도다 우리는 다 양 같아서 그릇 행하여 각기 제 길로 갔거늘 여호와께서는 우리 무리의 죄악을 그에게 담당시키셨도다"

　예수님은 우리의 죄악 때문에 고통을 받으셨고 우리가 배척하고 핍박하기 때문에 슬픔을 당하셨는데 우리는 생각하기를 예수님이 하나님께 징벌을 받아서 매를 맞으며 고난을 당한다고 생각을 하였다는 것입니다. 이 말은 하나님의 백성들이 예수

님을 이단으로 몰아 배척을 하고 핍박을 하였기 때문에 예수님은 고통과 슬픔을 당하였는데 하나님의 백성들은 예수님이 잘못하여 하나님께 징벌을 받는 것이라고 생각을 했다는 것입니다. 그러나 그가 찔림을 받는 것은 우리의 잘못 때문이요 그가 상하게 된 것도 우리의 죄악 때문이라는 것입니다. 이렇게 예수님은 아무런 죄나 잘못이 없는데도 불구하고 하나님 백성들의 잘못된 교리와 전통적인 보수신앙 때문에 고통과 슬픔을 당한 것입니다.

이와 같이 예수님을 이단자로 배척을 하며 온갖 핍박을 하는 자들은 타종교인이나 이방인이 아니라 동족인 유대인들이요 하나님의 백성들입니다. 하나님의 백성들이 예수님을 배척하고 핍박하는 이유는 예수님이 전파하는 말씀이 기존신앙과 다를 뿐만 아니라 전통적인 교리와 기복신앙을 부정하며 질책과 저주까지 하고 있기 때문입니다.

예수님께서 하나님의 백성들에게 "내가 너희에게 화평을 주러 온줄 생각하지 말라 나는 불을 던지러 왔고 검을 주러 왔다"고 말씀하십니다. 예수님의 입에서 나오는 말씀은 진리를 따라 생명의 좁을 길을 가는 자들에게는 구원과 생명과 평강이지만 교리를 따라 멸망의 넓은 길을 가고 있는 자들에게는 저주요, 징계요, 심판의 말씀입니다.

이 때문에 삯군목자를 따라 멸망의 넓은 길을 가는 하나님의 백성들은 예수님을 이단자로 혹은 귀신들린 자로 취급을 하며 멸시천대를 하고 있는 것입니다. 그럼에도 불구하고 예수님은 한 영혼이라도 더 구원하기 위해서 하나님의 백성들로부터 오는 모든 고통과 핍박을 참아가며 사역을 하시다가 종내는 유대인들과 제사장들에 의해서 십자가에 못 박혀 돌아가시게 된 것입니다. 이어지는 말씀은 "그가 징계를 받음으로 우리가 평화를 누리고 그가 채찍에 맞음으로 우리가 나음을 입었도다"라는 말씀입니다. 그러나 이 말씀은 예수님이 징계를 받음으로 우리가 평화를 누리고 예수님이 채찍을 맞음으로 우리가 나음을 입었다는 뜻이 아니라 하나님의 백성들이 예수님의 징계를 받음으로 그 징계를 통해서 평화를 누리게 되었고 예수님이 때리는 채찍(질책)을 맞음으로 나음(치료)을 받게 되었다는 말입니다. 그런데 번역자들이 원문을 잘못 번역을 함으로 말미암아 하나님의 백성들이 받아야 하는 징계와 채찍을 모두 예수님에게 떠넘긴 것입니다. 이 때문에 예수님께서 "네가 나를 따라 오려거든 너를 부인하고 네 십자가를 지고 따라오라"고 분명히 말씀을 하셨는데도 불구하고 오늘날 목회자들은 예수님께서 우리가 지고 갈 십자를 모두 대신 지고 가셨으니 우리는 예수님을 믿기만 하면 된다고 교인들을 속이고 있는 것입니다.

이어지는 말씀에 "우리는 다 양 같아서 그릇 행하여 각기 제 길로 갔거늘 여호와께서는 우리 무리의 죄악을 그에게 담당시키셨도다"는 말씀은 하나님의 백성들이 참 목자가 없는 양 같아서 신앙생활을 잘못하여 멸망의 길로 갔지만 그들을 죄악 속에서 구원하는 권세와 심판하는 권한을 모두 예수님에게 위임을 하였다는 말입니다. 이 때문에 예수님을 믿고 그의 말씀을 영접하는 자들은 구원에 이르고 예수님을 믿지 않고 배척하는 자들은 심판에 이른다는 것입니다.

이렇게 하나님께서 죄인들을 구원하고 심판하는 분은 하나님 우편에 앉아 계신 예수님이 아니라 지금 이 세상에 육신의 몸을 입고 오신 인간 예수입니다.

3, 하나님의 백성들에게 온갖 고통을 받으며 사역을 하다가 죽어서 악인과 함께 장사되신 인간 예수

(이사야 서 53장 7절-9절) "그가 곤욕을 당하여 괴로울 때에도 그 입을 열지 아니하였음이여 마치 도수장으로 끌려가는 어린 양과 털 깎는 자 앞에 잠잠한 양 같이 그 입을 열지 아니하였도다 그가 곤욕과 심문을 당하고 끌려 갔으니 그 세대 중에 누가 생각하기를 그가 산 자의 땅에서 끊어짐은 마땅히 형벌 받을 내 백성의 허물을 인함이라 하였으리요 그는 강포를 행치 아니하였고 그 입에 궤사가 없었으나 그 무덤이 악인과 함께 되었으며 그 묘실이 부자와 함께 되었도다.

예수님은 하나님의 아들의 신분으로 이 세상에 오셨지만 자신이 하나님이나 그리스도라는 것을 드러내지 아니하고 마치 도수장으로 끌려가는 양이나 죄인과 같은 모습으로 사역을 하셨습니다. 예수님이 이렇게 죄인들을 구원하기 위해서 온갖 곤욕과 심문을 받으며 유대인들에게 끌려가 죽음을 당하셨지만 유대인들은 아무도 예수님이 자신들의 죄악 때문에 받는 고통과 죽음이라는 것을 몰랐다는 것입니다. 예수님은 하나님의 백성들에게 수많은 모욕과 고통을 받으셨지만 그 모든 수욕과 고통을 끝까지 참으시면서 그들에게 어떠한 강포나 변명을 하지 않으신 것입니다. 예수님이 돌아가신 후 그의 장사된 무덤은 악인과 함께 하셨고 그의 묘실이 부자와 함께 되었다고 말씀하고 있습니다.

오늘날 기독교인들은 예수님께서 장사 된지 사흘 만에 죽은 시체가 무덤에서 부활하여 무덤이 비어있다고 주장을 합니다.

그러나 예수님이 부활 하신 생명은 육신의 몸이 아니라 영이며 부활하신 무덤도 시신이 묻혀있는 돌 무덤이 아니라 상기의 말씀과 같이 악인과 함께 한 무덤, 곧 제자들의 몸 속입니다. 즉 예수님의 영(생명)이 죽어있는 제자(악인)들의 몸(무덤)속으로 들어가셔서 사흘 만에 부활을 하셨다는 말입니다. 이 때문에 예수님의 제자들은 하나님의 생명으로 거듭나 사도들이 된 것입니다. 예수님이 제자들의 몸 속에서 영이 부활하심으로 말미암아 악인의 무덤(죄인)이 부자의 묘실(의인)이 된 것입니다. 즉 예수님이 장사되는 무덤은 악인들의 몸(예수님의 제자들)을 말하며 묘실은 예수님의 영(생명)이 부활한(예수의 생명으로 거듭난)하나님의 아들들(사도들)을 말합니다.

이렇게 예수님이 부활하신 곳은 제자들의 몸이며 예수님이 부활한 생명도 육신의 몸이 아니라 영인 것입니다. 이 말은 예수님의 생명이 부활을 하신 것이 아니라 죽어있는 제자들의 영혼이 영으로 부활하였다는 뜻입니다. 왜냐하면 예수님의 생명은 하나님의 생명으로 죽을 수도 없고 다시 부활할 수도 없는 영원불변하는 생명이기 때문입니다. 그럼에도 불구하고 오늘날 목회자들은 예수님이 죽으셨고 장사한지 사흘 만에 죽은 몸이 부활하셨다고 거짓증거를 하며 교인들은 사도신경을 통해서 몸이 사는 것과 영원히 사는 것을 믿는다고 신앙고백을 하는 것입니다. 이 모두가 하나님의 말씀 속에 감추어 있는 영적인 의미를 모르는 무지와 하나님께서 구원자로 보내주시는 인간 예수를 모르기 때문에 나타나는 현상입니다.

이상의 말씀과 같이 하나님의 백성들을 구원하기 위해서 하나님께서 보내주시는 예수님은 일반인과 조금도 다르지 않은 평범한 인간입니다. 단지 예수님이 인간들과 다른 것은 성령,

즉 죄인들의 죄를 사해 줄 수 있고 죽은 영혼을 살릴 수 있는 "생명의 말씀"이 그 안에 계시다는 것입니다. 이렇게 예수님 안에 생명의 말씀이 계시다는 것은 곧 "하나님"이 계시다는 뜻입니다. 왜냐하면 "말씀이 곧 하나님"이시기 때문입니다. (요한복음 1장 1절에 기록되어 있음)

그러므로 오늘날 기독교인들은 반드시 하나님께서 보내주시는 오늘날 말씀이 육신 되신 인간 예수를 믿어야 하며 또한 그 입에서 나오는 말씀을 일용할 양식으로 날마다 먹어야 합니다. 이 때문에 예수님께서 너희는 "오늘날의 일용할 양식"을 달라고 기도하라고 가르쳐 주신 것입니다. 오늘날 하나님의 백성들이 먹어야 할 "일용할 양식"은 음식물이나 삯군목자들이 주는 말씀이 아니라 오늘날 하나님의 생명으로 거듭난 인간 예수의 입에서 나오는 말씀입니다.

하나님은 이 말씀을 통해서 오늘날 구원자로 보내주시는 인간 예수를 믿고 영접하여 하나님의 아들로 거듭나기를 바라고 계십니다. 이 때문에 부록으로 "진리의 나팔소리"를 첨부하였습니다.

부록으로 첨부한 "진리의 나팔소리"는 오늘날 인간 예수로 오신 구원자가 오늘날 기독교인들에게 전하는 그리스도의 편지입니다. 진리의 나팔 소리는 중국 땅에 인간 예수로 오신 메시야가 오늘날 부패한 교회와 하나님의 백성들을 구원하시기 위해서 선포하는 하나님의 메시지입니다.

그러므로 "진리의 나팔소리"를 잘 듣고 그의 말씀을 영접하신다면 하나님께서 큰 은혜와 더불어 하나님의 생명으로 거듭나는 계기를 만들어 주실 것입니다.

부 록

진리의 나팔소리

머리글

"진리의 나팔소리"는 예수님과 같이 사람의 육신 안에 성령이 임하셔서 말씀육신이 되었다는 오늘날의 메시야(구원자)가 오늘날 부패한 기독교회와 하나님의 백성들을 향해서 경고와 징계와 심판으로 하신 말씀들입니다. 이 말씀들은 진리에서 벗어나 삯군목자를 따라 멸망의 넓은 길을 가는 자들에게는 징계와 심판의 말씀이지만 참목자를 따라 생명의 좁은 길을 가고 있는 자들에게는 사랑과 구원과 생명의 말씀입니다.

이 글을 기록하신 분은 중국사람(여성)으로 현재 중국에서 지하교회를 형성하여 하나님의 말씀을 은밀하게 전파하고 계신 분입니다. 이 말씀은 본인이 선교차 중국연길을 방문하였을 때 연길에 있는 기독교인들을 통해서 보게 된 것인데 여기에 기록된 말씀들은 모두가 살아있는 진리요 생명으로 하나님께서 오늘날 기독교인들에게 주시는 메시지였습니다. 그러므로 여기에 담겨있는 말씀들은 중국에 있는 기독교인들뿐만 아니라 전 세계에 산재해 있는 모든 하나님의 백성들에게 전달되어야 할 하나님의 말씀들입니다.

이 책은 본래 중국어로 기록하여 중국에 있는 한족(중국인)들을 구원하기 위하여 배포한 것인데 중국에 있는 조선족 기독교인들이 이 책을 한글로 번역하여 중국에 있는 동포들을 가르치고 있었습니다. 그런데 본인이 이 책을 보고 또 보아도 너무나 놀랍고도 소중한 생명의 말씀이기에 이 책을 한국으로 가지고 와서 다시 편집을 하게 된 것입니다. 왜냐하면 본문에 기록된 문장들이 모두 조선족의 상용어로 기록되어 있어 한국의 표

준어와 많은 차이가 있기 때문입니다. 그러므로 한국에 계신 기독교인들이 이 책을 직접보기에는 너무 힘들다고 생각되어 본인이 임의로 난해한 문장들을 일부 교정, 보완, 정리하여 재편집하게 된 것입니다. 그렇지만 아직도 미비한 점이 많아 보시는데 다소 어려움이 있으리라 생각합니다.

그러나 글을 몇 번 반복해서 읽어보신다면 하나님의 참 뜻은 물론 살아있는 하나님의 세미한 음성을 들을 수 있을 것입니다. 이 책에 기록된 말씀들은 모두 구원과 심판의 말씀으로 오늘날 진리의 길에서 벗어나 멸망의 넓은 길을 가고 있는 기독교인들의 신앙을 적나라하게 지적하고 있습니다. 그러므로 이 말씀들을 하나님께서 오늘날 기독교인들에게 주시는 말씀으로 혹은 지금 나에게 주시는 말씀으로 믿고 영접한다면 올바른 신앙생활은 물론 새롭게 거듭나서 천국에 이르는 계기가 될 것입니다.

이 글을 읽으시는 모든 분들이 하루속히 자신의 잘못된 신앙생활을 모두 회개하고 멸망의 넓은 길에서 생명의 좁은 길로 돌아오시기를 간절히 기원하는 바입니다.

속이는 마음

속이는 마음은
저울추와 같고

속이는 마음은
바람에 나는
겨와 같으니

자기 마음을
속이는 자는
결국

올무에 걸린
새와 같구나

서문

　이 세상에 수많은 사람들이 하나님을 믿고 예수님을 믿으며 신앙생활을 열심히 하고 있지만, 하나님을 믿는 것이 진정 무엇이며, 어떻게 믿어야 하나님의 뜻에 도달할 수 있는지에 대하여 분명히 아는 사람은 그리 많지 않다. 그 이유는 사람들이 하나님이란 단어나 하나님이 하시는 일들을 문자적으로 알고 있을 뿐 사실은 하나님도 모르고, 하나님의 뜻도 모르기 때문에 대부분의 사람들이 하나님을 적당하게 믿고 있는 것이다. 이렇게 하나님의 백성들이 하나님을 믿는 일에 대하여 진실하게 추구하지 않고 있기 때문에 지금까지 하나님도 모르고 하나님의 역사도 모르고 있는 것이며 또한 사람들이 하나님의 뜻에 맞게 쓰일 수도 없고 하나님의 마음에 들 수도 없는 것이다.
　하나님을 믿는다는 것은 곧 하나님의 살아 계심을 믿는 것인데 이것은 아주 초보적인 믿음이다. 그러므로 하나님을 믿고 있다는 것은 아직 하나님을 알지 못한다는 뜻이며 따라서 이러한 사람은 진실한 신앙인이 아니다. 진정으로 하나님을 진실로 믿는 신앙인은 하나님께서 만물을 주관하신다는 것과 인간들의 생사화복을 주관하신다는 것을 토대로 하나님의 말씀과 하나님의 역사를 체득하는 것이며 날마다 부패한 성품을 벗어버리고 하나님의 뜻대로 살면서 하나님의 생명으로 거듭나는 과정에 있는 자들을 말한다. 그러나 사람들은 흔히 하나님을 믿는 일을 아주 간단히 알고 경솔하게 행동하고 있는데 이렇게 하나님을 믿는 사람들은 곧 하나님을 믿는다는 진의를 상실하게 되고, 마지막까지 믿어도 하나님의 생명으로 거듭나지 못한다. 그것은 생명으로 가는 길을 모르거나 그 길이 틀리기 때문이다.
　하나님의 백성들이 오늘에 이르기까지 여전히 성경 문자 속에 매여서 하나님을 믿고 있는 사람들은, 껍데기 신앙으로 여전히 자기가 하나님을 믿는 진실이 없음을 알지도 못하며 하나님의 칭찬도 받지 못하면서 여전히 평안과 족한 은혜를 얻으려고 하나님께 기도로 구하고 있다. 그러므로 우리 모두 마음을 진정하고 잘 생각해 보는 것이 좋겠다. 그래 너희가 하나님을 믿는 일이 세상에서 그렇게 쉽고 간단한 일인가? 그래 하나님을 믿는 목적이 세상의 복을 많이 얻는데만 국한되는가? 그래 하나님을 믿으면서 하나님도 모르고 하나님의 말씀을 저당(매도, 배척, 왜곡)하는 사람들이 과연 하나님의 마음을 만족시킬 수 있겠는가?

너희는 하나님과 사람을 같은 위치에 놓고 논할 수 없으며, 그의 실질과 그의 역사는 사람들로 하여금 가장 추측하기 어렵고 또한 사람들로 하여금 알 수도 없는 것이다. 만약 하나님이 사람들 가운데 말씀육신으로 오셔서 직접 말씀을 하지 않는다면, 사람들은 어느 누구를 막론하고 하나님의 뜻을 알 수 없으며, 또한 하나님을 위하여 일생을 바쳐 충성을 한 사람이라 해도 하나님으로부터 인정을 받지 못한다. 하나님께서 말씀이 육신으로 오셔서 역사를 하지 않는다면 사람이 아무리 신앙생활을 열심히 한다 해도 모두 헛된 것이다. 왜냐하면 하나님의 생각은 언제나 사람의 생각보다 높으며, 하나님의 지혜는 어떠한 사람도 능히 분명하게 추측할 수 없기 때문이다. 그러므로 나는 하나님과 하나님의 역사를 꿰뚫어 본다는 사람은 모두 무능한 종류이고 모두 주제 넘는 사람이라고 말한다. 사람은 하나님의 역사를 규정하지 말아야 하며, 더욱 하나님의 역사를 판단해서는 안 된다. 사람이 하나님의 눈에는 개미만도 못한데, 어떻게 하나님의 역사를 투철하게 추측할 수 있겠는가? 사람들이 말끝마다 하나님은 역사를 이렇게도 하고 저렇게도 한다 혹은 하나님은 이렇고 하나님은 저렇다고 말하는데 이러한 사람은 모두 자기 멋대로 판단하는 자가 아닌가? 육체에 속한 사람은 모두 사탄에 의해 부패된 사람이며, 본성자체가 욕심으로 모두 욕심을 채우기 위해서 하나님을 섬기고 있기 때문에, 하나님과 동등할 수 없고, 더욱 하나님의 일을 올바로 할 수 없다는 것을 너희는 분명히 알아야 한다. 하나님이 도대체 어떻게 사람을 다스리는가 하는 것은 하나님 자신의 공작(사역)이기에, 사람들은 무조건 순종해야 하며 이러저러한 견해가 있어서는 안 된다. 왜냐하면 하나님 앞에서 사람의 존재는 오직 먼지 하나에 불과하기 때문이다.

그러므로 우리가 하나님의 뜻을 진실하게 구하고 찾는 자라면 자기의 관념을 하나님의 역사 중에 놓고 하나님더러 참고해 달라고 해서는 안되며, 더욱 자기의 부패한 성품을 가지고 의식적으로 하나님의 역사를 방해해서는 안 된다. 이렇게 하나님의 일을 방해하고 대적하는 자들이 곧 적그리스도가 아닌가? 이런 사람이 어찌 하나님을 믿는다고 말할 수 있겠는가? 우리가 하나님의 계심을 믿는 것만큼 하나님을 만족시켜야 하며, 하나님을 보려고 생각한다면, 응당 진리의 길을 찾아야 하고 하나님과 합치되는 길을 찾아야 하지, 자신의 목대를 뻣뻣이(교만히) 세워 하나님과 대립한다면, 어떤 좋은 결과를 얻겠는가?

하나님이 오늘(지금) 새로운 일을 하고 있다는 이 말을 너는 쉽게 받아들일 수 없고 희귀하게 여길 수 있으나 너의 천성적 본성대로 행동하지 말기를 권한다. 왜냐하면 진정으로 하나님 앞에서 의에 주리고 목마른 자만이 진리를 얻을 수 있고, 오직 진정으로 경건한 사람만이 하나님의 계시와 인도를 받을 수 있기 때문이다. 진리를 찾는 것이 논쟁하는 것으로 결과를 얻는 것이 아니고 따라서 마음이 침착하고 부드러운 태도로서 찾아야 만이 결과를 얻게 되는 것이다. 내가 오늘 하나님이 또 새로운 공작을 하신다는 이 말은 곧 하나님이 또 다시 육신으로 오셔서 새로운 일을 하신다는 말이다. 그러므로 네가 이 말을 이해하지 못하거나 혹은 네가 이 말을 매우 어렵게 여기거나 혹은 네가 이 말에 대하여 매우 흥미를 느끼지 못한다 해도 네가 하나님이 나타나기를 진심으로 갈망하는 사람이라면 이 사실에 대하여 매우 신중하게 생각해야 하며 절대로 경솔하게 판단을 해서는 안 된다. 이것이 바로 지각 있는 사람들이 마땅히 해야 할 일이다.

　너희가 이러한 사실을 고찰하기는 그리 어렵지 않다. 그러나 너희 매 사람들은 먼저 이러한 진리를 알아야 한다. 오늘날 하나님의 말씀이 육신으로 오셨으니 곧 육신안에 하나님의 생명이 있는 것이고 하나님이 말씀 육신으로 되셨으니 곧 그가 하나님의 뜻을 발표하실 것이다. 하나님의 말씀이 육신으로 되었으니 그가 하나님의 일을 행할 것이고 말씀이 육신으로 되었으니 그가 생명의 길로 인도해 주실 것이다. 그런데 만일 말씀이 육신된 자가 하나님의 실질(생명)이 구비되지 않은 육체라면 결단코 말씀이 육신으로 온 하나님이 아니다. 이 점에 대해서는 의심할 바 없는 것이다. 그러므로 하나님께서 사람 안에 말씀이 육신으로 온 것인지 아닌지를 알려면, 곧 그가 발표하는 말씀과 그의 성품 중에서 확인해 보아야 한다. 다시 말하면, 하나님께서 말씀이 육신으로 온 것이 사실인가를 확인하려면 혹은 진리의 길이 옳은가를 확정하려면 반드시 그 입에서 나오는 말씀을 가지고 분별해야 한다. 그러므로 그가 말씀이 육신으로 온 하나님인지 아닌지는 그 입에서 나오는 말씀을 통해서 알 수 있는 것이며 사람의 외모를 보고 판단해서는 안 된다. 만약 사람이 겉모양만 고찰하고 그 실질을 소홀히 한다면, 그가 바로 무지몽매한 사람이다. 사람의 겉모양으로 실체(실질)를 결정할 수 없고, 더욱 하나님이 하시는 공작은 모두 사람의 관념과 부합될 수 없는 것이다. 예수의 겉모양도 당시 유대인들이나 오늘날 기독교인들이 기다리고 있는 예수와 다르지 않은가? 또한 예수의 용모와 차림새로는 그 진실한 신분을 알 수 없지 않은가? 이전에 바리새인들이 예수를 배척한 것은, 그들이 단지 예수의 겉모양만 보고 예수께서 친히 하신 말씀을 세심하게 접수하지 않은 연고가 아닌가? 나는 하나님이 다시 나타남을 바라는 모든 형제자매들에게 모두 역사의 비극을 다시 되풀이하지 말 것을 희망하며, 모두 당대의 바리새인이 되어 예수를 다시 십자가에 못 박지 말기를 바란다. 너희가 오늘날 다시 오시는 예수를 어떻게 알고 영접할 것인가?

그러므로 정신을 차려서 신앙생활을 해야 하며 무엇보다도 하나님의 말씀을 열심히 보아야 한다. 이렇게 준비하는 사람들이 바로 흰 구름을 타고 다시 오는 예수를 기다리는 자들이다. 우리는 반드시 영의 눈을 밝혀 가지고, 구름과 안개를 타고 다닌다는 그런 문맥 속에 빠지지 말아야 한다. 응당히 하나님의 현실의 역사를 직시하고, 응당히 영적인 말씀의 의미를 알아야지 구름의 영적인 의미조차 모르면서 환상이나 공상에 빠져 예수가 하늘의 어느 구름송이를 타고 홀연히 너희 중에 강림할 것이라는 착각을 해서는 안 된다. 왜냐하면 지금까지 너희는 아직 예수를 알지도 못하고, 보지도 못하고, 또한 그의 뜻을 준행할 줄도 모르기 때문이다. 이러한 너희들에게 예수가 강림할 것이라고 기다리는 것은 아주 잘못된 생각이다. 그러므로 너희는 구름 타고 오신다는 예수님을 말씀을 통해서 깊이 생각을 해 보아야 한다.

　네가 이 책을 펼칠 때 연구하려는 생각을 가지든지 혹은 접수하려는 생각을 가지든지 네가 또 어떤 태도를 가지든지 간에 이 말을 소홀히 함부로 대하지 말고, 네가 끝까지 이 책을 다 볼 것을 나는 권한다. 왜냐하면 네가 이 말씀을 다 읽었을 때면, 너의 태도가 곧 변하게 될 것인데, 바로 너의 먹은 마음과 깨달은 정도의 차이를 확인해 보아야 하기 때문이다. 그러나 네가 응당히 이것만은 알아야 한다. 하나님의 말씀을 사람의 말이라고 해서는 안되며 더욱이 사람의 말을 하나님의 말씀이라고 해서는 안 된다. 또한 하나님의 일을 한다고 하여 모두 하나님의 아들이 아니며, 오직 육신 안에 하나님이 오신 자가 바로 하나님의 아들이며 이런 자들이 곧 하나님께 쓰임 받는 하나님의 일군이다. 이것은 실질상에서 모두 구별이 있다. 혹시 네가 이런 말씀을 다 본 후 하나님의 말씀이라고 승인하지 않고, 단지 사람이 얻은 지식이라고 생각한다면, 너는 매우 무지한 사람이다.

　하나님의 말씀이 어찌 사람이 얻은 지식과 같을 수 있겠는가? 육신으로 오신 하나님의 말씀은 시대를 개척하는 것이고, 전 인류를 다스리는 것이며, 오묘한 비밀을 열어주고 따라서 사람들에게 새 시대의 나아갈 방향을 제시해 주는 것이다. 사람이 얻은 깨달음은 간단한 실행과 인식에 지나지 않으며, 전 인류를 인솔하여 새 시대로 진입할 수 없으며, 하나님 자신의 오묘한 비밀을 열 수 없는 것이다. 왜냐하면 하나님은 결국 하나님이고, 사람은 결국 사람이기 때문이다. 하나님은 하나님의 실질(생명)이 있고, 사람은 사람의 실질(생명)이 있는 것이다. 사람이 만약 하나님의 말씀을 간단한 성령의 계시로 보고, 따라서 거짓 사도나 거짓 선지자의 말을 하나님 자신의 말씀으로 여기면, 그것은 곧 사람의 잘못이다. 여하를 불문하고 네가 언제나 시비를 거꾸로 나누지 말고, 언제나 높은 것을 낮은 것으로, 깊은 것을 얕은 것으로 말하지 말아야 하며, 여하간 너는 진리를 알면서도 고의적으로 진리를 배척해서는 안 된다. 하나님의 계심을 믿는 각각의 사람으로 응당히 모두 정확한 입장에 서서 문제를 고찰해야 하고, 모두 피조물의 위치에서 하나님의 새 역사와 새 말씀을 접수해야 한다. 그렇지 않으면 하나님으로부터 버림을 받게 된다.

예수께서 여호와의 역사이후 말씀으로 사람들 육신 안에 오셔서 역사 하였다. 그의 공작은 여호와께서 역사 하신 바탕에서 하신 것이며, 독단으로 하신 것이 아니다. 하나님께서 율법시대를 마치신 후 새 시대의 공작을 위해 예수를 통해 하신 것이다. 이와 같이 예수의 공작을 마치신 이후 하나님은 여전히 다음 시대의 공작을 계속하고 있다. 그것은 하나님의 경영은 항상 앞으로 계속 발전해 나가기 때문이다. 낡은 시대가 지나가면 곧 새 시대로 대치하게 되고, 낡은 공작이 끝나면 곧 새로운 공작으로 하나님의 경영은 이어나가게 된다. 이번 육신으로 오신 하나님은 예수의 공작을 이어 오늘날 우리에게 오신 하나님의 육신이며, 당연히 이번 말씀이 육신되어 오신 하나님도 동일한 하나님이다. 하나님께서 율법시대, 은혜시대 이후 계속되는 세 번째 역사이다. 하나님이 매번 새로운 시대를 창조하시며, 따라서 하나님의 성품, 하나님의 역사방식, 하나님의 역사지점, 하나님의 이름이 모두 시대에 맞게 변화되기에, 사람들이 모두 하나님이 하시는 새 시대의 역사를 쉽게 이해하지 못하는 것이다. 하나님이 나는 아브라함의 하나님이요, 이삭의 하나님이요, 야곱의 하나님이라고 말씀하신 것은 바로 이 때문이다.

그러나 사람들이 하나님의 뜻을 어떻게 받아들이든지, 하나님은 언제나 그의 공작을 하고 있으며, 언제나 전 인류를 인솔하여 부단히 앞으로 나아가고 있다. 예수가 인간들에게 은혜시대를 가져와서 율법시대를 결속 짓고 국도시대(그리스도, 성령)를 열어 놓았다. 무릇 오늘날 육신으로 오신 하나님을 접수할 수 있는 사람은 국도시대(그리스도, 성령)로 들어갈 수 있고, 따라서 친히 하나님의 인도를 받을 수 있다. 예수님은 사람들 속에서 많은 공작을 하였다. 그러나 그는 오직 그를 믿고 따르는 제자들의 죄를 사하였으며, 또한 제자들을 위해서 속죄제물이 되었을 뿐, 모든 사람들의 부패한 성품을 벗겨버린 것이 아니다. 그러므로 죄인들을 사탄의 권세 하에서 완전히 구원해 내려면 예수께서 다시 와서 속죄 제물이 되어 사람들의 죄를 담당해야 하며, 하나님의 능력으로 더욱 큰 공작을 하여 사람들이 사탄에 의하여 부패된 성품을 완전히 벗겨버려야 한다. 이렇게 예수님은 말씀육신으로 다시 오셔서 그를 믿고 영접하는 자들은 죄를 사해주시고 예수를 믿지 않고 배척하는 자들은 형벌과 심판의 공작을 하고 있는 것이다.

예수님은 이 공작을 통해서 사람들을 더욱 높은 경계로 이끌 것이다. 그러므로 하나님의 권세에 순종하는 사람은 더욱 높은 진리를 향수할 수 있고, 더욱 큰 축복을 얻을 수 있고, 진정으로 빛 속에서 살 수 있고, 진리와 생명을 얻을 수 있다.

사람이 만약 애굽의 기복신앙에만 머물러 있다면 부패한 성품을 영원히 벗지 못하고, 하나님의 원래의 성품을 영원히 알 수 없게 된다. 사람이 만약 애굽의 풍요와 은혜 속에 안주하면서 하나님을 분명히 알지 못하고, 하나님의 생명의 말씀을 충족시키지 못하는 그런 사람은 하나님을 열심히 믿는다 해도 진정으로 하나님을 맞이할 수 없다. 이러한 신앙생활을 하는 사람은 매우 가련한 사람이다. 네가 이 책을 다 본 후 네가 육신으로 오신 하나님의 역사를 통해서 국도시대의 일을 모두 체득한다면, 몇 해 동안의 소망이 마침내 실현되었음을 느끼게 될 것이다. 그리고 이제야 비로소 진정한 하나님의 얼굴을 보게 되고, 하나님이 친히 하신 말씀을 듣게 되었다는 것을 진정으로 느끼게 된다.

그리고 하나님의 지혜로운 역사를 깨닫게 되고, 하나님이 이처럼 실제적이고, 이처럼 전능하다는 것을 진정으로 깨닫게 될 것이다. 너희는 이때 이전 사람들이 보지도 못하고 얻지도 못한 모든 것을 얻게 되었음을 자신이 느끼게 될 것이며, 이때에야 비로소 무엇이 하나님을 믿는 것이며, 무엇이 하나님의 뜻에 부합되는가를 똑똑히 알게 될 것이다. 네가 만약 이전의 관점을 가지고 하나님이 오늘날 육신으로 왔다는 사실을 접수하지 않고 거절한다면, 너는 오직 속이 텅 빈 쭉정이며, 아무 소득도 없을 것이고, 마지막에는 하나님을 배척했다는 죄명을 받아 지옥으로 들어가게 될 것이다. 그러나 진리에 순종하고 하나님의 역사에 순종하는 사람은 모두 오늘날 말씀이 육신으로 오신 하나님의 품안에 있게 된다.

이러한 사람들은 모두 하나님의 인솔을 직접 받게 되고, 더욱 많고, 더욱 높은 진리와 진정한 인생을 얻게 되며, 이전 사람들이 보지 못한 이상을 보게 될 것이다.

(요한계시록 1장 12절-16절) "몸을 돌이켜, 나더러 말한 음성을 알

아 보려고 하여 돌이킬 때에, 일곱 금 촛대를 보았는데 촛대 사이에 인자 같은 이가 발에 끌리는 옷을 입고, 가슴에 금띠를 띠고, 그 머리와 털의 희기가 흰 양털 같고, 눈 같으며, 그의 눈은 불꽃같고, 그의 발은 풀무에 단련한 빛난 주석 같고, 그의 음성은 많은 물 소리와 같으며, 그 오른손에 일곱 별이 있고, 그 입에서 좌우에 날선 검이 나오고, 그 얼굴은 해가 힘있게 비취는것 같더라."

　이 이상은 곧 하나님의 성품을 나타내신 것이며, 따라서 이 모든 하나님의 성품의 발표는 바로 이번 말씀이 육신으로 오신 예수님의 사역 속에서 나타난다. 예수님의 사역은 모두 구원과 심판의 말씀으로 역사하며 예수님의 구원과 심판을 받는 모든 사람들로 하여금 인자의 진정한 면모를 볼 수 있게 하였다. 이 면모는 바로 요한이 본 인자에 대한 면모의 진실한 서술이다. 하나님의 국도시대의 역사를 접수하지 않은 사람은 당연히 이런 것들을 절대로 볼 수 없다. 하나님의 진정한 면모는 사람의 언어로서 명백하게 말할 수 없다. 그러므로 하나님은 그의 원래의 성품을 발표하는 방식으로 그의 본래의 면모를 사람들의 앞에 나타내었다.

　다시 말해서 무릇 인자의 원래 성품을 깨달은 사람은 인자의 원래 면모를 곧 보게 되는데, 하나님은 매우 위대하므로, 사람의 언어로써 명백하게 말할 수 없다. 하나님이 국도시대에 하시는 역사를 모두 체득(체험)한다면, 요한이 계시록 1장 12절-16절을 통하여 인자에 대하여 한 말의 진정한 의미를 알게 된다. 이때에 비로소 너는 이 책에 기록된 말씀들이 오늘날 말씀이 육신으로 오신 하나님이라는 것을 확실하게 믿게 된다. 뿐만 아니라 너는 자기가 가장 큰 축복을 받았다는 것을 진정으로 느끼게 되고, 자기가 가장 행운이 있는 사람이라는 것을 느끼게 되는데 너는 이러한 축복을 받기를 원하지 않는가?

　이번 육신으로 오신 하나님의 역사는 매우 중요하며 형벌과 심판을 위주로 하여 하나님의 뜻을 발표하는 것이며, 이 기초상에서 사람들에게 더욱 많은 진리를 가져다주고, 사람들에게 더욱 많이 일할 수 있도록 행할 길을 가리켜 주어, 이것으로 사람을 정복하고 사람을 구원하며 부패한 성품을 벗겨버리는 목적을 달성하게 되는 것이다. 이것이 바로 하나님이 국도시대에 하시는 역사의 내막이다.

　너는 새로운 시대로 들어가기를 원하는가? 너는 부패한 성품을 벗어버리려고 생각하는가? 너는 더욱 높은 진리를 얻으려고 생각하는가? 너는 인자의 원래 면모를 보려고 생각하는가? 너는 헛된 일생을 보내지 않으려고 생각하는가? 너는 하나님의 생명을 받으려고 생각하는가? 그렇다면 너는 반드시 오늘날 말씀이 육신되어 오신 오늘날의 예수를 믿고 영접해야 한다.

　이것이 곧 하나님이 원하시고 기뻐하시는 진정한 하나님의 일이다.

나그네

온 곳을 알았다면
가기도 쉽건만

오고가는 이치를 모르니
항상 나그네러라

외롭고 고달파서 자신을 원망하니
은은히 들리는 소리
고향의 부름이라네

진리의 나팔소리

이 말씀들은 놀랍게도
모두가 살아있는 진리요 생명으로
하나님께서 오늘날 기독교인들에게 주시는
메시지였습니다.
그러므로 여기에 담겨있는 말씀들은
중국에 있는 기독교인들 뿐만 아니라
전 세계에 산재해 있는
모든 하나님의 백성들에게 전달되어야 할
하나님의 말씀들입니다.

1. 네가 예수의 영체를 보았을 때는 하나님께서 이미 하늘을 땅에서 새로 바꾼 때이다.

 너는 예수를 만나 보고 싶은가? 너는 예수와 함께 생활하고 싶은가? 너는 예수가 하는 말을 듣고 싶은가? 그러면 너는 다시 오는 예수를 믿고 영접해야 하지 않는가? 너는 예수를 영접할 준비가 모두 되었는가? 그러면 어떤 방식으로 예수의 다시 오심을 영접하겠는가? 나는 예수를 따르는 각 형제 자매들이 모두 좋은 방식으로 예수의 다시 오심을 영접하리라고 생각한다. 그러면 예수가 다시 올 때 너희가 정말 예수를 알아볼 수 있는가를 생각해 보았는가? 그리고 그가 와서 하는 말을 너희들은 진실로 체득할 수 있는가? 또한 그가 하는 모든 일을 너희들은 무조건으로 믿고 받아들일 수 있는가? "성경"을 본 매 사람들은 모두 예수가 다시 오는 이 사실을 잘 알고 있으며, 따라서 모두가 예수의 다시 옴을 주시하면서 기다리고 있다. 너희들은 모두 그 시각이 돌아오기를 주목하고 있는데, 너희들의 열심은 모두 가히 자랑할만 하며, 너희들의 신심은 사람들로 하여금 확실히 부러워하게 한다.

 그러나 너희들이 모두 아주 큰 착오를 범하였음을 발견했는가? 예수의 다시 오심은 어떤 방식으로 오시는지 너희는 알고 있는가? 너희들은 모두 예수가 흰 구름을 타고 오는 것으로 생각하고 있는데, 내가 너희들에게 묻겠다. 흰 구름은 무엇을 가리켜 말하는가? 예수를 따르는 수많은 사람들이 모두 예수의 다시 옴을 학수고대하며 기다리고 있는데, 그러면 예수는 진정 어떤 사람들 가운데 내려오겠는가? 만약 예수가 먼저 너희들 가운데 내려온다면, 다른 사람에 대하여 놓고 말하면 매우 불공평하지 않는가? 나는 너희들이 예수에 대하여 모두 일편단심으로 충성하고 있음을 알고 있다.

그러나 너희들이 예수의 얼굴을 본적이 있는가? 너희들은 그의 성품을 알고 있는가? 너희들이 그와 함께 생활을 해보았는가? 너희들은 그에 대해 진정 얼마를 이해하고 있는가? 어떤 사람은 내가 하는 말이 모두 사람을 딱하게 한다고 말한다. 일부의 사람들은 〈내가 성경을 처음부터 끝까지 몇 번 보았는데 내가 예수를 이해할 수 없겠는가? 그의 성품은 말할 것도 없고 즐겨 입는 옷마저 어떤 색깔인 것도 다 알고 있는데 내가 예수를 이해하지 못한다고 하면 사람을 깔보는 것이 아닌가?〉라고 말한다. 그러나 나는 네가 이런 문제를 가지고 우기지 말 것을 권하고 싶다. 우리가 마음을 안정하고 이러한 문제를 논의해 보기로 하자.

1. 네가 무엇이 실제이고 무엇이 이론인가를 아는가?
2. 네가 무엇이 관념이고 무엇이 진리인가를 아는가?
3. 네가 무엇이 상상이고 무엇이 진실인가를 아는가?

어떤 사람은 내가 예수를 이해하지 못한다고 하는 이 말을 부인하고 있는데 그러나 너희들은 사실 예수를 조금도 이해하지 못하고 있다고 나는 말한다. 이 말은 너희들이 예수가 하는 말을 한마디도 이해하지 못한다고 나는 가히 말하는 것이다. 왜냐하면 예수를 따르는 무리들이 〈성경〉에 기록된 말씀들을 자신에게 주는 말로 받아들이지 않고 유대인들의 역사 정도로 생각하고 있기 때문이다. 이 때문에 너희들이 예수의 말씀을 알지 못한다는 것이며 예수와 함께 생활했다고는 더욱 말할 수 없는 것이다. 너희가 예수의 실질을 잠깐 동안이라도 본 적이 없는데 어떻게 예수를 안다고 말할 수 있는가? 너희의 신앙생활은 모두 실제(예수)가 없는 것이 아닌가? 혹시 어떤 사람은 이전에 예수의 초상화를 보았었고, 혹시 어떤 사람은 친히 예수의 살던 곳을 참관하였고, 혹시 어떤 사람은 이전에 예수가 입었던 옷을 어루만져 보았다 해도 네가 예수에 대한 이해는 여전히 이론이고 실제가 아니라는 것을 알아야 한다.

가령 예수가 이전에 잡수었던 음식을 친히 맛보았다 해도 여하를 불문하고 너는 예수를 보지 못했었고 이전에 그의 육신과 함께 지내지 못했으니 네가 예수에 대한 이해는 영원히 실제(예수)가 없는 텅빈 이론이다. 지금까지 내가 예수에 대하여 한 말에 너는 흥미를 느끼지 못할 수도 있는데, 그러면 내가 너에게 묻겠다. 네가 가장 숭배하는 작가의 많은 작품을 본 이후, 네가 그와 함께 지내기 전에 네가 그에 대하여 충분히 이해를 할 수 있는가? 네가 그의 성격을 아는가? 네가 그의 생활방식을 아는가? 네가 그의 희노애락을 아는가? 이렇게 네가 숭배하는 사람마저 직접 보지 않고는 완전히 이해 못하고 있는데 하물며 네가 보지도 못한 예수 그리스도를 어떻게 안단 말인가?

너는 예수에 대한 이해가 상상으로 충만하고, 관념으로 충만한데 그것은 진리가 아니고 예수의 실체가 아니며, 전통적으로 내려오는 유전과 교리에 의해서 만들어진 예수의 형상이다. 너희가 예수에 대하여 이런 정도의 이해를 가지고 어떻게 다시 오는 예수를 영접할 수 있는가? 예수는 신비적이고 환상이 충만하고 육체관념이 충만된 사람은 절대로 접견하지 않는다. 이렇게 예수에 대하여 이해하지 못하는 사람이 어떻게 예수를 믿고 따르는 신자가 될 수 있겠는가?

　너희들은 바리새인들이 예수를 배척한 근원을 알고 싶은가? 너희들은 바리새인들의 실질을 알고 싶은가? 유대인들은 그들에게만 오는 메시야 즉 환상적이고 위대한 예수를 믿고 기다리고 있었으며 생명의 진리나 성경적 예수를 추구하지 않았다. 그러므로 그들은 오늘까지도 오실 메시야를 기다리고 있는데, 그들은 영적인 말씀을 알지 못하기 때문에 예수가 어떻게 어떤 모습으로 오는지도 모르고 있는 것이다. 이렇게 우매하고, 이렇게 무지한 그들이 하나님이 선사하는 복을 어떻게 받을 수 있겠는가? 너희들이 말해보라! 그들이 예수를 배척한 것은 그들이 성령역사의 방향을 알지 못하였기 때문이며, 그들이 예수가 말하는 진리의 도를 알지 못하였기 때문이고, 더욱 그들이 메시야를 이해하지 못한 연고이기 때문이다. 그들이 메시야를 보지 못했고, 메시야와 함께 지내지도 못했기 때문에 그들이 모두 텅 빈 메시야의 이름만 지키고 갖은 수단으로 메시야의 실질을 배척하는 죄를 범하였다.

　이런 바리새인들의 실질은 곧 완고하고, 광신적이고, 진리에 복종하지 않으며 매우 교만한 것이다. 그러므로 그들이 하나님을 믿는 원칙은 예수가 말하는 도가 얼마나 높고 그의 권세가 얼마나 높은지 상관없이 그들은 오직 자신들이 메시야라고 인정하지 않으면 너는 그리스도가 아니라고 말한다. 그들의 이런 관점은 매우 망령되고 황당하지 않은가? 내가 다시 너희들에게 묻겠다. 너희들이 예수에 대하여 이렇게 이해하지 못한다면 너희들은 당시 바리새인들의 착오를 아주 쉽게 다시 범할 수 있지 않는가? 네가 무엇으로 진리가 참인지 거짓인지를 분별할 수 있는가? 네가 정말 오늘날 네게 오는 그리스도를 배척하지 않겠다고 보증할 수 있는가? 네가 진정으로 성령의 역사를 따를 수 있는가? 만약 네가 그리스도를 영접할런지 혹은 배척할런지 조차 모르고 있다면 너는 이미 사망의 변두리에 있다고 나는 말한다.

　오늘날의 메시야를 모르는 사람은 모두 오늘날 오는 예수를 배척하고, 예수를 버리고, 예수를 훼방하는 일을 하며 예수를 모욕하는 행동을 한다. 따라서 오늘날 말씀이 육신 되어 다시 오는 예수를 사탄처럼 취급하고 또 많은 사람들이 육신으로 다시 오는 예수를 이단으로 정죄를 하는데 너희들은 두렵지 않은가? 너희들이 이러한 죄를 범하고도 두려운 마음이 없는가? 너희들이 직면하게 되는 것은 바로 성령을 모독하는 것이며 또한 성령이 교회들에게 한 말씀을 말살해 버리고 예수가 발표한 말씀을 배척하는 것이다. 너희들이 이렇게 어리둥절하게 예수를 믿으면서 예수에게 무엇을 얻을 수 있겠는가? 너희들이 이렇게 잘못을 고집하며 깨닫지 못하면 흰 구름 타고 오는 예수를 어떻게 알 수 있으며 오늘날 예수의 사역을 어떻게 알 수 있겠는가? 내가 너희들에게 알리려 한다. 너희가 진리를 받아들이지 않고 오직 예수가 흰 구름을 타고 강림할 것만 기다리는 사람은 성령을 모독하는 사람이므로 이런 사람은 멸망의 종족으로 정한다.

　너희들은 오직 예수로부터 오는 은혜를 얻으려고만 생각하고 오직 천국의 복을 향수할 것만 생각하면서 지금까지 오늘날 예수의 말을 들으려 하지 않고 종래로 예수가 육신으로 다시 와서 발표한 진리를 받아들이려 하지 않는다. 너희들은 흰 구름이라는 영적인 의미도 모르면서 무엇을 가지고 예수가 흰 구름 타고 다시 온다고 기다리는가? 이러한 것들은 영적인 말씀의 의미도 모르면서 너희들이 자기를 높이 추켜들고 여러 해 동안 공작해 온 자본이 아닌가? 너희들은 무엇을 가지고 다시 오는 예수로 하여금 너희들을 신임하게 하려는가? 너희들은 어떠한 진리에도 순종하지 않는 그 광기의 본성이 아닌가? 너희들은 여러 차례 죄를 범하고도 오직 입으로만 죄를 승인할 심산인가?

너희들의 충성심은 입술에 있고 너희들의 인식은 사유관념 가운데 있으며 너희들의 고생은 천국의 복을 얻기 위한 것인데 너희들의 신심은 또 어떠한가? 오늘에 이르기까지 너희들은 이 마디마디의 진리에 직면하여 여전히 다시 온 예수를 본체만체하는 태도를 취하고 있다. 너희들은 누가 하나님인지도 모르고, 누가 그리스도인지도 모르고 또한 너희들은 여호와를 어떻게 경외하는지도 모르고 어떻게 성령의 역사 중에 진입하는 것도 모르고 있다. 또한 너희들은 하나님의 역사와 사람의 미혹을 분별할 줄도 모르면서 예수가 하는 말이 한마디라도 네 마음과 맞지 않으면 너는 예수를 정죄하고 배척한다. 너의 겸손이 어디에 있는가? 너의 순종이 어디에 있는가? 너의 충성심이 어디에 있는가? 네가 진리를 탐구하는 태도가 어디에 있는가? 네가 하나님을 경외하는 마음이 어디에 있는가? 내가 너희들에게 알리려 한다.

나는 하나님의 기적이나 이적으로 인해 하나님을 믿는 자들을 멸망의 종류로 결정하며, 육신으로 다시 오신 예수님이 한 말씀을 접수하지 않는 것들을 지옥의 자손으로 정하고, 마귀의 후예로 정하며 영원히 멸망될 종류로 정한다. 혹시 많은 사람들이 내가 한 말을 마음에 두지 않을 수 있다.

그러나 나는 여전히 예수를 따르는 일부의 성도들에게 알리려 한다. 바로 너희들이 육안으로 예수가 흰 구름 타고 하늘에서 내려오는 것을 친히 볼 때에는 이미 공의의 날이 공개적으로 나타날 때이다. 그때는 혹시 너의 심정이 매우 격동될 것이다. 그러나 네가 예수가 하늘로부터 내려오는 것을 볼 때는 바로 네가 지옥으로 내려가 징벌을 받을 때라는 것을 알아야 하며, 그때는 이미 하나님의 심판을 선고할 때이며, 하나님이 선한 것은 상을 주고 악한 것은 벌을 주는 때이다. 하나님의 심판은 사람들이 하나님의 이적을 보지 못하고 오직 진리를 발표할 때 이미 결정했기 때문이다. 하나님의 말씀을 영접하고 하나님의 이적을 구하지 않고도 깨끗하게 된 그런 사람은 하나님의 보좌 앞으로 돌아가게 되고, 조물주의 품속에 안기게 된다.

그러나 오직 흰 구름 타고 오지 않는 예수는 가짜 그리스도라는 신념을 가지고 있는 사람은 모두 영원한 징벌을 받게 된다. (예수께서 흰 구름 타고 오신다는 것은 영적인 비유로 말씀이 육신 되어 생명의 말씀을 가지고 오시는 예수를 말함) 왜냐하면 그들은 외적인 이적이나 표적을 나타내는 예수만을 기다리며 진정 흰 구름 타고 오셔서 생명의 말씀을 전파하는 예수는 인정하지 않기 때문이다. 이들은 오늘날 예수를 향해서 공개적으로 네가 진짜인지 가짜인지는 예수가 흰 구름을 타고 다시 돌아올 때 판단 할 수밖에 없다고 말한다.

그들은 너무 고집이 강하고, 너무 자기를 믿으며 너무 교만하다. 이러한 인간 쓰레기들이 어떻게 예수의 상을 받을 수 있겠는가? 예수의 다시 오심은 능히 진리를 접수하는 사람에 대하여서는 매우 큰 구원이고, 진리를 접수할 수 없는 사람에 대해서는 곧 죄를 정하는 기호로 된다. 너희들은 자기의 길을 선택해야 한다. 성령을 모독하고 진리를 버리는 일을 하지 말며 무지 광망한 사람이 되지 말며 성령의 인도에 순종하고 진리를 갈망하며 구하는 사람이 되어야 한다. 이렇게 하여야만 너희들에게 유익한 점이 있다. 나는 너희들에게 심중히 하나님을 믿는 길로 갈 것을 권하며, 제멋대로 결론을 내리지 말고 더욱 마음대로 적당하게 하나님을 믿어서는 안 된다. 너희들이 바로 알아야 할 것은 하나님을 믿는 사람이라면 최소한 겸허한 마음과 하나님을 경외하는 마음이 구비되어야 한다.

진리를 듣고 코웃음치는 그런 사람은 모두 우매하고 무지한 사람이며, 진리의 말씀을 듣고 자기 마음대로 결론을 내리고 혹은 죄를 정하는 사람은 모두 주제 넘는 것들이다. 예수를 믿고 있는 각 사람은 모두 다른 사람을 저주하고 정죄할 자격이 없다. 너희들은 모두 마땅히 이성이 있고 진리를 접수하는 사람이 되어야 한다. 혹시 네가 진리의 말씀을 듣고 생명의 말씀을 본 후, 이런 말씀이 조금이라도 너의 의사와 부합되고 〈성경〉과 부합되면, 곧 이 말씀을 가지고 계속 탐구해야 한다. 나는 네가 겸손한 사람이 되고, 자기를 몹시 믿지 말며, 자기를 너무 높이지 말기를 권한다.

네가 하나님을 경외하는 마음 중에서 더욱 큰 밝은 빛을 얻고, 네가 자세히 고찰하고 반복적으로 따져 보면, 내가 하는 말의 마디마디의 언어가 도대체 진리인가 비 진리인가 혹은 생명이 있는지 없는지를 알게 될 것이다.

혹시 어떤 사람은 몇 마디 말도 듣지 않고 맹목적으로 죄를 정하며, 혹시 〈이 말은 성령의 계시에 지나지 않는다〉고 말하며, 혹은 〈이것은 가짜 그리스도가 와서 사람을 미혹하는 것이다〉라고 말하는데, 이런 말을 하는 사람은 그야말로 매우 무지 몽매한 사람이다. 너는 하나님의 역사에 대하여, 하나님의 지혜에 대하여 이해가 너무나도 적다. 나는 네가 다시 새롭게 시작하기를 권한다! 너희들은 말세에 가짜 그리스도가 나타나는 것으로 인해 오늘날 육신으로 온 예수의 말을 맹목적으로 정죄하지 말아야 하며, 미혹을 받을까봐 두려워서 성령을 모독하는 사람이 되어서는 안 된다. 이렇게 된다면 너무나 아쉽지 않은가? 만약 네가 재삼 고찰한 후 여전히 이런 말씀이 진리가 아니고, 길이 아니며, 하나님의 발표가 아니라고 생각하면, 너는 곧 최종에 징벌을 받는 사람이고, 곧 멸망을 받을 사람이다.

이러한 진리를 이렇게 투철하게 말하고, 이렇게 명백하게 말했어도 네가 모두 받아들일 수 없다면, 너는 곧 구원받을 자격이 없는 사람이 아닌가? 생명이 없어 하나님 보좌 앞으로 돌아갈 수 없는 사람이 아닌가? 잘 생각해 보아라! 거칠게 말하지 말고, 경솔하게 행동하지 말며, 하나님을 믿는 일을 아이들의 장난으로 여기지 말고, 마땅히 자기의 보금자리를 위하여, 자기의 신앙을 위하여, 자기의 생명을 위하여 생각해야 하며 자기를 희롱하지 말아야 한다.

너는 지금까지 내가 한 말들을 믿고 모두 받아들일 수 있는가? 만일 내가 지금까지 한 이 말을 믿고 받아들이지 않는다면 너는 영원히 멸망을 받게 될 것이다.

2. 그리스도와 합할 수 없는 사람은 곧 하나님을 배척하는 사람이다.

　사람들은 모두 예수의 진짜 면모를 보고 싶어하고 모두 예수와 함께 있기를 원한다. 예수를 믿는 자들이 예수를 보고 싶지 않고 예수와 함께 있고 싶지 않다고 말할 수 있는 형제 자매들은 하나도 없다고 나는 생각한다. 너희들이 예수를 보기 전에, 다시 말해서 너희들이 말씀이 육신으로 온 하나님을 보기 전에, 너희들은 매우 많은 생각이 있을 것이다. 예를 들면 예수의 생김새는 어떠하며, 그의 말은 어떠하며, 그의 생활방식은 어떠한가 등등. 그러나 너희들이 진짜 예수를 보았을 때는 너희들이 너무 놀라거나 큰 실망을 하게 될 것이다. 이는 무엇 때문인가? 너희들이 알고 싶은가? 나는 사람의 생각을 소홀히 할 수 없지만 그리스도의 실질을 사람이 변형시키는 것은 절대로 허용할 수가 없다. 너희들은 예수를 신선으로 여기고 성인으로 여기고 있으며, 예수의 얼굴이나 머리에 후광이 있는 화려하고 위대한 예수로 생각하고 있다. 그러므로 예수는 단지 신성을 가지고 있을 뿐 외모는 일반적인 보통사람과 같다고 보는 사람은 한 사람도 없다.
　이 때문에 밤낮 예수를 기다리며 보려고 생각하는 허다한 사람들이 의외로 예수와 적이 되고 예수와 절대로 연합할 수 없는데, 그것은 사람들이 예수를 잘못 알고 있기 때문이다. 지금에 이르기까지 너희들이 예수에 대한 충성심으로 예수의 얼굴을 볼 자격이 넉넉하다고 여전히 인정하고 있지만 나는 하나님의 말씀으로 충분히 준비할 것을 내가 너희들에게 권한다. 하나님은 처음에 왔던 예수 이후에도 계속하여 예수를 다시 보내주었지만 예수를 만난 많은 사람들이 예수를 몰라보고 모두 바리새인들과 같이 예수를 배척하였다. 너희들이 예수에 대해 실패한 원인은 무엇인가? 그것은 너희들이 기다리는 예수는 위대하고 위엄이 있는 화려한 모습의 예수이기 때문이다. 그러나 예수는 사람들이 기대하고 원하는 그런 예수가 아니다.

　예수는 높고 크지 않을 뿐만 아니라 오히려 낮고 겸손한 보통 사람이며, 하늘로 올라갈 수 없을 뿐만 아니라 땅에서도 자유자재로 왔다 갔다 할 수 없는 지극히 평범한 사람이다. 이렇기 때문에 사람들은 외모만 보고 너희를 구원하려고 오신 예수를 보통 사람과 같이 대하며, 그와 함께 있으면서도 그를 함부로 대하며, 그와 말할 때에도 경솔히 함부로 말하며, 여전히 진정한 예수가 다시 오기를 기다리고 있는 것이다.

　그들은 이미 와 있는 예수를 보통 사람으로 여기고, 그가 한 말을 보통사람이 한 말로 대하기 때문에 예수로부터 아무 것도 얻지 못하고 도리어 자기의 추악한 모습만 드러내게 되는 것이다.

　네가 예수를 접촉하기 전에는 자기의 성품이 이미 완전히 변화되었다고 생각할 수 있고 예수를 충심으로 따르는 자라고 생각할 수 있고, 하나님의 축복을 받을 수 있는 자격이 있는 사람이라고 생각할 수 있다. 그러나 네가 그렇게 생각하는 것은 네가 많은 신앙의 길을 걸었고, 하나님의 일을 많이 하고, 전도의 열매를 많이 맺었고 최종에는 네가 꼭 면류관을 얻는 사람이라고 생각하고 있기 때문이다. 그러나 너는 이러한 분명한 사실을 아는가. 사람들의 부패한 성품과 패역, 그리고 배도 하는 것들은 예수를 볼 때 모두 드러나게 된다. 따라서 이때 너희 앞에 나타나게 되는 패역과 배도의 죄는 어느것 보다 크며 매우 심각한 것이다. 왜냐하면 예수는 인성을 가지고 있는 보통사람이기 때문에 사람들이 그에 대하여 소홀히 하며 무시하며 존경하지 않기 때문이다, 이렇게 예수를 모르기 때문에 사람들은 예수를 함부로 대할 뿐만 아니라 배척과 핍박을 수시로 하게 되어 예수 앞에 그들의 악과 죄성이 모두 드러나게 되는 것이다. 그러므로 예수가 와서 인류의 패역을 모두 발굴해 내었고 예수가 와서 인류의 죄성을 낱낱이 모두 드러낸 것이다. 이런데도 불구하고 네가 하나님에 대하여 충성심이 있는 사람이라고 감히 말할 수 있는가? 네가 하나님에 대하여 절대적으로 순종하는 사람이라고 감히 말할 수 있는가? 네가 패역한 행위가 없는 사람이라고 감히 말할 수 있는가?

그런데 어떤 사람은 말하기를 하나님이 나의 환경을 매번 바꾸어도 나는 원망하지 않았고 모두 순종할 수 있으며 하나님에 대하여 조금도 불만이 없다고 말한다. 또 어떤 사람은 말하기를 하나님이 나더러 하라고 한 일을 나는 언제나 힘껏 완성했고 언제나 대충 대충하지 않았다고 큰소리 친다. 그러면 내가 너희들에게 묻겠다. 너희들이 그리스도의 고난에 함께 참여할 수 있고 능히 그와 연합되어 그와 같이 될 수 있는가? 그리스도의 고난에 얼마나 참고 견디겠는가? 한 달, 두 달, 아니면 하루, 이틀? 너희들의 신심은 매우 좋다고 생각하지만 실제 너희들의 의지력은 그리 많지 않다.

네가 실제로 예수와 함께 생활을 한다면, 네가 지금까지 스스로 옳다고 여기고 자기를 높였던 것들이 너의 언행에 따라 조금씩 드러나게 되고, 너의 사치한 욕망과 내속에 불만스러운 심리도 자연히 드러나게 된다. 결국 마지막에는 너의 과대망상이 더욱 더 가중해지고, 물과 불이 상용되지 않게 될 때, 곧 너의 본성이 전부 드러나게 된다. 그때 너의 관념은 덮어 감출 수 없고, 너의 원망도 자연히 드러나게 되며, 너의 그 비열한 인성이 전부 드러나게 된다. 이래도 너는 여전히 자기의 패역을 승인하지 않고 이러한 예수는 사람들이 아주 받아들이기 어려우며, 이러한 예수는 너무 야박스럽다고 불평을 하게 된다. 그러나 만약 너를 인정해주고 칭찬해주는 그런 예수가 오면 너는 그 예수에게는 완전히 순종할 수 있다고 생각할 것이다.

너희들은 이렇게 패역하게 된 원인이 있는데 그것은 모두 예수가 이렇게 만든 것이며 예수 때문에 패역하게 되었다고 말한다. 너희들은 지금까지 자신은 예수를 하나님으로 믿으며 그에게 순종한다고 말은 하면서도 예수가 너의 마음이나 너의 신앙에 맞지 않으면 예수가 하나님이 아니고 사람이라고 취급하며 멸시한다. 이와 같이 너희 중에 허다한 사람들이 모두 예수와 겨루어 보지 않았는가? 너희들이 믿는 예수는 도대체 어떤 예수인가? 너희들은 또 예수를 무엇 때문에 추구하며 기다리고 있는가?

너희들은 언제나 예수를 보려고 생각하는데 너희들이 자기를 너무 높이 보지 말 것을 내가 권한다. 왜냐하면 너희가 너무 교만하기 때문에 혹시 예수를 만난다해도 예수를 알아보지 못하기 때문이다. 너희가 악이 가득하고, 광기가 가득하고, 패역이 가득하기에 예수를 만났을 때 너의 본성이 예수를 멸시하게 되고 너의 본성이 예수를 사형에 해당하는 죄로 판결하기 때문이다. 네가 한 형제를 만났을 때 너는 그 형제에 대하여 어떻다는 것을 알 수 있을지는 모르지만, 네가 예수를 만났을 때는 예수에 대하여 잘 알 수가 없다. 그 이유는 너의 관념이 수시로 잘못된 뿌리를 내리고 너의 과대망상이 수시로 싹이 트고, 너의 패역이 수시로 열매를 맺고 있는데 이러한 네가 어떻게 예수를 알 수 있단 말인가? 이러한 네가 진정으로 예수를 진실로 믿을 수 있으며 예수를 하나님같이 존경하며 그에게 순종할 수 있는가? 너는 진정으로 하나님께 순종하려는 진실한 마음이 있는가? 너희들은 모두 하늘에 계신 하나님만 높게 여기고 경배하며, 육안으로 볼 수 있는 예수는 사람으로 여기는데 너희의 이해는 매우 부족하며 너희들의 인성은 아주 비천하다! 너희들은 예수그리스도를 영원히 하나님으로 보지 않으며 어쩌다가 너의 일이 잘 될 때만 예수를 끌어다가 하나님으로 여기고 경배한다.

 그러므로 너희들은 하나님을 믿는 사람이 아니며 예수를 배척하는 역할을 하는 무리의 악당이라고 나는 말한다. 세상에서 불쌍한 사람에게 은혜를 베푸는 사람은 그래도 인정을 받을 수 있지만 그리스도는 너희들 가운데서 이렇게 사역을 하여도 의외로 사람들의 사랑을 받지 못하고 오히려 사람들에게 핍박과 멸시천대를 받는 이것이 예수로 하여금 가슴이 쓰리고 눈물을 흘릴 일이 아닌가?

 혹시 네가 하나님을 여러해 동안 믿으면서 지금까지 어떠한 사람도 욕설해 본 적이 없고, 종래로 나쁜 일을 한 적도 없다해도 네가 예수와 접촉하면서 진실한 말을 할 수 없고 진실한 일을 할 수 없고, 또한 예수의 말에 순종할 수 없다면, 너는 세상에서 가장 음흉하고 악한 사람이라고 나는 말한다. 너는 너의 친근한 벗에 대하여 너는 너의 아내와 자식들과 너의 부모에 대하여 모두 특별히 우호적이고 특별히 충성하며 지금까지 어떠한 사람의 덕을 보려고도 하지 않았다 해도 네가 그리스도와 서로 연합되지 못하고 그리스도와 화목하게 지내지 못한다면,

나는 너를 악한 자라고 말한다.

또한 네 소유의 모두를 너의 고향 이웃집에 구제해 주고 혹은 너의 부모와 가족을 빈틈없이 보살펴 주는 일을 한다해도 그리스도와 연합되지 못하면 너는 여전히 악한 사람이고, 궤계가 많은 악한 사람이라고 나는 말한다. 네가 사람들에게 선을 베풀고 사람과 잘 연합하는 것이 곧 예수와 연합된다고 생각지 말라. 그리고 네가 세상에서 좋은 일을 하고 육신적인 구제를 좀 한 것이 곧 예수와 연합되는 것이라고 생각지 말라. 너는 지금까지 행한 너의 선행으로 능히 하늘로 올라가는 복을 교묘하게 취할 수 있다고 생각하는가? 네가 좋은 일을 좀 하는 것으로 너의 순종을 대체할 수 있다고 생각하는가? 너희 각 사람들은 모두 예수를 대적하고 예수의 말을 받아들이지 못하고 예수의 인성을 받아들이지 않으면서도 말끝마다 하나님께 순종한다고 말하는데 너희들의 이런 신앙은 응당한 보응을 받게 될 것이다.

너희들은 실현할 수 없는 엉뚱한 생각을 하지 말며, 그리스도를 보려는 생각을 하지 말라. 너희들의 믿음의 분량이 매우 적기 때문에 예수를 볼 수 없는 것이다. 너의 패역이 완전히 벗겨지고, 네가 능히 예수와 함께 화목하게 지낼 수 있을 때 하나님은 자연히 너에게 나타나게 될 것이다.

만약 네가 시험과 연단의 훈련과정을 경과하지 않고 하나님을 만나려면 너는 하나님을 배척하는 사람으로 결정될 것이며, 너는 멸망의 대상으로 결정될 것이다. 사람은 모두 사탄에 의해 몹시 부패된 상태이기 때문에 예수를 대적하는 것이다. 그러나 만약 사람들이 부패한 상태라도 예수님과 함께 생활하게 되면 좋은 결과를 얻을 수 있다. 사람의 언행은 이르는 곳마다 부패한 것이 드러나게 되고 하나님과 접촉할 때마다 패역이 드러나게 되어 저도 모르게 예수를 배척하고 예수를 속이고, 그리스도를 버리는 사람이 되고 만다. 그때 사람의 처지는 더욱 위험하게 되는데 이렇게 하다간 곧 하나님의 징벌의 대상이 되고 만다.

어떤 사람은 하나님과 접촉하는 것이 매우 위험하게 된 바에는 하나님과 멀리하는 것이 좋다고 생각하는데 이러한 사람이 무엇을 얻을 수 있겠는가? 하나님에 대하여 능히 충성할 수 있는가? 하나님과 접촉하는 일이 쉬운 것이 아니지만, 그것은 사람들이 모두 부패했기 때문에 그렇게 된 것이지 본래 사람이 하나님과 접촉할 수 없었던 것은 아니다. 너희들이 하나님과 만날 수 있는 가장 좋은 길은 말씀을 통해서 하나님을 보는 것이다.

하나님이 무엇 때문에 너희를 크게 보지 않는가? 무엇 때문에 너희들의 성품이 그로 하여금 미워하고 증오하게 하는가? 무엇 때문에 너희들의 말하는 내용과 태도가 그로 하여금 미워하고 증오하게 하는가? 너희들에게 충성심이 조금 있으면 곧 제 자랑을 하고 공헌이 조금 있으면 곧 보수를 요구하고 조금 순종하면 곧 다른 사람을 업신여기고, 자그마한 일을 좀 하면 눈에 하나님이 보이지 않는다.

너희들이 하나님을 대접하고는 돈을 요구하고 물건을 요구하고 칭찬을 요구한다. 또한 동전 두 잎을 헌납하고는 가슴 아파하며 동전 열 잎을 바치고는 축복을 요구하는데, 이런 자들은 불신자들보다 못한 사람이다. 이러한 자들은 하나님의 말씀을 눈으로 보지도 못하고 귀로 듣기도 어렵다. 너희들의 언어 행위가 무슨 자랑할 만한 것이 있는가? 너의 본분을 지키는 것, 너의 본분을 지키지 않는 것, 양을 거느리는 것, 목자를 따르는 것, 하나님을 접대하는 것, 하나님을 접대하지 않는 것, 헌물을 헌납하는 것, 헌납하지 않는 것, 영혼들을 전도하는 것, 하나님의 말씀을 아는 것, 등 사람들이 모두 제 자랑 하는데, 너희들이 우습지 않은가? 자기가 하나님을 믿으면서 하나님과 연합될 수 없음을 뻔히 알면서도 그리고 자기의 옳은 것이라고는 하나도 없음을 뻔히 알면서도 여전히 자기 스스로 자기를 자랑하는데 너희들은 너희 의지가 이미 자신이 억제하기 어려운 지경에 도달했음을 느끼지 못하는가? 이러한 의지가 어떻게 하나님과 접촉할 자격이 있는가? 지금 너희는 무엇 때문에 자신을 위해 걱정하지 않는가? 너희들의 성품이 이미 하나님과 연합될 수 없는 형편에 이르렀는데 너희들의 믿음이 아주 우습지 않은가? 너희들의 믿음이 황당하지 않은가? 네 자신이 어떻게 너의 미래를 장담하겠는가? 어떻게 네가 가는 길을 스스로 알고 선택할 수 있는가?

  그러므로 너는 오늘날의 구원자인 예수를 반드시 구하고 찾고 두드려야 한다. 왜냐하면 오늘날 말씀이 육신되어 온 예수님만이 이러한 문제들을 해결해 줄 수 있기 때문이다.

3. 청함을 받은 자는 많되 택함을 입은 자는 적다.

　지상에서 나는 허다한 사람을 찾아 나를 따르는 자로 만들었다. 나를 따르는 자 중에는 제사를 맡아보는 제사장도 있고, 살림을 하는 집사도 있고, 하나님의 아들도 있고, 하나님의 백성들도 있고, 주의 일을 열심히 하는 일군도 있다. 나는 사람이 나에 대한 충성심에 의해 그 종류별로 나눈다. 바로 사람을 각기 종류대로 나눌 때 역시 각 종류대로 사람의 본성이 모두 드러난 그때 나는 각종 류형의 사람을 모두 그 합당한 위치에 놓는 것은 내가 사람을 구원하는 목적을 도달하기 위한데 있다. 나는 내가 구원하려는 사람을 패를 나누어 소집하여 나의 집에 모이게 한 다음, 소수의 이런 사람으로 하여금 모두 내가 말세에 하는 역사를 접수하게 하는 동시에 사람을 모두 류형별로 구분한 후 각 사람이 행한데 근거하여 각 사람에게 상벌을 주는데 이것이 나의 일이며 역사이다.
　오늘 내가 지상에서 생활하고 사람들 가운데서 생활하고 사람들이 모두 나의 역사를 경험하고 모두 내가 말하는 것을 보고 있다. 나는 전부의 진리를 모두 나를 따르는 각 사람에게 주어 사람으로 하여금 모두 나로부터 생명을 얻게 하고 이로 인하여 행할 길을 얻게 한다. 그것은 내가 생명을 선사하는 말씀이 육신된 하나님이기 때문이다. 나의 여러 해 동안의 역사 중에서 사람들은 많은 것을 얻었고 많은 것을 버렸다. 그러나 사람은 입으로만 내가 하나님이라는 것을 승인하고 도리어 나의 입에서 나오는 진리를 중요하게 여기지 않으며 더욱 내가 사람에 대하여 요구한 진리를 실행하지 않기 때문에 사람이 나를 진실하게 믿지 않는다고 나는 여전히 말한다. 다시 말해서 사람들은 하나님만 승인하고, 진리가 있는 오늘날의 예수는 승인하지 않으며 사람들이 하나님의 생명은 승인하면서 오늘날 예수의 생명은 승인하지 않으며 사람들은 하나님의 이름만 승인하고 하나님의 실체는 승인하지 않는다. 나는 이렇게 잘못된 신앙을 가지고 있는 사람에 대하여 미워하고 증오한다. 사람은 오직 듣기 좋은 말로서 나를 왜곡하기 때문에 진심으로 나를 경배하는 사람은 하나도 없다. 너희들의 말 중에는 독사의 유혹을 가지고 있고 너희의 언어는 매우 광망하고 천사장의 외침 같으나 너희의 행위는 더욱 낡아빠지고 너희의 사치한 욕망과 탐욕스러운 심보는 더욱 듣기에 끔찍스럽다.

너희는 모두 내 집의 좀 벌레 같이 되었고, 모두 내가 미워서 버리는 대상이 되었다. 그것은 너희는 모두 진리를 즐기는 사람이 아니고, 오직 복 얻기를 즐기는 사람이며, 천국에 오르기만 즐기는 사람이며 능력과 권세를 가진 그리스도가 지상에 오는 것을 바라며 즐기는 사람들이기 때문이다. 이렇게 극도로 부패하여 진정 무엇이 하나님인지도 모르는 너희가 어떻게 하나님을 따를 자격이 있는가를 생각해 보았는가? 이러한 신앙으로 너희가 천국으로 능히 갈 수 있는가? 너희가 지금까지 보지 못한 천국의 아름다운 경치를 볼 자격이 있는가? 너희들의 입에는 나를 속이는 언어로 가득 찼고 더러운 언어로 가득 찼고 나를 배반하는 언어로 가득 찼고 광망한 언어로 가득차 있다.

너희는 지금까지 진실한 언어로서 나에게 토로한 적이 없고, 성결한 언어가 없고 내 말을 경청하거나 나에게 순종하는 말이 없다. 너희의 믿음은 도대체 어디 있는가? 너희들의 마음속에는 욕망으로 가득 찼고 금전과 물질로 너희의 두뇌를 충만하게 한다. 너희는 모두 나한테서 무엇을 어떻게 얻겠는가를 날마다 타산하며 모두 나한테서 금전과 물질을 얼마 얻을 수 있겠는가를 날마다 타산하며 모두 더욱 많은 축복이 너희 몸에 임하기를 날마다 기다리고 있으며 너희는 더욱 많고 더욱 높은 향수 지물(향수를 누릴 수 있는 물건)을 취하여 행복을 누리려 한다. 너희들이 매 시각마다 생각하는 것은 내가 아니며, 나한테서 오는 진리가 아니라 너희의 남편이나 아내 혹은 자녀 그리고 너희의 먹고 입는 것이며 또한 너희가 어떻게 더욱 좋고 더욱 높은 것들을 향수할 수 있겠는가를 생각한다. 그러나 너희가 이렇게 자기의 배를 가득 채운다해도 하나의 죽은 시체가 아닌가? 너희가 겉모양을 특별히 화려하게 장식하여도 너희는 여전히 생기가 없는 산 송장이 아닌가? 너희가 모두 자기의 배를 위하여 머리가 희도록 고생하였지 나의 공작을 위하여 털 한 오라기라도 바친 사람이 없다. 너희는 육체를 위하여 아들 딸을 위하여 수고하고 머리를 짜지만 나의 뜻을 위하여 조급해 하고 근심하는 사람은 한 사람도 없다. 그런데 너희가 나한테서 또 무엇을 얻으려고 생각하는가?

　나는 하나님의 일을 언제나 덤비지 않고 바쁘지 않게 하는데 사람이 어떻게 따르던지를 막론하고 나는 모두 나의 계획에 근거하여 역사한다. 그러므로 너희들이 이렇게 패역할 지라도, 나는 여전히 나의 역사를 정지하지 않고 내가 해야 할 일을 여전히 하고 있다. 나는 내가 이미 예정한 사람들을 모두 나의 집에 소집해 놓고 나의 말을 듣는 대상으로 삼은 다음 나의 말에 순종하고 갈망하는 소수의 사람들을 모두 나의 보좌 앞에서 규칙을 지키게 한다. 그러나 나의 말을 배반하고 나에게 순종하지 않고, 나를 공개적으로 대적하는 사람은 모두 한쪽에 놓고 최후의 징벌을 기다리게 한다. 사람은 모두 부패한 중에서 살고 있고, 악한 자의 수하에서 살고 있다. 그러므로 나를 따르는 사람, 진리를 갈망하는 사람이 많지 않다. 다시 말해서 다수 사람들이 진실하게 나를 경배하지 않고 진리로서 나를 경배하지 않으며 부패, 패역, 기만하는 수단으로 나의 신임을 얻으려 하고 있다.

그러므로 나는 〈청함을 받은 자는 많되 택함을 입은 자는 적다〉고 말한다. 청함을 받은 사람은 모두 극도로 부패한 사람이고, 모두 동일한 시대에서 생활하는 사람이다. 그러나 선택된 사람은 다만 진리를 승인하고 믿는 일부분의 사람이며, 진리를 실행하는 소수의 사람이다. 이 일부분의 사람은 근근히 아주 소수로서, 이런 사람들 가운데서 나는 더욱 큰 영광을 얻게 된다. 너희가 이러한 말을 대조해 보면 잘 알 것인데 너희는 과연 청함을 받은 사람인가 선택을 받은 사람인가? 너희가 청함을 받은 자라면 너희의 결말은 어떻게 될 것인가?

나는 이미 나를 따르는 사람은 매우 많으나 진심으로 나를 사랑하는 사람은 많지 않다고 말하였다. 혹시 어떤 사람은 말하기를 내가 만약 당신을 사랑하지 않으면 어떻게 이런 힘든 일을 할 수 있고, 내가 만약 당신을 사랑하지 않으면 오늘까지 당신을 따를 수 있는가? 라고 말한다. 그러나 비록 너의 이유는 매우 많고 비록 너의 사랑은 매우 크지만, 네가 나를 사랑하는 진실이 어디에 있는가? 내가 말하는 〈사랑〉은 순진하고 흠집이 없는 마음을 가리키며, 마음으로 느끼고 이웃을 네 몸과 같이 보살피는 것이다. 〈사랑〉에는 조건이 없고 간격이 없고, 거리가 없다. 〈사랑〉에는 의심이 없고 편견이 없고, 간교함이 없다. 〈사랑〉에는 거리가 없고, 어떠한 뒤섞음도 없다.

네가 사랑이 있으면 곧 편견하지 않고 곧 원망이 없고 곧 배반이 없고 곧 패역이 없고 곧 요구하는 것이 없고 곧 무엇을 얻으려고 하지않고 얼마를 얻으려고 하지 않는다.

네가 사랑이 있으면 너의 모든 것을 달갑게 바쳐야 하고 어떠한 고생도 달갑게 받아야 하며 또한 나와 연합되어야 하고 나를 위하여 너의 모든 것을 버려야 한다. 너는 네가 사랑하는 너의 집, 너의 전토, 너의 친척, 너의 청춘을 버려야 한다. 그렇지 않으면 나에 대한 너의 사랑은 곧 사랑이 아니고 기만하는 것이며 배반이다! 너에게는 어떠한 사랑이 있는가? 진정한 사랑인가? 가짜 사랑인가? 너는 지금까지 나를 위해 얼마를 버렸는가? 또한 너는 나를 위해 얼마를 바쳤는가? 너는 나한테서 받은 사랑이 얼마나 있는가? 너는 아는가? 너희의 마음에는 악이 충만하고 배반이 충만하고 편견이 충만하다.

이러한 너의 사랑에 얼마나 뒤섞음이 있는가? 너희는 나를 위하여 넉넉하게 많은 것을 버렸다고 여기고 너희는 너희가 나에 대한 사랑이 충분히 많다고 여기나 너희의 언행은 오히려 패역을 가지고 항상 편견을 가지고 있는 것은 무엇 때문인가? 너희가 나를 따르면서 되려 나의 말을 승인하지 않는 이것도 사랑이라 할 수 있는가? 너희가 나를 따르면서 되려 나를 버리는 이것도 사랑이라 할 수 있는가? 너희들이 나를 따르면서 되려 나의 존재를 용납할 수 없는 것도 사랑이라 할 수 있는가? 너희가 나를 따르면서 되려 나의 신분으로 나를 대하지 않고 곳곳마다 나를 딱하게 만드는 이것도 사랑이라 할 수 있는가? 너희가 나를 따르면서 되려 매 한가지 일에서 모두 나를 멀리 하고 나를 기만하는 이것도 사랑이라 할 수 있는가? 너희가 나를 섬기면서 되려 나를 두려워하지 않는 이것도 사랑이라 할 수 있는가? 너희가 곳곳마다 일마다 나와 적이 되는 이 모두가 사랑이라 할 수 있는가? 너희의 공헌은 매우 많으나, 너희가 지금까지 내가 너희에게 요구한 것들을 실행하지 않는 이것도 사랑이라 할 수 있는가? 자세히 타산해 보자.

  너희의 몸에는 나를 사랑하는 느낌이 조금이라도 있는가? 이 여러해 동안의 역사, 이렇게 많은 말씀을 공급하였는데 너희는 진정 얼마나 많은 것들을 얻게 되었는가? 너희는 이러한 것들을 자세히 추억해 보지 않겠는가? 내가 너희에게 충고한다. 내가 부른 사람들은 부패함을 경과하지 않은 깨끗한 사람이 아니라 모두 허물 많고 죄 많은 자들이다. 내가 선택한 사람은 곧 진리를 사랑하고 나를 진심으로 사랑하는 사람이다.

  그러므로 너희는 항상 자기의 언행을 경계하고, 자기의 먹은 마음을 자세히 살펴보며 자기의 생각이 한계를 넘지 말아야 한다.

  마지막 때까지 자신이 소유하고 있는 능력을 다하여 너희의 사랑을 내 앞에 충성하기를 바란다. 만일 그렇게 하지 않으면 나의 렬노(극한 분노)가 영원히 네게서 떠나지 않을 것이다.

4. 네가 그리스도와 연합되는 도를 탐구할 때

나는 인간들 가운데서 허다한 사역을 하였다. 나는 특히 성경 말씀을 통해서 나의 뜻과 나의 역사를 여러 모양으로 발표하였다. 이러한 말씀은 모두 사람들을 구원받게 하는 언어이고 모든 사람으로 하여금 나와 연합되게 하기 위하여 발표한 언어이다. 그러나 내가 지상에서 나와 연합되는 사람을 얻은 것은 지금까지 몇 사람 안 된다. 그러므로 나는 모든 사람들이 나의 언어를 소중하게 여기지 않는다고 말하는 것이며 또한 나와 연합되는 사람이 극히 적다는 것이다. 내가 하는 일은 단지 사람으로 하여금 나를 경배하게 하기 위한 것이 아니라 사람으로 하여금 능히 나와 하나로 연합되게 하려는 것이다. 그런데 비진리로 인해서 부패한 사람은 모두 사탄의 그물 속에서 살며, 모두 육체 속에서 살고 있으며, 또한 사욕 중에서 살기 때문에, 근본적으로 나와 연합될 수 있는 사람이 하나도 없다는 것이다. 나와 연합할 수 있다고 자청하는 그런 사람은 모두 허탄한 우상을 숭배하는 사람이다.

그들은 입술로 나의 이름을 거룩하다고는 하나, 그들이 하는 행동은 전혀 다르며, 그들의 언행은 모두 교만으로 가득 차 있다. 그들은 본래 모두 나와 적이 되기 때문에, 모두 나와 연합되지 않는다. 그들은 날마다 〈성경〉에서 나의 종적을 찾고, 또한 마음대로 자신에게 유리한 구절만을 찾아 자신에게 주는 말씀으로 읽으며 기뻐하고 있다. 따라서 성경을 하나님의 말씀으로 여기고 구절들을 암기하지만 그들이 어떻게 나와 연합하는 것도 모르고 무엇이 나와 적이 되는 것도 모르면서, 오직 성경만을 읽고 있다. 그들은 근본 하나님을 보지도 못하고, 또한 볼 수도 없는 묘망한 하나님을 〈성경〉중에 규정하고, 한가할 때면 성경을 들여다본다. 그들은 〈성경〉의 범위 내에서 나의 존재를 신앙하고, 그들은 나와 성경을 같게 여기며, 성경이 없으면 곧 내가 없고, 내가 없으면 곧 성경이 없다고 말한다. 그들은 나의 존재를 염두에 두지 않고 나의 말을 대수롭지 않게 여기면서 성경 구절은 비상하게 특별히 여기며, 심지어 더욱 많은 사람들이 경문의 예언이 없으면 내가 하려고 하는 어떠한 일도 하면 안 된다고 말한다.

그들은 성경을 아주 중요하게 생각하고 보는데 특히 성경의 글귀를 매우 중요하게 본다. 더욱 그들은 〈성경〉의 장절을 가지고 나의 말을 한마디 한마디 가늠해 보며, 〈성경〉의 장절로 죄를 정한다. 그들이 성경에서 찾는 것은 나와 연합되는 말씀이 아니고, 그들이 찾는 것은 진리와 연합되는 말씀이 아니며 단지 〈성경〉의 글귀가 자신의 마음과 생각, 즉 욕심에 맞는 말씀을 찾는 것이다. 그들은 자기의 생각과 부합되지 않는 말씀은 모두 나의 역사가 아니라고 생각하는데 이런 사람들이 바로 바리새인의 후손이며 바리새인의 자손이 아닌가? 유대교의 바리새인들은 모세의 율법으로 예수의 죄를 정하였다. 그들은 오늘의 예수와 어떻게 연합할 것인가를 찾지 않고 오직 욕심만을 추구하면서 예수가 구약의 율법을 지키지 않는다는 이유와 또한 예수가 자칭 메시야라는 죄명으로 무죄한 예수를 십자가에 못박아 죽인 것이다.

그들의 본질은 무엇인가? 그들은 결국 진리와 연합되는 말씀을 찾지 않는 결과가 아닌가? 그들은 오직 성경의 글자와 구절에만 관심을 가지고 나의 뜻과 내가 행하는 일에는 주의를 기울이지 않는다. 그들은 진리를 찾는 사람이 아니고, 성경 글귀만 사수하는 사람이며 그들은 예수를 믿는 사람이 아니고, 〈성경〉을 믿는 사람이며 더 분명하게 말한다면 그들은 모두 〈성경〉을 지키는 노예다. 그들은 〈성경〉을 자신의 이익을 수호하기 위하여, 자신의 존엄을 위하여, 자신의 명성을 위하여, 그들은 인자한 예수를 십자가에 못박은 것이다.

그들이 이렇게 하는 것은 오직 그들의 교리와 전통신앙을 지키기 위한 것이고, 자신의 지위를 수호하기 위한 것이다. 그러므로 그들은 그들의 신앙과 교리와 부합되지 않는 예수를 사형에 처한 것이다. 그들은 성경이 주가 아니라 자신들이 만든 교리와 전통신앙이 그들의 하나님이요 주인 것이다. 오늘날 하나님의 백성들은 또 어떠한가? 천국으로 가기 위하여 자기 유익을 위하여 자기의 교회와 교인들을 지키기 위하여 그리고 그들이 만든 교리와 그들이 믿고 섬기는 예수(이천년 전에 왔던 예수)를 지키기 위하여 오늘날의 말씀육신으로 와서 진리를 선포하는 예수를 재차 십자가에 못박고 있다. 사람의 마음이 이렇게 악독하고, 사람의 본성이 이렇게 나와 적대되는데 어떻게 내가 저들을 구원할 수 있으며 또한 저들이 나의 구원을 얻을 수 있겠는가?

내가 사람들 가운데서 함께 생활하여도 사람들은 모두 나의 존재를 모르며 내가 나의 빛을 사람들의 몸에 비추어도, 사람들은 여전히 나의 존재를 모르며, 또한 내가 분노를 직접 사람의 몸에 내렸을 때도 사람들은 더욱 나의 존재를 모르고 부인한다.

사람들은 모두 성경 글귀를 자기에게 맞는 것만 받아들이고 〈성경〉에서 자기 욕심과 연합하는 것만 찾고, 내 앞에서 진리와 연합하는 말씀을 찾는 사람은 하나도 없다. 그러나 성경을 자세히 살펴보면 모두 나에 대해서 기록하고 있다는 것을 알 수 있다. 사람들은 모두 하늘에 있는 나를 우러러보고 사람들은 모두 하늘에 있는 나의 존재를 특별히 관심 하면서도 오늘날 말씀육신으로 와서 현존하고 있는 나를 주목하는 사람은 하나도 없다. 그것은 나의 외모가 사람들이 보기에 흠모할 만한 것이나 특별한 것이 하나도 없는 지극히 평범한 사람이기 때문이다.

오직 성경의 글귀와 자기 욕심에 맞는 말씀을 찾는 사람과 기복의 하나님과 연합하는 것을 찾는 그런 사람을 나는 비천하다고 본다. 그들이 숭배하는 성경은 죽은 글귀이고, 그들이 숭배하는 하나님은 사람을 좌지우지하며 사람에게 만가지 복을 준다는 그들의 우상하나님이다. 이런 사람이 나한테서 또 무엇을 얻을 수 있는가? 이런 사람들의 비천함은 그야말로 말할 나위도 없다. 나와 적이 되는 이런 사람, 나에 대하여 무한히 요구하고 있는 이런 사람, 진리를 즐기지 않는 이런 사람, 나를 패역하는 이런 사람이 어떻게 나와 연합할 수 있는가?

나와 적이 되는 사람은 곧 나와 연합되지 않는 사람이고, 진리를 즐기지 않는 사람도 나와 연합되지 않는 사람이며, 나에게 패역하는 사람은 더욱 나와 적이 되는 사람이고, 나와 연합되지 않는 사람이다.

나는 나와 연합할 수 없는 많은 사람을 악한 자의 손아래에 맡겨 놓고 악한 자의 부패 중에 맡겨놓아 제 마음대로 그 악행이 드러나게 하여 마지막에는 그들을 모두 사탄마귀에게 맡겨 삼켜버리게 한다. 나는 나를 경배하는 사람이 얼마나 많이 있는가를 중요시하지 않는다. 다시 말해서 나는 나를 신앙하는 사람이 얼마 있는가를 관계하지 않고 나는 오직 나와 연합하는 사람이 얼마나 있는가를 주시한다. 무릇 나와 연합할 수 없는 사람은 모두 나를 배반한 악한 자이고 나의 적이다. 나는 이러한 나의 적을 나의 집에 두고 절대로 양육하지 않는다. 나와 연합되는 그런 사람은 영원히 나의 집에서 나를 섬기지만, 나와 적이 되는 그런 사람은 영원히 나의 징벌을 받게 될 것이다.

오직 〈성경〉의 글귀만 주시하고 진리를 주의하지 않는 그런 사람이나, 나의 발자취를 찾지 않는 그런 사람은 모두 나와 적이 되는 사람이다. 그들은 나를 〈성경〉중에 제한(가둬두다)하고, 나를 〈성경〉중에 규정했기 때문이다. 그들이 이렇게 하는 것은 나에 대한 매우 큰 범죄이다.

이러한 사람이 어떻게 내 앞에 올 수 있겠는가? 그들이 중시하는 것은 나의 보람이 아니고, 나의 뜻이 아니고, 진리가 아니고 성경 글귀이며, 사람을 죽게 하는 글귀이다. 이러한 사람이 어떻게 나와 연합될 수 있는가? 나는 많은 말을 발표하였고 동시에 나의 뜻, 나의 성품도 발표하였다. 이렇게 해도 사람은 여전히 나를 알지 못하고, 여전히 나를 믿지 못하며, 여전히 나에게 순종하지 않는다. 〈성경〉중에 사는 사람, 율법 중에 사는 사람, 십자가에 사는 사람, 규정한 조례 중에서 사는 사람, 오늘날 나의 역사 중에서 사는 사람, 누가 나와 연합할 수 있는가? 너희는 오직 어떻게 복을 얻겠는가만 생각하고, 오직 어떤 상을 얻을 수 있는가만 생각한다.

그러나 너희는 종래로 진정 어떻게 해야 나와 연합하며 어떻게 해야 나와 적이 되지 않겠는가를 생각해 본적이 없다. 나는 너희에 대하여 실망이 아주 크다. 내가 너희에게 선사한 것은 아주 많으나, 내가 너희한테서 얻은 것은 아주 적기 때문이다. 너희의 기만, 너희의 광망, 너희의 탐심, 너희의 사치한 욕망, 너희의 배반, 너희의 불복, 어느 한가지가 나의 눈을 벗어날 수 있는가? 너희가 나를 불신하고, 너희가 나를 속이고, 너희가 나를 부끄럽게 만들고, 너희가 나를 놀리고, 너희가 나를 협잡하고, 나의 재물을 강요하는 이런 악행이 어떻게 나의 징벌을 벗어날 수 있는가?

이런 악행은 모두 너희와 내가 적이 되는 증거이고, 모두 너희와 내가 연합되지 않는 증거이다. 너희 각자는 모두 너희와 내가 연합되는 여건이나 조건이 매우 많다고 여기는데, 그것은 너의 기준이고 너의 착각일 뿐이다. 너희는 스스로 나에 대하여 일편단심이며 오직 내게 충성한다고 여기면서 너희는 모두 자신은 특별히 선량하고 특별히 동정심이 강하다고 여기며 너희 스스로 나에 대한 봉헌이 매우 많고 나를 위하여 한 것이 넉넉히 많다고 여긴다.

그러나 너희는 너희 각자의 행위를 확인해 보았는가? 나는 너희 광망이 넉넉히 많고, 탐심이 넉넉히 많고, 응부가 넉넉히 많고, 너희가 나를 얼리는 기교가 아주 고명하며, 너희의 비열한 마음, 비열한 수단이 매우 많다고 말한다. 그러나 나에 대한 너희의 충심은 매우 적고 너희의 진심이 아주 적고 너희의 양심은 더욱 없으며 너희의 심보는 또 매우 악독하여, 어떠한 사람에 대해서도 모두 용서하지 않으며, 심지어 나에 대해서도 예외가 아니다.

너희는 아들 딸을 위하여 남편을 위하여 자기를 보전하기 위하여 나를 문밖에 내버려두고 상관하지 않는다. 너희가 관심하는 것은 내가 아니라 너희의 가정이고 너희가 관심 하는 것은 너희의 아들 딸이며 너희의 지위 너희의 전도 너희의 향수이다. 너희는 어느 때 말로라도 나를 생각한 적이 있고 일을 하면서 나를 생각한 적이 있는가? 추운 날씨에 너희가 생각하는 것은 아들, 딸, 남편, 아내, 부모이고 무더운 날씨나 추위에 너희가 생각하는 것도 역시 내가 아니다. 본분을 다할 때 네가 생각한 것은 너의 이익이고 네 신변의 안전이고 너의 가족이다. 네가 한 어떤 일이 나를 위한 것인가? 네가 어찌 나를 생각했겠는가? 네가 어찌 일체를 아끼지 않고 나를 위하고 나의 공작을 위했겠는가? 너와 내가 연합한 증거는 어디에 있는가? 네가 나를 위하여 충성한 것이 어디에 있는가? 네가 나에게 순종한 적이 언제 있었는가? 네가 복을 얻으려고 하지 않는 순수한 마음이 어디에 있는가? 너희는 모두 나를 얼리고, 나를 기편하며, 너희는 모두 진리를 희롱하고, 진리의 존재를 덮어 감추며, 모두 진리의 실질을 배반하고 있다. 너희가 이렇게 나와 적이 되면 장래 너희를 기다리는 것이 무엇이겠는가? 너희는 오직 묘망한 하나님과 연합할 것을 추구하고 오직 기묘한 신앙을 추구하며, 도리어 그리스도와 연합하지 않는다.

이와 같이 너희의 그 악행이 악인과 함께 응당히 받아야 할 대갚음과 같지 않은가? 그때 너희가 그리스도와 연합하지 않으면 한 사람도 그 분노의 날을 벗어날 수 없음을 곧 알게 될 것이며, 너희도 그리스도와 적이 되는 사람은 어떤 대갚음을 받게 된다는 것을 알게 될 것이다. 그 날이 돌아오면 너희의 복을 얻으려고 하나님을 믿는 꿈, 천국에 가려는 꿈이 모두 파멸되지만 그리스도와 연합되는 그런 사람은 영원한 천국에 들어간다. 그들은 비록 많은 것을 잃고, 비록 많은 고생을 하였으나, 그들은 내가 인류에게 준 전부의 산업(복)을 얻은 것이다.

이런 것을 얻게 된 후에 너희는 오직 내가 공의로운 말씀이 육신된 하나님이며 오직 나만이 인류를 아름다운 보금자리로 이끌고 간다는 것을 알게 될 것이다.

5. 너는 정말 하나님을 믿는 사람인가?

　너는 하나님을 믿는 신앙의 길을 걸어 온 것이 몇 년 혹은 몇 십년이 될 것이다. 이렇게 신앙생활을 하는 동안에 너는 고통을 받은 자이거나 혹은 복을 받은 자이거나 아니면 아무런 고통이나 복도 받지 못하고 아주 평탄하게 신앙생활을 해오고 있는 자일 수도 있다. 그렇다면 너는 무조건 하나님을 믿고 따르는 평범한 사람이다. 이제 우리는 하나님을 믿고 따른다는 이 문제를 가지고 한번 의논해 보자. 나는 이렇게 신앙생활을 평범하게 하는 사람들을 일깨워 주려 한다. 하나님이 하는 말은 모두 하나님을 인정하는 각 사람, 그리고 하나님을 믿고 따르는 각 사람을 견주어 한 말이지, 하나님을 믿는 사람이나 믿지 않는 사람 모두에게 한 말이 아니다. 만약 네가 하나님은 믿는 자나 믿지 않는 자나 관계없이 세상의 모든 사람에게 말을 한다고 생각한다면 큰 잘못이다. 너는 이 말을 명심해야 한다.
　너희는 지금 모두 하나님을 믿는 진정한 의미를 반드시 알아야 한다. 내가 너희들이 믿고 있는 하나님에 대하여 그리고 너희의 신앙심을 모두 드러내려 한다. 만약 이렇게 하지 않으면 너희는 모두 너희의 본래 면모를 영원히 알지 못하며, 모두 자기의 경건과 자기의 충성심을 영원히 자랑할 것이다. 만약 내가 너희 안에 숨겨진 추악한 면모를 파내지 않는다면 너희 각 사람은 모두 하나님의 면류관을 자기의 머리에 쓸 것이며, 하나님의 모든 영광을 자기의 몸에 귀착시킨다고 가히 말할 수 있다. 너희의 교만한 본성과 욕심은 너희의 양심을 부패시키고, 너희가 그리스도를 패역하게 하고 말씀을 배척하게 하고, 너희 자신을 부추겨 너희의 그 추악한 몰골을 드러내어, 너희의 심보, 관념, 사치한 욕망, 탐욕스러운 두 눈이 모두 빛 가운데서 폭로될 것이다. 그런데도 불구하고 너희는 일생을 그리스도의 사역에 열중하겠다고 말끝마다 부르짖고, 그리스도가 이미 말한 진리를 말끝마다 말할 뿐만 아니라 계속 반복하고 있다. 이것이 곧 너희가 소유하고 있는 〈믿음〉이고, 이것이 곧 너희 신앙과 믿음의 실체이다.

　예로부터 나는 이러한 사람에 대하여 매우 엄격하게 요구해 왔다. 만약 너의 충성심에 욕심이 있고, 조건이 있으면, 나는 네가 소유하고 있는 충성심을 절대로 인정하지 않는다. 왜냐하면 나는 사람이 욕심가지고 나를 속이고, 조건적으로 나에게 강요하는 것을 미워하고 증오하기 때문이다. 나는 오직 사람이 변함없는 충성심으로 나를 대할 것을 희망하며 너희가 어떤 일을 하든지 너희가 소유하고 있는 믿음이 진실인지 거짓인지를 검증하고 있다. 나는 너희가 감언이설을 이용하여 나의 기쁨을 사는 것을 귀찮게 여긴다. 나는 너희에 대하여 줄곧 성실하게 상대해 왔기 때문에, 나도 너희가 진정한 믿음으로 나를 대할 것을 희망한다. 〈믿음〉을 제기하면 혹시 허다한 사람들이 이렇게 생각할 수 있다. 하나님을 따르는 것은 곧 〈믿음〉이 있기 때문이며, 그렇지 않으면 곧 이런 고통을 받지 않을 것이다. 그러면 내가 너에게 묻겠다. 네가 하나님이 존재함을 믿는다면 무엇 때문에 언제나 하나님을 경외하지 않는가? 네가 하나님이 존재함을 믿는다면 무엇 때문에 추호도 하나님을 두려워하는 마음이 없는가? 예수는 하나님의 말씀이 육신으로 오셨다는 것을 승인하면서 네가 무엇 때문에 오늘날 너희 앞에 온 예수에 대하여 멸시하는 태도를 취하며, 무엇 때문에 그에 대하여 이러쿵저러쿵 하는가? 무엇 때문에 네가 공개적으로 그를 이단으로 판단하고 심판하는가? 무엇 때문에 언제나 그의 행적을 몰래 살피는가? 무엇 때문에 그의 말에 순종하지 않는가? 무엇 때문에 하나님의 일을 할 때 그의 말을 원칙으로 하지 않는가? 무엇 때문에 그의 말씀을 이단으로 강요하면서 그의 말을 훔쳐서 사용하는가? 무엇 때문에 네가 그리스도의 위치에 서서 말하는가? 무엇 때문에 네가 그의 역사와 말의 옳고 그름을 평가하는가? 무엇 때문에 감히 배후에서 그를 모독하는가? 등등의 이러한 행동을 하는 것이 곧 너희의 〈믿음〉인가?

　너희의 말하는 태도와 품위에서 너희가 그리스도(말씀육신된 오늘날의 예수)를 믿지 않는 성분이 드러나고 너희가 일하는 동기, 너희가 일하는 목표는 모두 믿지 않는 성분이 충만하며, 심지어 너희의 눈매에서 내보내는 숨결에는 모두 그리스도를 믿지 않는 성분이 가득 차 있다. 너희 각 사람이 순간적으로 예수를 믿지 않는 마음을 가지고 있다면 너희는 항상 그리스도를 배반할 위험이 있다고 나는 가히 말한다. 이것은 거짓 목자(삯군목자)들이 너희의 온 몸에 말씀이 육신으로 온 하나님을 믿지 못하게 하는 비 진리를 부어넣기 때문이다. 나는 너희가 하나님을 믿는 길에서의 발자국을 진실하고 실속 있게 딛지 않았다고 말하며, 너희가 하나님을 믿는 길에서 진리에 발을 붙이지 않고, 대강대강(적당히) 날을 보내고 있다고 말한다. 그리스도가 한 말을 너희는 언제나 반신반의하고, 즉시 실행하지 않는 이것은, 너희가 그리스도를 〈믿지〉않는 원인이며, 그리스도에 대하여 언제나 관념이 없는 것도 그리스도를 믿지 않는 원인이다. 그리스도가 하는 사역에 대하여 언제나 믿기 어려운 태도를 가지고 있고, 그리스도의 말을 언제나 귀 밖으로 들으며, 그리스도가 하는 일에 대하여 모두 관심이 없고 또한 그리스도가 하는 일을 정확히 받아들이지 않으며, 어떻게 해석을 할 것인가를 논하고 관념을 버리기 어려워하는 등등의 이런 것들은 모두 너희의 마음속에 믿지 않는 성분이 뒤섞여 있기 때문이다. 너희는 비록 그리스도의 역사를 따르면서 종래로 대오(가는 길)를 벗어나지 않았으나, 너희의 마음속에는 아주 많은 패역의 성분이 뒤섞여 있는데, 이 패역이 곧 하나님을 믿는 것과 욕심의 뒤섞음이다. 그런데 너희는 이 말을 모두 못마땅하게 여기고 받아들이지 않을 수는 있으나, 만약 이 말을 배척하거나 이 말을 듣고도 자기의 심보를 고치지 않는다면, 너는 곧 멸망의 대상으로 결정된다. 이렇게 하나님의 아들로 창조될 사람은 진심으로 오늘날의 예수를 믿는 사람에 한정되며, 그에 대하여 반신반의하는 사람이 아니다. 또한 지금까지 오늘날의 예수를 하나님으로 믿지 않거나 믿는다해도 겨우 그를 믿고 따르는 사람은 더욱 아니다.

　하나님의 진리를 즐기지 않고, 더욱 하나님의 심판은 두려워하지 않으며, 세상의 권력을 즐기고, 금전을 좋아하는 이러한 사람은 세력파라고 부른다. 그들은 세상에서 세력이 있는 종파와 교파를 찾고 있으며, 전통 신학원에서 나온 목사, 교사를 찾고 있는데, 이런 자들은 신학을 공부하였다 할지라도 그 안에 생명이 없기 때문에 입으로는 하나님을 위하여 충성한다고 말은 하지만, 그 마음속에는 큰 교회 큰 목사가 되려는 욕심으로 가득차 있으며 진리나 그리스도에 대하여는 별관심이 없다. 또한 그들의 마음속에는 이권과 권세와 명예가 충만하기 때문에 그들은 이렇게 보잘 것 없는 평범한 사람이 영혼을 구원하

예수라고는 절대로 믿지 않으며 또한 이렇게 사람들의 눈에 띄지도 않는 작은 사람이 능히 영혼을 구원하여 하나님의 아들로 완성시킬 수 있다고는 절대로 믿지 않는 것이다. 그러므로 이러한 오늘날의 예수나 그를 믿고 따르면서 멸시천대를 받고 있는 이단자들이 하나님의 선민이라는 것을 절대로 믿지 않는다.
　그들은 만약 이런 이단자들이 하나님께서 택한 하나님의 아들이요 선민이라면, 하늘 땅이 뒤바뀌어지고 사람이 웃다가 죽겠다고 말한다. 또한 그들은 만약 하나님이 이렇게 천박한 사람을 선택하여 하나님의 아들로 완성시킨다면, 자기는 이미 하나님이 되었을 것이라고 말한다. 이 모든 것들은 그들의 관념 속에 비 진리가 섞여 있기 때문에 이런 말씀들을 믿지 않는 것이며 이런 자들이 바로 말씀으로 납득시킬 수 없는 짐승과 같은 자들이다. 그들은 오직 지위, 명성, 세력만 중하게 여기고, 그들이 중하게 보는 것은 방대한 교회의 집단과 파벌이며, 그리스도가 인솔하는 사람에 대해서는 절대로 거들떠보지 않고 있다. 이렇게 그리스도의 진리와 그리스도의 생명과 반대방향으로 나가는 그들은 곧 하나님을 배반하는 자이다. 네가 우러러보는 것은 그리스도(오늘날 말씀육신 되어 오신 예수)의 비천한 모습이 아니라 화려하게 장식된 교회에서 교인들에게 존경받는 위대한 목사를 바라보는 것이다. 또한 너희는 그리스도의 사랑과 지혜를 원치 않으며, 짐승과 같이 더럽고 음탕한 그런 거짓목자의 사랑과 지식을 좋아한다.
　그러므로 영혼을 구원하려고 온 그리스도가 오늘날 예수를 믿고 있는 교인들에게 멸시천대를 받아 나그네 신세가 되어 머리 둘 곳이 하나없이 방황하고 있는 예수의 초라한 모습을 바라보고 비웃고 있다. 이런 자들은 교인들의 재물을 탈취하여 호

화스럽게 생활하는 목사들을 보고 부러워하며 존경하고 있다. 이런 자들은 그리스도와 함께 고난받기를 원하지 않으며, 제 생각대로 제멋대로 날치는 적그리스도의 품에 안기기를 원한다. 이런 자들이 너희에게 공급하는 것은 오직 육체의 썩어질 복이고, 오직 성경의 글귀이고 교인들을 자기 교회의 틀 속에 가두려는 것뿐이다. 지금 너의 마음은 여전히 그들을 향하고 있으며, 그들의 명예를 향하고 사탄의 지위에 향하고 그들의 세력에 향하고 그들의 틀어쥔 권세에 향한다. 그러므로 너희는 그리스도의 역사를 받아들이기 힘들어하고 따라서 그리스도의 말씀을 접수하려 하지 않는다. 이렇기 때문에 나는 네가 그리스도의 〈믿음〉을 인정하지 않는다고 말한다.

  네가 능히 오늘까지 하나님을 믿고 따르게 된 것은 오직 화. 복, 즉 복은 받고 화는 면하기 위해서 믿고 따르는 것이다. 너의 마음속에는 지금까지 그들로부터 하나하나 의식화 된 거짓 그리스도의 큰 형상이 우뚝 솟아 있어 너는 그들의 일언일행을 잊어버릴 수 없는 것이다. 그러므로 그들의 그 권세를 가진 말과 권세를 가진 두 손을 잊어버릴 수 없으며 그들은 너희의 마음속에서 영원히 더없이 높은 영원한 영웅이 되어 있다. 그러나 오늘날 말씀이 육신되어 온 그리스도(예수)는 그렇지 않다. 그는 영원히 너의 마음속에서 매우 작은 자이고, 영원히 너의 마음속에서 경외할 가치가 없는 평범한 사람이다. 그것은 그가 세상적으로 볼 때 매우 보통사람이기 때문이며, 그의 권세가 매우 작기 때문이며, 또한 그가 매우 크고 높지 못하기 때문이다.

  결론적으로, 나는 진리를 중시하지 않는 그런 사람은 모두 하나님을 믿지 않는 자라고 말하며, 모두 하나님과 진리의 배반자라고 말한다. 이러한 사람은 영원히 그리스도의 칭찬을 받을 수 없는 것은 물론 구원이나 죄사함도 받을 수 없다. 너는 지금까지 이 말을 듣고 너의 몸에서 믿지 않는 성분을 얼마를 찾아냈는가? 그리스도를 배반하는 성분을 얼마나 찾아냈는가? 네가 이미 진리의 말씀을 들었기 때문에 응당히 온 마음을 다해 자신의 믿음을 확인해야 하며 망설이지 말고, 흔들흔들하지 말기를 내가 권한다. 하나님은 모든 세계에 속하지 않고, 하나님은 어느 한 사람에게도 속하지 않으며, 하나님은 진정으로 그를 진실로 믿는 각 사람에게 속하고, 그를 경배하는 각 사람에게 속하며, 그에 대하여 일편단심 변치 않는 사람에게 속한다는 것을 너는 응당히 알아야 한다.

지금 너희들의 몸에는 아직도 믿지 않는 성분이 많이 있는데 너희들이 참답게 찾아보는 것이 좋겠다. 그러면 해답을 꼭 얻을 것이다. 바로 네가 진정으로 해답을 얻었을 때 너는 곧 하나님을 믿는 사람이 아니고, 하나님을 기만하는 사람이며, 하나님을 모독하는 사람이며, 하나님을 배반하는 사람이며, 하나님에 대하여 충성심이 없는 사람이라는 것을 알게 될 것이다. 이때 너는 그리스도(말씀이 육신 된 예수)는 곧 하나님이고 사람이 아니라는 것을 알게 될 것이다. 이런 날이 돌아올 때 너는 예수에 대하여 곧 경외가 있고, 두려움이 있고, 진정한 사랑이 있을 것이다.

지금 예수에 대한 너희의 믿음은 오직 삼분의 일밖에 없고 의혹은 네 마음속에 삼분의 이를 점령하고 있다. 예수가 하는 한가지 일, 한마디의 말마다 모두 너희가 그에 대한 관념과 견해를 초래하게 되는데 이 관념과 이 견해는 근본적으로 오늘날 말씀육신 되어 온 예수를 너희가 믿지 않는데서 조성된 것이다. 너희는 유대인들과 같이 오직 하늘의 보이지 않는 하나님만 우러러보고, 오직 보이지 않는 하나님만 두려워하며, 지금 지상에서 살고 있는 보이는 하나님(예수)에 대해서는 대수롭지 않게 여기는데, 이런 것이 바로 너희가 하나님을 믿지 않는 증거가 아닌가? 너희는 오직 이전에 사역을 한 예수(이천년 전에 왔던 예수)는 그리워하지만 오늘날 오신 예수에 대하여 절대로 믿지 않는다. 이것은 거짓선지자와 삯군목자들이 이천년 전에 왔던 예수는 인정을 하고 믿고 있지만 오늘날 말씀육신 되어 온 예수는 절대로 믿지 않기 때문이다. 나는 너희 믿음을 얕잡아 보려고 하는 말이 아니다.

그것은 너희의 믿지 않는 성분이 매우 많기 때문이며 너희 속에 해부해야 할 아주 부패하고 더러운 비 진리가 많기 때문이다. 이러한 비 진리들은 곧 너희가 근본적으로 믿음이 없는 표징이고 너희가 그리스도를 버린 증거이고 너희가 그리스도를 배반한 낙인(도장찍음)이다. 또한 이것은 너희가 그리스도를 인식하는 것을 가리고 있는 수건이고 너희가 그리스도를 떠나 멀어진 격차이고 너희가 그리스도와의 연합을 막고 있는 병풍이며 너희가 그리스도에게 심판 받을 증거이다. 그러므로 너희는 지금까지의 모든 신앙생활을 자세히 돌이켜보고 검사해 보아라! 이렇게 한다면 너희의 잘못된 신앙에 대하여 모두 알 수 있고 앞으로 올바른 신앙생활을 하는데 많은 도움이 될 것이다.

하나님은 지금 이 순간에도 너희가 삯군목자들이 인도하는 넓고 평탄한 멸망의 길에서 돌이켜 참목자가 인도하는 좁고 협착한 생명의 길로 돌아오기를 기다리신다.

6. 그리스도는 진리로 심판의 공작을 한다.

 그리스도가 하는 말세의 사역은 신앙의 상태와 그 차원에 따라 교인들을 각기 종류대로 나누는 일이며, 지금까지 하나님이 하신 계획을 마무리 짓는 일이다. 그것은 이미 너희의 때가 가까웠고, 하나님의 날이 이미 다가왔기 때문이다. 하나님은 오래지 않아 하나님의 나라(천국)에 들어갈 모든 사람, 즉 하나님에 대하여 마지막까지 충성한 사람을 모두 데리고 하나님의 나라로 들어갈 것이다. 그러나 하나님의 나라가 아직 오지 않은 사람들에게 하나님이 하려는 사역은 사람의 행동을 감찰하려는 것이 아니고 사람의 생활을 알아보는 것도 아니고 사람들의 하나님에 대한 패역을 심판하는 것인데, 이것은 하나님의 보좌 앞에 오는 자들을 모두 깨끗하게 하려는 것이다.
 무릇 하나님의 발자국을 따라 오늘까지 온 사람은 곧 모두 하나님 보좌 앞으로 올 사람이다. 그렇다고 한다면 하나님의 최후의 역사를 영접한 그 모든 사람은 모두 하나님이 깨끗하게 할 대상이다. 다시 말해서 하나님의 최후 역사, 즉 오늘날의 예수를 접수하지 않은 사람들은 모두 하나님이 심판 할 대상들이다.
 지금까지 말한 심판은 불신자들 보다 먼저 하나님을 믿고 있는 자들에게 시작한다고 하였다. 그런데 심판은 곧 오늘날 말씀이 육신 되어 온 하나님(예수)이 말세를 당한 자들에게 하는 심판이다. 어떤 사람은 말세에 예수가 오면 천하에서 제일 큰 탁상을 차려놓고 그 위에 흰 상보를 펴고 하나님이 큰 보좌에 앉아서 소수의 사람을 모두 땅에 굴복하게 하고 하나님이 각 사람의 죄가 기록된 문서를 모두 제시하며 심판한다고 생각을 하고 있다. 이 기록문서에 의해서 어떤 사람은 천국으로 들어가고 또 어떤 사람은 유황 불못에 들어가는 것으로 나름대로 생각하고 있다. 그러나 사람이 어떻게 상상하던지 모두 하나님 역사의 실질을 변화시킬 수 없는 것이다. 사람의 상상은 사람의 주관적 구상에 지나지 않고, 사람의 두뇌로부터 온 것이며 사람이 보고 들은대로 총괄하여 긁어모은 것이다.

그러므로 사람의 상상이 아무리 멋들어진다 해도 모두 한편의 만화에 불과하고 하나님 역사의 계획을 대체할 수 없다고 나는 말한다. 사람들이 모두 사탄에 의해 부패되었는데 사람이 어떻게 하나님의 생각을 알 수 있겠는가? 사람은 제각기 하나님의 심판을 특별히 괴이하게 상상하고 있다. 사람은 모두 하나님 자신이 심판을 하기 때문에, 심판의 규모가 크고 웅대하여 세상 사람이 이해하기 어렵고, 심판의 소리가 하늘높이 울려 퍼져 천지를 진동할 것이라고 생각한다. 그런데 만일 그렇지 않으면 하나님이 하는 심판이라고 인정하지 않을 것이다. 이렇게 하나님의 심판은 특별히 위엄이 있고, 특별히 담대하며, 심판을 접수하는 그런 사람은 반드시 대성통곡하며, 무릎 꿇고 빌 것이라고 생각한다.

그때의 장면은 틀림없이 매우 굉장하고 볼만하며, 틀림없이 사람으로 하여금 격동될 것이라고 사람들은 모두 하나님의 심판을 나름대로 상상해 낸다. 그런데 하나님이 사람 가운데서 일찍이 심판을 시작할 때에, 너는 네 자신이 보금자리에서 잠을 자고 있다는 것을 일찍이 알아야 한다.

왜냐하면 네가 하나님의 심판이 정식으로 시작한 시기라고 인식 할 그때는 이미 하나님이 천지를 바꾼 때이기 때문이다. 그때 너는 절실히 후회하며 인생의 진정한 의미를 알게될 것이며 그때 너의 잘못된 신앙에 대하여 깨닫게 될 것이다. 그때 하나님은 무정한 징벌을 할 것이며 깊은 잠에 빠져있는 너를 지옥으로 데리고 갈 것이다. 그때 너는 비로소 지옥에 들어가는 것을 알게 되고, 하나님의 심판은 이미 끝나게 되었다는 것을 알게 될 것이다.

그러므로 너희는 아주 좋은 시기를 허비하지 말아야 하고 사람을 귀찮게 하고 또 사람으로 하여금 메스껍게 하는 그런 대화를 다시 하지 말고 무엇이 하나님의 심판인가를 깊이 생각해야 한다. 하나님의 심판의 기준은 이미 말씀을 통해서 너희에게 분명하게 알려준 것 같이 하나님께서 오늘날 너희를 구원할 예수를 보내 주었는데도 불구하고 그 예수를 믿지 않고 오히려 배척하고 핍박을 한 것이다. 말세에 오는 예수는 여러 방면의 진리로서 사람을 교훈하고, 사람의 본질을 드러내고 사람의 말과 행위를 해부한다. 이런 예수의 말에는 모두 여러 방면의 진리가 포함되어 있다. 예를 들면 사람이 하나님에 대하여 어떻게 순종하는가? 하나님에 대하여 어떻게 충성하는가? 사람이 어떻게 정상적인 인성을 나타내는가? 이렇게 사람들 안에 형성된 부패한 성품을 하나님의 지혜와 하나님의 성품에 비추고 또한 사람의 부패한 성품에 비추어 사람이 본래는 사탄의 화신이라는 것과 사람이 본래는 하나님을 대적하고 있는 존재라는 것을 보여주는 것이다.

이렇게 하나님이 하는 심판의 기준을 간단히 모두 말할 수 없고 인간의 언어로 대체할 수 없으며, 오직 사람에게 존재하지 않는 하나님의 근본 진리를 가지고 심판하는 것이다. 이런 방식을 곧 심판이라고 부른다. 이러한 심판이 능히 사람을 굴복시키고, 사람으로 하여금 하나님에 대하여 진심으로 탄복하게 하며 따라서 하나님에 대하여 진정한 인식을 하게 한다. 심판이 가져오는 것은 사람이 하나님의 본래 면모에 대한 이해심을 갖는 것이고, 또한 심판이 가져오는 것은 사람들이 하나님에 대한 패역과 그 진상을 인식하는 것이다.

지금까지 하나님의 심판은 사람으로 하여금 하나님의 뜻과 그의 일에 대하여 많이 알게 하였고 사람이 알 수 없는 오묘한 비밀에 대하여 많이 이해하게 하였다. 따라서 사람으로 하여금 사람의 부패된 실질과 부패된 근원을 알게 하고 인식하게 하였으며, 또한 사람으로 하여금 사람의 추악한 몰골을 발견하게 하였다. 이런 사역의 효과는 모두 심판이 가져온 것이다. 하나님의 심판의 진정한 뜻과 그 진상은 곧 하나님의 진리를 통해서 그를 믿는 모든 사람에게 생명의 길을 열어주며 믿지 않고 불순종하는 자는 멸하게 하는 사역이다. 이 사역이 바로 하나님이 너희에게 행하는 심판이다.

만약 네가 이런 진리를 중요하게 보지 않고, 만약 네가 이런 진리를 회피하려 생각하며, 이런 진리 외에 새로운 출로(길)를 찾으려고 생각한다면 너는 죄악이 아주 큰 사람이라고 나는 말한다. 네가 하나님을 믿으면서 도리어 진리를 찾지 않고 하나님의 뜻을 구하지 않으며 너로 하여금 하나님과 더욱 가깝게 하는 말씀을 즐기지 않으면 너는 심판을 도피하는 사람이며 너는 백색(빛)의 큰 보좌 앞에서 도망간 괴뢰 반역자라고 나는 말한다. 하나님은 그의 눈에서 도망한 반역자는 어느 하나도 용서하지 않으며 이러한 사람은 더욱 큰 징벌을 받게 될 것이다. 그러나 하나님 앞에 나와 심판을 받고 깨끗함을 얻은 사람은 영원히 하나님 나라에서 살게 된다. 이런 일들이 곧 앞으로 심판 때에 나타날 일들이다. 심판은 하나님 자신의 사역이기 때문에 심판은 당연히 하나님 자신이 친히 와서 해야 하므로, 하나님은 여전히 말씀이 육신이 된 사람의 형상으로 사람들 가운데 나타나 이 사역을 하고 있다. 다시 말하면 말세의 예수그리스도는 진리로서 그를 믿고 따르는 사람을 가르칠 것이고 소수의 진리를 각방의 사람들에게 똑똑히 알려줄 것이다. 이것이 곧 하나님의 심판이다.

많은 사람들은 하나님이 오늘날 말씀이 육신으로 온데 대하여 재미를 느끼지 못하고 있는데, 그 이유는 사람들이 하나님께서 육신으로 와서 직접 심판을 하리라고는 믿지 않고 있기 때문이다. 하지만 나는 너에게 알리려 한다. 종종 하나님이 한 사역은 모두 뜻밖의 일이고, 모두 사람의 두뇌로는 받아들이기 어렵다. 사람은 지상에 존재하는 구더기에 불과하고 하나님은 천지 우주 공간에 충만한 더없이 높은 분이기 때문이다. 사람의 두뇌 속에 있는 생각들은 구덩이의 썩은 물과 같으며 생겨나는 것은 오직 구더기일 뿐이다.

그러나 하나님이 계획하신 모든 구원과 심판의 역사는 모두 하나님 지혜의 결정이다. 사람은 언제나 하나님과 겨루어 보려고 하는데 마지막으로 손해보는 것은 어느 쪽인가 하는 것은 말하지 않아도 다 알 것이라고 나는 말한다. 자기 자신을 금보다 더 중요하게 여기지 말기를 나는 여러분에게 권한다. 다른 사람들이 이미 하나님의 심판을 받고 있는데 너는 무엇 때문에 받을 수 없다고 생각하는가? 너는 다른 사람보다 얼마나 높은가? 다른 사람은 능히 진리 앞에서 머리를 숙이는데 너는 무엇 때문에 할 수 없는가? 하나님의 사역은 대세의 흐름이다. 하나님은 너의 〈공로〉 때문에 두 차례 심판을 중복하지 않는다. 이렇게 좋은 기회를 놓치면 너는 나중에 아무리 울며 통회 자복을 해도 아무런 소용이 없다. 만약 네가 내가 한 말을 믿지 않는다면 너는 곧 하늘의 그 흰색의 대 보좌로 너를 심판할 때를 기다려라! 너는 이스라엘의 사람들이 모두 예수를 부인하고 예수를 버렸지만, 예수가 죄인들을 구원한 사실은 우주 땅 끝까지 변함 없이 전해졌다는 것을 알아야 한다. 이것이 하나님이 일찍이 해놓은 사역이 아닌가? 그런데 네가 아직도 전에 왔던 예수를 믿고 있다는 이유하나로 그 예수가 너를 천국으로 데려가기를 기다린다면 너는 매우 완전히 썩은 나무라고 나는 말한다. 예수는 진리에 충성하지 않고 오직 복만 얻으려고 생각하는 이런 가짜 신도는 절대로 승인하지 않을 것이며 예수는 조금도 너의 사정을 보지 않고 너를 불못에 던져 만년을 불태울 것이다.

너는 지금 무엇이 심판이고 무엇이 진리인가를 모두 아는가? 만약 네가 알았다면 네가 고분고분히 심판 받기를 내가 권한다. 그렇지 않다간 너는 영원히 하나님 앞에서 회개할 기회가 없고, 영원히 하나님 나라에 들어갈 수가 없다. 하나님의 심판을 알고도 깨끗하게 회개하지 않고 하나님을 떠나 도망간 사람은 하나님에 의해 영원히 버림받게 될 것이다. 그들은 하나님을 배반하고, 그들은 하나님의 반역자이기 때문에 그들의 죄상은 바리새인들보다 더 중하고 더 많다. 이러한 말씀을 듣고 회개하지 않는 사람은 더욱 중한 징벌을 받게 되고 따라서 영구한 불못에 들어간다. 이전에 말로만 하나님에게 충성하고 오히려 그를 배반한 반역자에 대하여 하나님은 하나도 용서하지 않을 것이며 이러한 사람의 영혼은 모두 징벌의 대갚음을 받을 것이다. 이것이 바로 하나님의 공의 성품을 나타냄이 아닌가? 이것이 바로 하나님이 사람을 심판하고 사람을 구원해 내려는 목적이 아닌가? 하나님은 심판 기간에 못된 짓 많이 한 사람들을 악령이 무리져 있는 곳에 놔두어 그들로 하여금 마음대로 그의 육체를 망가뜨리게 할 것이며, 그들의 육체는 죽음의 냄새가 풍기게 된다. 이것이 그들의 마땅히 있어야 할 대갚음이다. 하나님은 하나님에 대한 충성심이 없는 가짜신도, 가짜사도, 가짜목사의 각종 죄상을 일일이 기록 책에 배열하여 놓았다가, 적합한 시기에 그들을 더러운 귀신 속에 던져서 더러운 귀신으로 하여금 마음대로 그들의 전신을 더럽히도록 할 것이며 그들로 하여금 영원히 생명을 얻지 못하게 하며, 그들로 하여금 영원히 광명을 다시 볼 수 없게 할 것이다.

오늘날 가짜 목자들이 과거에 왔던 예수나 앞으로 다시올 예수는 너희를 구원시키지만 오늘날 와 있는 예수는 구원을 시킬 수 없고 존재하지도 않는다고 거짓말을 하는데 이런 가짜 목자들을 하나님은 악인들 가운데 배열하고 그들이 악인의 나쁜 무리 속에서 오합지졸이 되게 하여 나중에는 그들을 멸해 버린다. 하나님은 종래로 그리스도에 대해 충성하지 않고 조그만 힘도 바치지 않는 그런 사람을 한쪽에 놔두고 본체만체 하며 시대를 바꿀 때 그들을 몽땅 멸해버려 그들이 다시는 지상에서 살 수 없게 하고 더욱 하나님 나라에 들어간다는 것은 상상할 수도 없게 한다. 하나님은 종래로 진심으로 하나님을 대하지 않고 고통이나 두려움 때문에 할 수 없이 하나님을 믿은 사람들은 하나님을 위해 일하는 사람들을 협조하도록 배치되는데, 이러한 사람들은 그 중에서도 소수만이 살며 대부분의 사람들은 협력자에도 합격되지 못하여 모두 멸망하게 된다. 마지막에 하나님은 하나님과 동심합의한 사람, 즉 하나님의 백성 거듭난 아들 및 하나님이 예정한 제물로 된 사람은 하나님의 나라 안으로 데리고 간다. 이 모두가 하나님이 역사 중에서 얻은 결정이다.

하나님이 분리한 종류에 들지 못하는 그런 사람들은 모두 이방인의 행렬 중에 배열한다. 그들의 결말이 어떠한가는 너희들이 가히 생각하여 알 수 있을 것이다. 내가 말해야 할 것은 모두 너희에게 다 말했다. 너희가 이 말을 듣고 어떠한 길을 선택할 것인가 하는 것은 모두 너희들 각자의 선택에 의해 결정된다.

너희들은 응당 하나님의 중요한 말을 알아야 한다. 하나님은 지금까지 그의 발걸음을 따를 수 없는 자나 주저하고 있는 자는 어떠한 사람도 기다리지 않는다는 것과 하나님의 공의의 성품은 어떤 사람들에 대하여서도 모두 공정하고 냉정하다는 것이다.

그러므로 주님은 지금도 "네가 나를 따라오려거든 너를 부인하고 네 십자가를 지고 따라 오라."고 말씀하시는 것이다.

7. 너는 아는가? 하나님은 사람들 가운데서 매우 큰 일을 하였다.

　하나님은 인간들의 지나간 구세대와 현세대들 가운데 항상 살아 계시며 인간들 속에서 수많은 사역을 하셨다. 하나님은 인간 속에 왔다가 또 인간을 떠나 돌고 돌면서 많은 세대를 경력하였다. 하나님은 지금도 여전히 그가 할 일을 하고 있으며, 그가 아직 완성하지 못한 일들을 하고 있다.
　하나님의 사역은 어둠 가운데서 죽어 가는 사람들을 구원하여 진리를 통해서 하나님의 아들로 창조하는 것이다. 하나님은 창세로부터 오늘날까지 이 일을 위해서 수많은 사역을 하였다. 그러나 오늘날 하나님이 하는 사역은 지금까지 그 어느 때보다도 많으며, 하나님이 하시는 일의 규모는 더욱 굉장하다는 것을 너는 알아야 한다.
　그러므로 나는 하나님이 인간 속에서 매우 큰 일을 하였다고 말한다. 하나님이 하는 모든 사역은 사람에 대해서나 하나님에 대해서나 모두 매우 중요하다. 왜냐하면 하나님이 하는 사역마다 모두 사람과 관계가 있기 때문이다. 하나님이 한 사역은 너희가 볼 수도 없고, 만질 수도 없으며, 세상 사람들은 알 수도 없는데, 어찌하여 매우 큰 일이라 아니 할 수 있는가? 그러면 너희는 어떠한 일이라야 매우 큰 일이라고 할 수 있는가? 하나님이 매우 큰 일을 하신다는 것을 사람들은 모두 인정해야 하며 어떤 사람이던지 부정을 해서는 절대로 안 된다. 그러면 무엇 때문에 오늘날 하나님이 한 일들이 매우 큰 일이라고 말하는가? 하나님이 큰 일을 하였다고 말할 때에는 반드시 그 속에 사람들이 전혀 알지 못하는 오묘한 비밀이 있다. 그러면 이제 너희에게 하나님이 하신 큰 일을 말하겠다.

예수는 말구유에서 태어났다. 그는 그의 생명이 보장 될 수 없는 위험한 시대에 태어났으나, 세상은 그를 저지할 수 없었고, 그는 언제나 하나님의 보살핌 하에 인간들 속에서 33년을 살아왔다. 이 오랜 세월 속에 생활하면서 그는 인간의 쓰라림을 체험하였고, 인생의 처참한 생활도 맛보았다. 그는 십자가에 못 박혀가며 그를 믿고 따르는 자들을 구원하는 중임을 담당하였으며, 사탄의 권세 하에서 살아온 그들의 모든 죄를 구속해 냈으며, 최종에 그는 제자들의 몸에서 부활하여 안식하게 되었다. 이렇게 하나님은 오늘도 변함 없이 인간들 가운데 오셔서 새로운 사역을 시작하고 있다. 이 말은 지금도 하나님은 인간들을 구원하기 위해서 새로운 일을 하고 계시다는 것이다.

하나님은 어둠 가운데서 구원한 사람들을 하나님의 집으로 인솔하여 와서 그의 새로운 사역을 하신다. 이번에 새롭게 하는 사역은 이전에 비하면 더욱 철저하다. 이번의 구원사역은 성령이 사람에게 사역하여 사람들을 변화케 하는 것이 아니며, 초림 예수의 신체가 사람 가운데 나타나서 사역하는 것도 아니며, 특별히 어떤 별다른 방식으로 사역을 하는 것이 아니라, 하나님이 말씀으로 육신 안에 와서 친히 지도하는 역사이다. 이렇게 하는 것은 사람들을 인솔하여 새로운 역사 가운데로 진입하기 위한 것이다. 이것은 하나님이 하는 매우 큰 일이다. 하나님이 하는 이 사역은 일부 사람의 몸을 빌려 하는 것이 아니며, 예언으로서 하는 것도 아니며, 오직 말씀육신 되어 오신 하나님이 친히 하는 것이다.

어떤 사람은 이런 것이 그리 큰 일이 아니라고 말할 수 있으며, 사람으로 하여금 기쁘게 하지 못한다고 한다. 하지만 나는 너희들에게 하나님이 하는 일은 이러한 사역뿐만 아니라 보다 더욱 크고 더욱 놀라운 사역이라는 것을 알려줄 것이다. 이번에 와서 사역하는 하나님은 눈으로 볼 수 없는 영체가 하는 것이 아니라 누구나 볼 수 있는 보통사람의 신체이다. 이렇게 지금 와서 사역하는 하나님은 전에 왔던 예수와 같이 말씀이 육신 된 신체이다.

따라서 그는 지극히 보통사람의 육신과 같기 때문에 너희가 그의 몸에서 보통사람들과 다른 점을 찾아낼 수 없다. 그러나 너는 그한테서 지금까지 들어보지 못한 진리를 얻을 수 있을 것이다. 이런 자그마한 육신이 곧 하나님 소유의 진리말씀의 화신이며, 하나님의 말세사역의 담당자이며, 또한 사람들에게 하나님의 모든 성품을 나타내는 증표이다. 너는 하늘에 있는 하나님을 보려고 하지 않는가? 너는 하늘에 있는 하나님을 알려고 하지 않는가? 너는 인류의 보금자리(천국)를 보려고 하지 않는가? 말씀이 육신 되어 온 하나님은 너희에게 지금까지 어느 사람에게도 알려주지 않았던 비밀을 알려줄 것이며, 그는 또 너에게 네가 알지 못하는 진리를 알려줄 것이다.

그는 네가 천국으로 들어가는 대문이며, 또한 네가 새 시대로 들어가는 향도이다. 이러한 보통사람에게 사람들이 추측 못할 오묘한 비밀이 있으나 그가 하는 모든 일을 너희는 분명하게 추측할 수 없고, 그가 하는 사역의 모든 목표는 그 어느 사람이나 인식할 수 있는 평범한 일이 아니다. 왜냐하면 그는 하나님의 말세의 뜻을 대표하였고, 그는 말세에 하나님의 인류에 대한 염려를 대신하였기 때문이다. 비록 너는 그의 불길과 같은 두 눈을 볼 수 없고, 비록 너는 그의 철장의 보호를 받을 수 없지만, 그를 통해서 하나님이 인류를 불쌍히 여김도 알 수 있으며, 하나님의 공의성품도 보고, 하나님의 지혜로움도 보고, 하나님이 전 인류에 대한 염려의 심정도 더욱 체득할 수 있다.

하나님이 말세에 한 사역은 곧 사람들로 하여금 지상에서 하늘의 하나님이 사람들 속에서 생활하고 있다는 것을 볼 수 있게 하는 것이며, 사람들로 하여금 하나님을 인식하고, 하나님께 순종하고, 하나님을 경외하고, 하나님을 사랑하게 하기 위하여, 그는 두 번째로 다시 육신으로 왔다. 이렇게 사람들이 오늘 본 하나님은 보통사람과 같이 코가 있고 눈이 있고 입이 있는 하나님이며, 너희가 지금 믿고 있는 하나님은 눈에 띄지 않고 볼 수 없는 하나님이다. 이렇게 지금 와 있는 인간 하나님이 존재하지 않으면 천지가 크게 변하고, 이런 사람(하나님)이 존재하지 않으면 하늘은 컴컴할 것이며, 땅은 혼돈 될 것이며, 인류는 모두 기근, 온역(유행성 전염병)속에서 살게 됨을 보게 될 것이다.

말세에 말씀이 육신으로 온 하나님이 우리를 구원하지 않으면, 하나님은 곧 일찍이 사람들을 지옥에다 훼멸시켰을 것이고, 이 육신(하나님)의 존재가 없다면 너희들은 영원히 범죄의 우두머리로 되었을 것이며, 영원한 시체가 되었을 것이다. 이 육신(하나님)의 존재가 없으면 이 모든 인류가 모두 이 한 차례의 큰 재난을 도피하기 어려우며, 말세에 하나님이 인류에 대한 더욱 엄중한 징벌도 도피하기 어렵다는 것을 너희들은 마땅히 알아야 한다. 이런 보통적인 육신(예수)이 태어나지 않았다면 너희들은 살려고 하여도 살 수 없고 죽자고 하여도 죽을 수 없을 것이며, 이런 육신이 살아 있지 않으면 너희들은 오늘 진리를 얻을 수 없으며 하나님의 보좌 앞으로 올 수도 없다. 이런 육신이 너희에게 없다면 영원히 죄악에서 벗어나지 못하고 하나님의 징벌을 받을 것이다. 너희들은 아직도 모르는가? 만약 하나님이 육신으로 다시 오지 않았다면 어느 누구나 구원받을 기회가 없으며, 따라서 만약 이 육신이 오지 않았다면 하나님은 이미 벌써 이 시대를 결속(끝내다) 지었을 것이다. 그런데도 너희들은 또 유대인들과 같이 오늘날 육신으로 온 하나님을 거절할 것인가? 이 보통적인 육신이 너희들에게 이렇게 유익한데 너희는 어째서 믿지 않고 오히려 배척을 하는가?

너는 하나님이 하는 사역을 이해하지 못하고 있다. 그러므로 너는 자기의 선택이 정확한지도 알지 못하고, 또 하나님의 역사가 능히 성공될 수 있는지도 모르면서 너는 어째서 자신의 운명을 알려고 하지도 않고 또한 보통사람이 너에 대하여 어떻게 돕고 있는지도 생각하지도 않고, 또한 하나님이 어떠한 큰 일을 하시는지에 대해서도 관심조차 없는가? 하지만 나는 너에게 알리려 한다. 노아 시대의 사람들이 하나님을 외면하고 먹고 마시며 시집가고 장가가는 일들이 하나님의 눈으로 보기에 어려울 지경에 이르렀으므로, 하나님은 큰물(홍수)로 모든 사람을 훼멸(멸망)하고 노아 일가 여덟 식구와 각종 날짐승과 길짐승만 남겨 놓았다. 이렇게 말세에 하나님이 남겨둔 자들은 하나님께 끝까지 충성을 다한 사람들이다. 이와 마찬가지로 오늘날도 하나님이 차마 눈뜨고 볼 수 없을 정도로 종교는 부패되었고 따라서 사람들도 모두 부패하여 하나님이 심판하신다는 것조차도 전혀 모르고 있다.

하나님은 노아 시대의 부패한 사람들을 큰물(홍수)로 모두 멸해 버렸다. 이와 마찬가지로 오늘날 모든 사람들도 심히 부패하여 하나님이 극도로 상심하게 되었으나, 하나님은 말세의 구원시킬 일부의 사람들 때문에 지금까지 참고 있는 것이다. 이는 도대체 무엇 때문인가? 너희들은 지금까지 생각 못하였는가?

만약 너희들이 정말 모른다면 나는 너희들에게 알려 주겠다. 하나님이 말세의 사람들을 아직 멸하지 않고 참고 있는 것은 말세의 사람들이 노아 시대의 사람보다 부패함이 경한 것이 아니며, 말세의 사람들이 하나님에 대하여 회개하려는 마음이 있어서 그러는 것도 아니며, 말세에 발달한 과학기술이 아까워서 소멸시키지 않는 것은 더더욱 아니다. 다만 말세에 하나님의 뜻대로 살고 있는 일부 사람들을 구원할 공작이 남아있기 때문이다. 그것은 사람들이 알곡과 쭉정이를 함께 불사르지 않듯이 하나님도 소돔과 고모라 성을 심판 할 때와 같이 악인들 속에 있는 의인을 함께 멸할 수가 없기 때문이다. 이렇게 말세의 공작을 바로 말씀이 육신 되어 온 하나님이 친히 하는 것이다.

하나님은 많은 사람들 가운데 진리를 찾고 하나님의 뜻을 찾는 소수의 사람들을 선택하여 구원의 대상으로 삼고, 그의 계획을 결정(모두 마침)한다. 하나님은 이런 사람들을 데리고 하나님의 집(천국)으로 들어간다. 그러므로 내가 너희에게 어떻게 말하던지, 하나님이 계획하신 모든 일들은 모두 말세에 말씀이 육신으로 온 하나님을 위하여 예비해 놓은 것이다.

너희들이 지금까지 살아 있는 것도 모두 이 육신 하나님으로 인하여 존재하고 있는 것이다. 너희들은 하나님이 육신 중에 존재함으로 인하여 생존할 기회를 얻은 것이며, 이 일체의 복은 모두 이 보통적인 사람(하나님)으로 하여 얻은 것이다. 그러므로 최종에는 만국이 모두 이 보통적인 사람을 경배하여야 하며, 모두 이 작은 사람에게 감사 드려야 하며, 모두 이 작은 사람에게 순종해야 한다. 그가 가져온 진리와 생명의 도는 그를 믿고 영접하는 모든 사람을 구원하며, 사람과 하나님과의 모순을 완화시키고, 사람과 하나님과의 거리를 단축시키고, 하나님과 사람과의 마음을 연합하게 하며, 또한 그가 하나님을 위하여 더욱 큰 영광을 나타낸다. 이런 보통적인 사람을 네가 믿을 가치가 없는가? 네가 그를 우러러 볼 가치가 없는가? 이러한 그를 보통적인 육신이라 하여 그리스도로 불리울 자격도 없는가?

 이런 보통적인 사람이 사람들 가운데서 하나님으로 발표될 수 없는가? 이렇게 멸망 가운데 있는 사람들을 구원시키는 이런 사람을 너희들은 사랑할 가치도 없고 믿을 가치도 없는가? 너희들이 만약 그의 입으로 발표한 진리를 버리고, 또 그가 너희들 가운데 존재하고 있는 것을 귀찮게 여긴다면, 너희들의 마지막은 과연 어떻게 될 것인가? 하나님이 말세에 하는 사역은 모두 이 보통적인 사람에 의한 것이며, 그가 그를 믿고 따르는 자들에게는 일체의 은혜를 베풀어 줄 것이며 또한 그를 불신하고 배척하는 자들에게는 일체의 죄를 심판할 것이다.

 이런 사람이 너희들이 보기엔 별 볼일 없고 말할 가치도 없는 사람으로 여기는가? 그의 진리가 너희로 하여금 진심으로 탄복할 것도 아니 되는가? 그가 하는 일들이 너희들로 하여금 눈으로도 탄복되지 않겠는가? 또 그가 이끄는 길이 너희들로 하여금 그에게 반감을 가지게 되고 그를 버리게 되며 회피하게 되는가? 그러나 진리를 발표하는 것도 이 사람이고, 진리를 제공하는 것도 이 사람이고, 너희들로 하여금 걸어갈 길이 있게 하는 것도 이 사람이다.

 너희들은 그래 이러한 진리 가운데서 하나님의 역사의 종적을 아직도 찾을 수 없는가? 예수의 역사가 없으면 인류는 십자가에서 내려올 수 없으며, 오늘날 말씀으로 온 육신이 아니었다면 십자가에서 내려온 사람들은 영원히 하나님의 칭찬을 받을 수 없고, 영원히 새시대로 들어갈 수 없다. 이런 보통적인 사람(오늘날의 예수)이 오지 않으면 너희들은 영원히 하나님의 본래 면모를 볼 수 있는 기회도 자격도 없는 것이다. 그것은 너희들이 모두 이미 마땅히 멸망될 대상이기 때문이다.

오늘날 말씀이 육신으로 온 하나님이 오시므로 인하여 하나님은 너희들을 용서하고, 하나님은 너희들을 불쌍히 여긴다. 어찌하던지 내가 마지막으로 너희들에게 알려줄 말은 말씀이 육신으로 온 이 보통적인 사람이 너희들에게는 지극히 중요하다는 것이다.

그러므로 나는 너희에게 이 보통적인 사람을 하나님이 너희에게 보내주시는 오늘날의 구원자로 믿고 영접하는 일이 매우 큰 일이라 말하는 것이다.

8. 오직 말세의 그리스도만이 사람에게 영생의 도를 선사한다.

  생명의 도는 어느 사람이나 다 구비할 수 없으며, 어느 사람이나 모두 쉽게 얻을 수 없다. 왜냐하면 생명의 도는 다만 하나님으로부터 오며, 하나님 자신만이 생명의 실체이며 오직 하나님만이 생명의 도가 있기 때문에, 하나님만이 생명의 발원지이며, 하나님만이 부단히 솟아오르는 생명수의 원천이다. 창세로부터 하나님은 생명력이 있는 사역을 대량으로 하였으며, 사람에게 생명을 줄 수 있는 허다한 사역을 하였으며, 사람으로 하여금 생명을 얻을 수 있는 대가를 많이 바쳤다.
  그것은 하나님이 곧 영원한 생명이며, 하나님 자신이 곧 사람을 부활시킬 수 있는 도이기 때문이다. 하나님은 사람들 속에 항상 존재하며 한시도 없을 때가 없으며, 그는 사람들의 생활의 원동력으로 되었으며, 사람들의 생존의 근원이 되었으며, 또 사람들의 내생에 대한 풍부한 자원이 되었다.
  하나님은 사람들을 륜번(윤회, 번갈아 돌다, 회전하다)으로 다시 재생시켰으며, 또한 사람들을 전생의 업과 신앙의 차원에 따라 엄중하게 태어나 살게 하며, 또한 사람들은 하나님의 영원한 생명력에 의지하면서 한 세대 또 한 세대를 살아왔으며, 하나님 생명력은 시종여일하게 사람들을 뒷받침하고 있으며, 그는 사람들이 전혀 할 수 없는 일들을 모두 하신다.
  하나님의 생명력은 일체를 전승하는 력량이며, 더욱 일체를 초월하는 력량이며, 그의 생명은 영구하고 그의 힘은 초범하며, 어떤 피조물이나 어떤 적대세력도 모두 그의 생명력을 압도하기 어렵다. 어느 시각이나 어느 곳이나를 물론하고 그의 생명력은 모두 존재하고 있으며, 항상 눈부신 찬란한 빛을 발한다. 천지는 거변(크게 변하다)하나 하나님의 생명은 영구히 변함 없으며, 만물은 죽어가도 하나님의 생명은 여전히 존재한다. 그것은 하나님은 만물의 생존의 기원이며, 만물이 더불어 생존하는 근본이기 때문이다. 사람의 생명은 하나님으로부터 오며, 하늘의 존재도 하나님에 의해서 존재하며, 땅의 생존도 역시 하나님 생명의 력량으로 온 것이며, 생기를 가진 것은 모두 하나님의 지배를 초월할 수 없으며, 활력을 가진 어떤 것도 모두 하나님이 쥔 권력의 범위를 벗어나지 못한다. 이렇기 때문에 어떠한 존재도 모두 하나님의 권력 하에 머리를 숙여야 하며, 모두 다 하나님 관할 속에서 살아야 하며, 모두 다 하나님의 손안에서 벗어날 수 없다.

너는 지금 하나님의 생명을 얻으려고 할 것이며, 또한 하나님의 진리를 얻으려고 할 것이다. 결론적으로 너는 하나님을 찾으려 하는 것인데 그것은 곧 너희들이 믿고 의지할 수 있는 하나님을 찾으려는 것이고, 너로 하여금 영생을 얻을 하나님을 찾으려고 하는 것이다. 네가 영생을 얻으려하면 반드시 먼저 영생의 근원(영생의 길)을 알아야 하는데 그보다 먼저 하나님이 어디에 계시는가를 알아야 한다. 이제 금방 내가 오직 하나님만이 비로소 영구불변의 생명이라고 말하였으며, 오직 하나님만이 생명이 있는 도라고 말하였다. 하나님은 영구불변의 생명인 것만큼 곧 영원한 생명이며, 하나님이 생명의 도인만큼 하나님의 본 신이 곧 영생의 도이다. 이리하여 너는 응당 하나님이 도대체 어디에 있으며, 어떻게 하여야 영생의 도를 얻을 수 있는가를 먼저 알아야 한다. 지금 우리들이 이 두 가지 문제를 나누어

의논해 보자.

　만약 네가 진정으로 목마르게 영생의 도를 얻으려고 생각한다면, 너는 먼저 하나님이 오늘 도대체 어디에 있는가 하는 문제에 대하여 대답해야 한다. 오늘 하나님은 도대체 어디에 있는가? 너는 하나님은 당연히 하늘에 있지, 그래 너의 집에 있어야 되는가라고 말할 것이다. 혹시 너는 하나님은 만물 가운데 있으며, 혹시 하나님은 각 사람의 마음속에 있으며, 혹시 하나님은 영계에 있다고 말할 것이다. 나는 너희 모든 사람이 이렇게 말함을 부인하지 않는다. 하지만 나는 너희들에게 이 문제를 똑똑히 말해 주어야 되겠다. 하나님이 사람들의 마음속에 있다는 이 말은 완전히 옳지도 않고 틀리지도 않는다.

　왜냐하면 사람들이 하나님을 진심으로 믿는 것도 있고 가짜로 믿는 것도 있으며 하나님의 칭찬을 받는 것도 있고 받지 못하는 것도 있으며 하나님이 즐거워하는 것도 있고 하나님이 싫어하고 미워하는 것도 있으며 하나님으로부터 완성 받을 수도 있고 하나님에 의해 도태될 수 있기 때문이다. 그러므로 하나님은 오직 진심으로 하나님을 믿는 일부 사람들에게 있고 이런 자들이 하나님이 칭찬할 사람들이며 하나님이 기뻐하는 사람들이다.

　이런 자들이 바로 하나님에 의해 완성케 될 사람들이며 하나님이 인솔할 대상이라고 말한다. 이렇게 하나님의 인솔을 받고 있는 자들은 이미 하나님의 영생의 말씀을 듣고 본 사람들이다. 그러나 하나님을 가짜로 믿는 사람, 즉 하나님이 칭찬 못할 사람, 하나님이 싫어하고 미워할 사람, 하나님께 도태된 사람은 곧 하나님께 버림받은 사람이며, 결단코 생명의 말씀을 얻지 못한 사람이며, 결단코 하나님이 도대체 어디에 있는가도 모르는 사람들이다. 반면에 하나님이 그들의 마음속에 있는 자는 곧 하나님이 어디에 있는가를 아는 사람이며, 하나님이 그에게 영생의 말씀을 베풀어 준 사람이며, 곧 하나님을 따르는 대상이다. 지금 너는 진정 하나님이 어디에 있는가를 아는가? 하나님은 바로 사람들의 마음속에 있으며, 또 사람들의 주변에 있으며, 그는 영계에도 있고 만물 가운데도 있으며, 더욱 사람들이 생존하고 있는 지상에 있다. 그러므로 말세에 와서 하나님의 사역은 믿는 자들의 발걸음을 새로운 경계로 이끌고 있다. 하나님은 만물 중에서 일체를 지배하며, 또 사람들의 마음속에서 사람들의 후원자가 되며, 더욱 사람들 가운데서 생존한다. 이렇게 하여야만 이 생명의 말씀을 인류에게 가져다 줄 수 있고 사람들을 생명의 말씀 속으로 이끌 수 있다.

하나님이 이 땅에 와서 인간 속에서 사는 것은 사람들이 생명의 말씀을 얻도록 하기 위함이며, 사람들의 생존을 위해서이며, 동시에 그가 만물 중에서 일체를 지휘하면서 인간의 경영과 밀접히 접근하기 위해서이다. 그러므로 너희가 만약 하나님이 하늘에만 있고, 하나님이 사람들의 마음속에만 있다는 도리만 승인하고, 오히려 하나님이 인간 속에서 생존하고 있다는 진리를 승인하지 않는다면, 너는 영원히 생명을 얻을 수 없으며, 영원히 진리의 말씀을 얻을 수 없다.

하나님의 본체는 생명이며, 진리이며 그 안에 생명과 진리가 함께 있기 때문에 진리를 얻지 못한 사람은 곧 생명을 얻지 못한 것이다. 만일 진리의 인도와 공급이 없다면 네가 얻은 진리는 오직 글귀이고 오히려 사망하게 된다.

하나님의 생명은 한시도 없을 때가 없고, 그의 진리와 생명은 항상 함께 있다. 그런데 네가 진리의 근원을 찾을 수 없다면 생명의 영양도 얻을 수 없으며 네가 생명의 공급을 얻지 못하면 너는 진리가 없는 것이며 너의 온 몸에 상상과 관념으로 가득 찬 육체뿐이며 곧 비린내가 가득한 육체뿐이다. 네가 가지고 있는 책(성경)의 글귀는 생명이 될 수 없고, 역사의 기록을 진리로 모실 수 없으며, 과거의 규범(율법)은 현실의 말씀으로 적용될 수 없다는 것을 알아야 한다. 오직 하나님이 이 땅에 와서 사람들 속에서 살면서 발표한 말씀이라야 진리이며, 생명이며, 하나님의 뜻이며, 하나님의 현실적인 역사방식인 것이다. 네가 하나님의 이전 시대의 말씀을 오늘에 가져와 지켜본다면, 너는 곧 하나의 고고학자이며 너는 하나의 역사 문화유물 연구전문가라고 한다면 가장 적합할 것이다.

왜냐하면 너는 하나님이 이전에 역사할 때 남긴 흔적만 믿고, 하나님이 이전에 사람들 가운데서 역사할 때 남긴 그림자만 믿으며, 하나님이 이전에 그 당시에 하나님을 따르는 자에게 알려준 말만 믿기 때문이다.

이런 자들은 하나님이 현재 오셔서 하시는 역사를 믿지 않으며 현재 와 있는 영광의 얼굴을 믿지 않으며 하나님이 현실에서 발표한 진리의 말씀도 믿지 않고 있다. 그러므로 너를 하나의 특급불 현실적인 공상가라고 말하는 것이다. 만약 네가 지금도 사람을 살릴 수 없는 글귀만 그냥 붙들고 있다면 너는 곧 구제 불능의 썩은 나무와 같다. 그것은 네가 낡은 것만 고집하며 완고하며 이치로 타일러도 아무런 소용이 없기 때문이다. 나는 말씀이 육신으로 온 하나님을 그리스도라 칭호 한다. 그러므로 사람에게 진리를 베풀어준 그리스도를 하나님이라 칭하는 것은 조금도 과분하지 않다.

그는 하나님의 실질이 있으며 그는 사람들이 도달할 수 없는 하나님의 성품과 역사와 지혜가 있기 때문이다. 그런데 하나님의 역사도 할 수 없으면서 자신이 그리스도라고 자칭하는 사람은 가짜며 위조상품이다.

진정한 그리스도는 단지 하나님이 지상에서의 나타남만이 아니며, 하나님이 지상에서 사역을 전개하여 그를 믿고 따르는 사람들 가운데서 구원의 역사를 완성하는 특유한 육신이다. 그러므로 그리스도의 육신은 어떤 사람이나 될 수 있는 것이 아니라, 하나님이 지상에서의 사역을 넉넉히 담당할 수 있는 육신, 즉 하나님의 성품을 충분히 발표할 수 있는 육신이며, 하나님을 대표할 수 있는 육신이며, 사람에게 생명을 공급할 수 있는 육신이다.

그리스도를 가장한 사람은 자기를 그리스도라고 부르지만 그리스도의 실질을 조금도 가지지 못하므로 조만간에 꺼꾸러지는 것이다. 그러므로 진짜냐 가짜냐 하는 것은 사람으로서 결정할 수 없으며, 오직 하나님이 알고, 하나님만이 판단하는 것이다. 만약 네가 진심으로 생명의 말씀을 찾으려면, 너는 우선 하나님이 사람들에게 와서 생명의 말씀을 베풀어 주는 일을 하고 있다는 사실을 승인해야 한다. 이렇게 그리스도가 말세에 와서 사람들에게 생명의 말씀을 베풀어 준다는 것은 지나간 예전이 아니고 바로 지금이다.

말세의 그리스도가 지금 너희에게 가져온 것은 생명이며, 장구하고 영원한 진리의 말씀이다. 이 진리가 곧 사람이 생명을 얻는 도경(가는 길, 과정)이며 사람들이 하나님을 알고 하나님의 칭찬을 받는 유일한 도경이다. 네가 만약 말세의 그리스도가 공급하는 생명의 말씀을 찾지 않으면 너는 영원히 예수의 칭찬을 얻을 수 없으며 영원히 천국의 대문으로 들어갈 자격이 없는 것이다. 이러한 것은 네가 지금까지 하나님의 일군이 아니라 역사의 괴뢰이며 역사의 죄수이기 때문이다. 이와 같이 너희의 규정(너희가 만든 규정)에 의해 글귀(교리)에 의해 역사(신앙의 전통)의 쇠사슬에 의해 매여있는 사람은 영원히 생명을 얻을 수 없으며 영원히 영구한 생명의 말씀을 얻을 수 없다. 그것은 그들이 얻은 것은 오직 몇 천년동안 지내온 더럽고 흐린 물(비진리)이며 하나님 보좌 위에서 흘러나오는 생명의 물(진리)이 아니기 때문이다.

생명의 물(생명의 말씀)의 공급이 없는 사람은 영원한 죽은 시체이며 영원한 사탄의 놀음감이며 영원한 지옥의 자식이다. 이런데도 너희가 하나님을 볼 수 있겠는가? 너는 오직 역사(전통신앙)만 지키려하고 제자리걸음 하면서 원래 상태만 지키려 하며 현 상태를 개변(고치다, 바꾸다)하여 역사를 도태(버리다)시키려 하지 않는다.

그런데도 너는 하나님의 적이 되는 사람이 아니란 말인가? 하나님이 사역하는 발걸음은 호호 당당하며, 세차게 출렁거리는 파도와 같으며, 두루 번지는 쟁쟁한 우뢰와 같은데 너는 앉아 죽기를 바라고, 요행수를 바라면 어찌 어린양의 발자국을 따르는 사람이라 하겠는가? 네 마음속에 지키고 있는 하나님이 참 하나님이란 것을 어떻게 설명할 수 있는가? 지금 이미 낡아 빠진 책(성경) 가운데 있는 글귀가 어떻게 너를 이끌고 시대를 뛰어 넘겠는가? 또 어떻게 너를 이끌고 천국으로 올라가겠는가? 너의 손에 장악되어 있는 책(성경)은 오직 잠시적으로 너희들을 안위시키는 글귀이며 너로 하여금 생명을 얻을 수 있는 진리가 아니며, 너희들이 읽고 있는 성경의 글귀는 다만 나에 대한 혀를 충실시키는 경문이며 너로 하여금 인생의 철학원리를 인식케 하는 것도 아니며 더욱 너를 생명의 길로 인도하는 것도 아니다. 하물며 이러한 글귀가 너로 하여금 회개시킬 수 있겠는가? 너로 하여금 성경말씀 중에 있는 오묘한 비밀을 깨닫게 할 수 있겠는가? 그 성경의 글귀나 거짓 그리스도가 너를 하늘에 보내어 하나님을 보게 할 수 있겠는가? 성경은 단지 너희를 구원하기 위하여 오는 그리스도에 대하여 자세히 기록한 것이다. 그러므로 성경을 올바로 보는 자들은 오늘날 하나님께서 보내주시는 구원자 (예수)에 대하여 알 수 있다. 그런데도 불구하고 너희가 성경을 날마다 읽고 보면서 오늘날의 구원자를 모르고 예수를 부정하며 오히려 적그리스도로 매도를 하고 있다.

만일 그리스도(오늘날 예수)가 지금 지상에 오지 않는다면 네 스스로 천국으로 들어가 하나님과 같이 천륜지락을 누릴 수 있는가? 너는 아직도 너에게 나타날 환상적인 예수의 꿈을 꾸고 있는 것이다. 나는 너에게 권한다. 이제 너는 꿈을 정지할 때가 되었다. 너는 지금 누가 너를 위하여 역사하고 있는가를 알아야 하며, 지금 누가 말세의 사람들을 구원하는 사역을 하고 있는가를 알아야 한다. 그렇지 않으면 너는 영원히 진리를 얻을 수 없으며 영원히 생명을 얻을 수 없다.

그리스도의 진리에 의거하지 않고 생명을 얻으려고 하는 자는 세상에서 가장 엉터리없는 사람이며, 그리스도의 생명의 말씀을 접수하지 않는 사람이며, 그리스도의 생명의 말씀을 접수하지 않는 사람은 매우 엉뚱한 사람이다. 그러므로 말세의 그리스도를 받아들이지 않는 사람은 하나님의 영원한 증오의 대상이라고 나는 말한다. 오늘날 그리스도는 말세의 사람들이 천국으로 들어가는 대문으로, 그리스도를 통하지 않고는 어떠한 사람도 천국으로 들어갈 수 없으며, 그리스도로 말미암지 않고는 어떠한 사람도 하나님의 생명으로 완성될 수 없다. 네가 하나님을 믿는 사람이라면 곧 오늘날 네앞에 온 그리스도를 믿고 그의 말씀을 청종하고 그의 말씀에 순종해야 한다. 그런데 네가 세상에 썩어 없어질 복만 추구하며 진리를 접수하지 않는다면 절대로 생명을 공급받을 수 없다. 그리스도가 말세에 오신 것은 무릇 진심으로 그를 믿는 소수의 사람들에게 생명을 공급하려는 것이며, 이 사역은 낡은 시대를 결속(마무리) 짓고 새 시대로 들어가기 위한 사역이며 새 시대로 들어가는 소수의 사람들이 반드시 거쳐야 할 길이다.

그런데 네가 네게 온 그리스도를 승인하지 않고 오히려 이단이라는 죄명을 씌우거나 혹은 설독(모욕)하거나 혹은 핍박을 한다면 너는 곧 영원히 꺼지지 않는 불 속에서 탈 대상이며, 영원히 하나님의 나라로 들어가지 못할 사람이다. 왜냐하면 오늘날 너희에게 온 그리스도는 본래 성령이고 하나님의 말씀이며 하나님이 지상에서 사역하는 당사자이기 때문이다. 그러므로 나는 네가 말세에 그리스도가 한 일체를 받지 못한다면, 너는 곧 성령을 설독(모독, 왜곡)하는 사람인데 성령을 설독하는 사람에게 돌아올 대갚음은 사람들이 말하지 않아도 다 알고 있을 것이다. 나는 또 너에게 알려주려고 한다. 네가 만약 말세의 그리스도를 배척하거나 버린다면, 너의 후과(후에 일어날 결과)를 대신할 자 없을 것이며 이후부터 너는 하나님의 칭찬을 받을 기회가 다시 없을 것이며 심지어 네가 잘못을 만회하려 하여도 너는 하나님의 얼굴을 다시 볼 수 없을 것이다.

왜냐하면 네가 배척한 것은 사람이 아니고 네가 버린 것도 하나의 자그마한 물건이 아니며 그리스도이기 때문이다. 이러한 후과(후의 결과)를 너는 아는가? 네가 한 일은 한 개 자그마한 착오를 범한 것이 아니라 천추에 용서 못할 큰 죄를 범한 것이다. 그러므로 나는 너 각 사람에게 그리스도의 진리 앞에서 흉악하게 날뛰지 말며 입에서 나오는 대로 마구 지껄이지 말 것을 권고한다.

왜냐하면 오늘날의 그리스도가 너를 심판하며 또한 그 입에서 나오는 진리만이 너에게 생명을 가져다 주며, 너를 하나님의 아들로 거듭나게 하여 하나님을 볼 수 있게 하기 때문이다.

9. 바로 너의 보금자리를 위해 넉넉한 선행을 예비하자.

　나는 너희들 가운데서 많은 사역을 하였으며 나의 뜻을 너희에게 전하였다. 그러나 나는 언제나 나의 말과 사역이 나의 말세 역사의 목적에 완전히 도달하지 못했다는 것을 느끼게 된다. 내가 말세에 한 역사는 어느 일부 사람들 혹은 어떤 특정한 사람을 위한 것이 아니라 너희 모두에게 나의 성품을 나타내려는 것이다. 하지만 너희들은 여러 가지 일 때문에 (혹은 시간이 바빠서 혹은 사역이 번거로워) 나의 성품에 대하여 조금도 인식할 수 없게 되었다. 나는 할 수 없이 나의 새로운 계획 가운데로 진입하였으며 나의 최후의 역사 가운데로 진입하여 보다 새로운 한 페이지를 펼치었다. 이러한 사실을 알게 된 사람은 모두 가슴을 칠 것이며 끊임없이 통곡할 것이다. 그러므로 나는 인류의 말일을 너희에게 가져다 주려한다.
　나는 이제 나의 모든 성품을 인류에 공포할 것이며 진실로 나를 믿고 따르는 사람에게 영안을 열어주어 내가 정말로 지상으로 왔고 인간에게 왔다는 것을 알게 할 것이다. 이는 나의 계획이고, 인류를 창조한 이래 없었던 한차례 〈표명〉이다. 나의 철장권세가 다시 한번 인류에게 바싹 다가오며, 나를 적대시하는 모든 인류에게 다가오므로 너희들은 모두 나의 일거일동에 조심하고 마음을 조아리기 바란다.
　나는 하나님의 아들들과 함께 내가 하려고 하는 공작을 할 것이며, 사람의 물결을 가르고 천지지간에서 운행할 것이다. 사람들은 모두 나의 기동을 느끼지 못하였고, 나의 말에 주의하지 않았다. 그러나 나의 계획은 여전히 순조롭게 진행되고 있는 중이다. 지금 너희들의 모든 기관은 마비되었기 때문에, 내가 하는 사역을 조금도 모르고 있지만, 너희들은 필경 어느 때 나의 의도가 어디에 있음을 알게 될 것이다. 나는 오늘도 너희들과 함께 생활하면서, 너희들과 함께 고난을 받고 있다. 나는 인류가 나에 대한 태도가 도대체 어떠하였는가를 일찍이 알고 있었다. 나는 지금 너희들의 잘못을 더 많이 밝히려고 하지 않고, 또한 내게 가슴아프게 한 일을 드러내어 너희들을 지금 부끄럽게 하지는 않지만, 너희들이 내게 한 일들을 모두 내 마음속에 기억해 놓았다가 우리가 다시 만날 때 맞추어 보기를 희망한다. 나는 너희들 중에 어느 한 사람에게도 모해를 주려고 원하지 않는다. 그것은 내가 하는 일은 언제나 모두 공평합리하며, 공명정대하기 때문이다.

나는 너희들의 마음속에 있는 나쁜 것들을 모두 털어 버릴 것을 원하며, 하늘과 땅에 양심에 꺼리는 일을 조금도 하지 말기를 희망한다. 이것이 내가 너희들에 대한 유일한 요구이다. 허다한 사람들이 자기가 하늘에 사무치는 죄를 짓고 안절부절하며, 또 많은 사람들은 선한 일을 하지 못하였다고 부끄럽게 여긴다. 그러나 어떤 사람들은 자기의 죄악으로 화인맞은 양심이 되어 부끄러워하지 않고 도리어 더욱 악독하여지고 완전히 자기의 드러난 추악한 낯을 완전히 가리지도 않고 나의 성품을 정탐하려 한다. 그러나 나는 어떠한 사람의 행위에도 주의하지 않고 역시 관심도 두지 않고 내가 응당히 해야 할 일을 하고 있다. 나는 나의 공작을 원래 계획대로 사람들 가운데서 하며, 일분일초도 지체하지 않을 뿐만 아니라, 매우 정확하고 간결하게 한다. 내가 각 단계의 공작을 할 때마다 일부분의 사람들을 떼어버린다. 그것은 내가 아첨하는 꼴을 몹시 싫어하며 또 일부러 자신을 겸손하게 낮추는 꼴도 몹시 싫어하기 때문이다. 너희들이 한 일들이 고의적이거나 고의적이 아니거나를 막론하고 내가 메스꺼워하는 사람은 모두 나에 의해 멸망당할 것이다. 결론적으로 나는 내가 싫어하고 메스꺼운 일을 행하는 사람은 모두 멀리한다. 내가 사람들을 징벌하는 시간이 곧 닥쳐오므로 나의 집에 있는 모든 악한 자들을 그대로 내버려두지 않을 것이다. 그러나 나는 나의 계획이 있기 때문에 이 귀찮은 모든 자들을 급히 나의 집에서 내쫓으려고 하지 않는다. 지금은 내가 각 사람의 결말에 대한 초안을 작성할 때이며, 내가 사람의 심판을 시작하는 단계가 아니다.

　나는 각 사람의 언어, 행위 및 각 사람이 따라온 과정과 속성 혹은 그의 최종 표현을 일일이 나의 기록부에 기록할 것이다. 이러면 어떠한 사람이든지 모두 나의 손안에서 벗어나기 어려울 것이며, 모두 나에 의해 각기 종류대로 분포될 것이다. 내가 각 사람의 보금자리를 결정하는 것은 그의 연령에 근거하는 것도 아니며 늙고 젊음을 기준하는 것도 아니며 그의 고생정도에 근거하는 것도 아니며, 더욱 그의 가련한 정도에 근거하는 것도 아니다. 나는 오직 그 사람 안에 참 진리가 있는가 없는가에 근거하며 그 외에 다른 선택의 기준이 없다.

　하나님의 뜻을 준행하지 않는 사람은 모두 징벌을 받는다는 것을 너희들은 똑똑히 알아야 한다. 이것은 어떤 경우에든지 절대로 변하지 않는다. 그러므로 징벌을 받는 사람은 모두 하나님의 공의로 인하여 징벌을 받으며, 그들이 못된 짓을 행한 분량에 따라 대갚음을 받는다. 나의 계획은 처음부터 마지막까지 조금도 변경되지 않았다. 단지 사람들이 보기에는 나와 말할 대상이 점점 적어지며, 진정으로 나의 칭찬을 받을 사람도 점점 적어진다고 생각할 것이다. 그래도 나의 계획은 절대로 변하지 않는다. 사람들의 나에 대한 신심과 사랑의 마음이 줄곧 모두 변했고, 줄곧 모두 감소되었으며, 나아가서는 각 사람들이 나에 대하여 안부하는 것도 냉담한데 그 도가 지나치게 되면 나를 집 문밖으로 몰아낼 가능성도 있는 것이다. 너희들의 나에 대한 태도가 차지도 덥지도 않기 때문에, 나는 너희를 증오할 것이며, 최종에는 징벌을 할 것이다. 너희를 징벌하는 날이 이를 때 나는 여전히 너희들을 볼 수 있으나, 너희들은 다시 나를 볼 수 없게 된다.

그것은 내가 너희들 속에서 생활하는 것이 아무런 보람이 없고 답답함을 느끼기 때문에 나는 마땅히 다른 생활환경을 선택하는 것이다. 이렇게 나는 너희들의 악담의 공격을 피하고 너희의 더럽고 보기 싫은 행위를 멀리하며 지금도 계속 나를 속이며 나에 대하여 겉치레만 하는 것들에게서 벗어나려고 한다. 내가 너희들을 떠나기 전에 나는 너희들에게 진리에 부합되지 않는 일을 하지 말며, 여러 사람들이 즐겨하는 일을 하며, 여러 사람들에게 유익한 일을 하며, 자기의 보금자리에 대하여 유익한 일을 할 것을 권한다. 이렇게 하지 않는다면 재난 중에서 고통을 받는 것은 다른 사람이 아니라 바로 너 자신이다. 나는 나를 사랑하며 내게 몸을 바치는 사람에게는 긍휼을 베풀지만, 내게 악을 행하며 나를 대적하는 사람들을 징벌하는 것이 바로 나의 공의이며, 나의 분노에 대한 표증이다.

하늘로부터 재난이 내려올 때, 나를 배척하는 모든 사람은 모두 기근에 빠지며 온역 중에서 애곡할 것이며 그런 못된 짓만 하면서 몇 해 동안 나를 따른 자들도 죄를 벗어날 수 없으며, 그들은 천만년 동안 보기 드문 재난 중에 빠져 당황하며 하루라도 편안한 날이 없을 것이다. 그때 나를 충심으로 따르는 사람은 손뼉을 치며 기뻐할 것이며 나의 큰 능력을 찬양할 것이며, 상쾌한 심정을 표현하기 어려울 것이며, 내가 지금까지 선사하지 않은 인간의 즐거움과 행복 속에서 살 것이다. 그것은 내가 사람의 선행을 귀엽게 여기고, 사람의 악행을 몹시 증오하기 때문이다. 나는 나와 동심합의한 사람을 얻으려고 인류를 오늘까지 인솔해 왔으며 나는 나와 동심합의하지 않는 사람을 잊지 않고, 지금까지 모두 그들을 증오하며 기회가 돌아올 때 그들의 악행이 응보 받는 것을 봄으로 기쁠 것이다. 오늘 나의 날이 끝내 돌아왔다. 나는 다시금 기다릴 필요가 없다. 나의 최후 사역은 내가 사람을 무조건 징벌하려는 것이 아니며, 사람들의 보금자리를 믿음과 행위에 따라 안배하기 위해서이고, 더욱 모든 사람들이 나에 대하여 행한 모든 일에 대하여 심판하기 위함이다.

  나는 각 사람들로 하여금 내가 한 일은 모두 옳으며, 내가 한 일체 모든 것은 모두 다 나의 성품의 발표이며, 사람들의 보람이 아니며, 더욱 대자연이 인류를 창조한 것이 아니며, 내가 사람들 가운데서 하나님의 아들을 창조하려는데 있다. 나의 존재를 잃게 되면, 인류는 멸망될 것이며, 자해의 칼이 목에 있을 것이며, 아름다운 그 날을 볼 사람도 없을 것이고, 녹색의 세계를 볼 사람도 없을 것이다. 인류는 오직 흑암의 음행한 밤이며 항거할 수 없는 사음의 계곡이 될 것이다. 나는 인류의 유일한 구속이며, 인류의 유일한 희망이며, 더욱 인류생존의 근원이다. 나를 잃게 되면 인류는 곧 앞으로 나아갈 수 없으며, 나를 잃으면 인류는 오직 죽음의 재난을 받을 것이며, 각종 혼령에 짓밟힐 것이다. 그런데도 불구하고 사람들은 모두 나를 대수롭지 않게 여기고 있다.

　나는 어떤 사람도 대체할 수 없는 사역을 하였기에, 사람들이 오직 선행으로서 나에게 보답할 것을 바랄 뿐이다. 비록 나에게 보답할 사람은 매우 적지만 나는 여전히 인간 속에서의 여행길을 걸으며, 다음에 전개되는 사역을 하게 된다. 내가 사람들 속에서 오랫동안 분주히 다녔기에 매우 만족한 결과가 있게 되다. 내가 관심하는 것은 사람들의 숫자가 많고 적은 것이 아니라 하나님의 뜻대로 행하고 있는 사람들이 몇 명이냐 하는 것이다. 결론적으로 나는 너희들에게 너의 보금자리를 위해 하나님이 원하시는 선행을 넉넉히 준비할 것을 희망한다. 이렇게 하면 나는 비로소 만족하게 되며 그렇지 않으면 너희들은 모두 재난의 늪을 벗어날 수 없을 것이다. 재난은 나로부터 일어나며, 여전히 나로부터 조종될 것이며 만약 너희들의 선행이 내 앞에서 선으로 인정되지 않으면, 너희들은 모두 재난의 고난을 벗어나기 어려울 것이다.

　환난 중에서 너희들이 한 모든 행위는 완전히 적합하다고 할 수 없다. 그것은 너희들 안에 믿음과 사랑이 없고 오직 비열하고 강퍅한 것뿐이기 때문이다. 나는 너희의 이러한 행위에 대해 다만 좋고 나쁜 평가만 할 뿐이다. 내가 관심하는 것은 여전히 너희들의 모든 행위와 네 안에 소유하고 있는 진리이며, 이것으로서 너의 모든 것을 결정할 것이다. 그러나 너희에게 진리가 있고 너희가 선을 행하였다 해도 어떠한 시험이나 환난이 닥쳐올 때 나에 대한 믿음이나 진리를 끝까지 지키지 못한다면 나는 절대로 긍휼을 베풀지 않을 것이다. 나는 어떠한 환난이나 시험에도 굴하지 않고 끝까지 진리를 사수하며 지키는 자들을 나의 마음속에 영원히 간직할 것이다.

10. 너는 도대체 누구에게 충성하는 사람인가?

　현재 너희들이 보내고 있는 하루 하루는 매우 중요하다. 왜냐하면 하루 삶이 너희들의 보금자리와 너희들의 운명에 모두 매우 중요하기 때문이다. 그러므로 너희들은 너희들이 현재 살고 있는 삶의 일체를 모두 귀중히 여겨야 하며, 현재 보내고 있는 이 시각을 귀중히 여겨야 한다. 이렇게 너희의 일체 시간을 절약하여 인생을 가장 가치 있고 보람 있게 살아야 하며, 너의 일생을 헛되이 보내지 않도록 해야 한다. 너희들은 내가 무엇 때문에 이런 말을 하는가에 대하여 모두 무슨 영문인지 모를 것이다. 툭 털어놓고 말하면, 너희 각 사람들의 행위가 나는 그렇게 마음에 들지 않으며, 내가 너희들에게 둔 희망은 현재 너희들의 이런 모양이 아니다.
　그러므로 나는 너희 각 사람들이 모두 위험한 변두리에 처하여 있으며, 이전에 너희들의 구원을 청하던 소리, 이전에 진리를 추구하고 광명을 지향하는 마음의 소리도 이미 결속(마무리,끝) 단계에 들어갔다고 말한다. 이러한 현상은 너희들이 마지막으로 나에게 보답하는 표현인데 이것은 내가 종래로 기대하지 않았던 것이다. 너희들은 나를 크게 실망케 하였으므로 나는 너희에게 사실대로 말하려 하지 않는다. 그러나 너희들은 이 길을 포기하려는 생각도 하지 않지만, 이러한 사실을 받아들이려고도 하지 않을 것이다. 하지만 나는 다시 정중하게 너희들에게 이런 말로 물으려 한다.
　이 몇 년내 너희들의 마음은 도대체 누구에게 충성하였는가? 너희들은 내가 제기한 이 문제를 매우 당연하다고 말하지 말며,

내가 어째서 이러한 문제를 제기했는가도 묻지 말아야 한다. 왜냐하면 나는 너희들에게 많은 관심을 가지고 너희들을 지켜보아서 너희들에 대해서 이미 잘 알고 있기 때문이다. 이렇게 나의 마음이 너희들의 모든 행위에 너무 관심을 가졌기에 나는 너희들에 대하여 시종 캐물으며 고통과 불행을 참아왔다.

그렇지만 너희들의 나에 대한 보답은 나를 본체만체 하는 것이고 내가 참기 어렵고 고통스러운 것들 뿐이었다. 너희들이 나에 대한 겉치레와 모욕을 내가 모르고 있다고 생각하는가? 만약 너희들이 이렇게 모르고 있었다면, 결국 나를 진심으로 대하지 않았다는 것을 증명하는 것이며, 너희들이 모두 내말에 귀를 막고 진리를 훔쳤다고 나는 말한다. 너희들은 총명하다고 하면서 자기가 지금 바로 무엇을 하고 있는가도 모르고 있으니 너희들은 어떠한 일을 기록하여 내게 행위록를 바치겠는가? 지금까지 너의 삶을 기억하고 있다면 모두 자기를 위하여 살았으며, 모두 자기를 위해 충성했다는 이 사실을 모두 승인할 것이다. 나는 너희들의 답안이 완전히 정확하다고는 하지 않는다. 그것은 너희들 각기 모두가 자신의 생활 속에서 생존하고 있으며, 모두 각자의 고통 속에서 버득거리기 때문에, 너희들이 충성하는 것은 너희들이 사랑하는 사람과 너희들이 즐기는 물건이며 나에게 충성하는 것이 아니다.

그것은 또 너희들 각자가 모두 너희들 신변에 인(人), 사(事), 물(物)의 영향을 받기 때문에 너희들은 진정으로 나에게 충성을 할 수 없는 것이다. 내가 이렇게 말하는 것은 너희들이 모두 자신에게 충성하지 말라고 하는 말이 아니며, 단지 너희들이 지금 어떤 것에 충성을 하고 있는가를 알려 주려는 것이다. 그것은 내가 이 몇 해 동안 지금까지 그 어느 누구에게서도 〈충성〉

을 받지 못하였기 때문이다. 너희들은 이 몇 해 동안 나를 따르면서도 나에게 추호도 충성하지 않고 너희들이 즐기는 사람과 즐기는 물건을 둘러싸고 몸부림치며, 심지어는 그 어느 때 그 어디에서나 모두 자기가 즐기는 것들을 마음속에 든든히 간직하고 있다. 너희들은 모두다 나를 믿고 내가 하는 말을 듣고 따르면서도 한편으로는 너희들이 즐기는 그 어떤 물건에만 열중하며, 너희들이 사랑하는 것들만 사랑하고 있는 것이다. 그러므로 너희들은 모두 나에 대한 믿음을 이용하여 너희들이 특별히 사랑하는 물건에 충성하며 너희들의 특별히 사랑하는 물건을 귀중히 여기고 있는 것이다.

그러므로 너희들이 나를 위하여 충성하고 조금 바쳤다 할지라도 이런 것은 너희들의 믿음을 대표할 수 없으며, 진정으로 나에게 충성하였다고 할 수 없다. 너희들은 너희의 마음을 열애하는 사업 가운데 두며, 어떤 사람은 자기 자식에 충성하며, 어떤 사람은 자기 남편에게 충성하며, 어떤 사람은 아내에게 충성하며, 어떤 사람은 금전에 충성하며, 어떤 사람은 일에 충성하며, 어떤 사람은 직속 상급자에 충성하며, 어떤 사람은 지위에 충성하며, 어떤 사람은 자기가 좋아하는 여인에게 충성한다. 너희들은 너희들이 아끼는 사람이나 물건을 위해서는 힘든 것을 전혀 느끼지 않으며 자기가 좋아하는 물건에 대해서는 더 좋은 것으로 더 많이 소유하려고 더욱 더 갈망하며, 종래로 포기하지 않는다.

너희들은 나에 대해서나 내가 말한데 대해서는 전혀 소중함을 느끼지 못하고 내가 너희에게 준 진리를 너희들이 아끼는 물건들의 제일 마지막에 두며 또한 나도 어쩔 수 없이 제일 마지막 자리에 두려하는데 사실은 마지막 남은 자리마저도 자기들이 앞으로 소유할 물건을 두려는 마음이며, 그들의 심중에는 지금까지 나를 위해 준비한 자리는 전혀 없다. 너희들은 혹시 내가 지금 너희들에 대해서 너무 심하게 말한다고, 혹은 너희들을 너무 억울하게 대한다고 생각할 것이다. 그러나 너희들이 함께 기뻐하고 즐거워할 때 너희들은 나에게 충성하지 못한 것을 생각하고 이로 인하여 괴로워한 적이 있는가? 너희들이 좋을 때는 아무 생각없이 즐거워하지만 너희들이 환난이나 고통을 받을 때는, 하나님을 생각하며 진리를 충분히 준비하지 못하였기 때문에 받는 것이라고 후회하지 않는가? 너희들이 어느 때가 되어야 나에게 인정을 받지 못한다는 것을 깨닫고 통곡하며 눈물을 흘리겠는가?

너희들이 자식을 위해서는 머리를 짜내며 모든 정성을 다 기울이지만 너희들은 여전히 자식에 대해 만족하지 못해 후회하며 더욱더 자기의 자식에 대하여 충실하고 있다. 그러나 나에 대하여서는 너희들은 종래로 소홀히 하며 다만 생각 속에 있을 뿐 마음속에 오래 간직하지 않는다. 내가 너에 대한 량고용심(良苦用心)(마음을 다하여 심혈을 기울이다)을 너희들은 종래로 체득하지 않고 지금까지 이해조차 하지 못하면서 자신은 조금만 신경을 쓰면 할 수 있다고 여기는데 이러한 〈충성〉은 내가 오랫동안 증오하던 것이다. 하지만 너희는 내가 하는 말을 지금까지 하나, 둘만 승인하고 모두 받아들이지 않는데 그것은 너희들이 매우 자기를 믿으며 나에 대한 말을 너희들이 골라서 받아들이기 때문이다. 만약 너희들이 여전히 이렇게 계속한다면 내가 너희들에게 대처할 방법이 있다. 아울러 나는 너희에게 내가 한 말이 모두 진실하며 왜곡한 것이 아니라는 것을 인정하게 할 것이다.

지금 너희들 앞에 진리와 금전을 놓고 너희더러 자유로 선택하게 하고, 너희의 선택에 아무런 정죄도 하지 않는다면, 너희들은 거의 모두가 진리를 버리고 금전을 선택할 것이다. 그러나 진실한 믿음이 있는 사람이라면 금전을 버리고 진리를 선택할 것이며 중간에 있는 사람은 한 손으로는 돈을 쥐고 또 한 손으로는 진리를 쥘 것이다. 이러한 선택으로 너희들의 진정한 면모를 알 수 있지 않는가? 너희들은 매사에 물질과 진리에 당면할 때 너희들의 유익과 욕심으로 선택할 것이다. 너희들의 태도는 여전히 이러할 것이다.

너희는 그렇지 않다고 할 수 있는가? 너희들은 한결같이 너희의 기준과 욕심을 가지고 옳고 그르다고 하지 않는가? 너희들이 돈과 진리, 영과 육, 세상과 하나님의 나라, 하나님과 너의 자녀, 행복과 불행, 부요와 가난 등이 너희 앞에 놓여 있을 때 너희들은 어느 것을 선택할 것인가? 화목한 가정과 파멸된 가정지간에 너희들은 전자를 선택할 것이며, 뿐만 아니라 조금도 주저하지 않을 것이며, 사치와 빈곤지간에 너희들은 전자를 선택할 것이며 아들 딸, 아내, 남편과 나 지간에도 너는 전자를 선택할 것이며 관념과 진리지간에도 너희들은 여전히 전자를 선택할 것이다. 너희들의 이런 악한 마음에 대하여 나는 너무나 놀랐고 너희에 대하여 실망을 금치 못한다. 내가 이 몇 년간 심혈을 기울여 너희의 마음을 바꾸어 온 결과는 너무나 뜻밖에도 너희들이 나에 대한 배신으로 나타난 것이다. 그러나 나는 아직 너희에 대한 기대를 포기하지 않고 있는데 그것은 나의 날이 이미 너의 각 사람 앞에 전부 펼쳐 졌기 때문이다.

너희들은 지금 아직도 흑암과 잔악한 것을 추구하며 손을 놓으려 하지 않는다. 이러면 너희들의 결말은 어떻게 될 것인가?

너희들은 참답게 생각하여 보았는가? 만약 너희들로 하여금 다시 선택하라고 할 때, 너희들은 또 어떠한 태도이겠는가? 하물며 전자이겠는가? 너희들이 나에게 돌려준 것은 실망과 고통의 슬픔이 아닌가? 너희들은 아직도 어떻게 하여야 나의 마음을 안위시킬 수 있겠는가를 모르고 있지 않는가? 이때, 너희들은 무엇을 선택하려고 하는가? 너희들은 내 말에 순종을 할 것인가 아니면 불순종 할 것인가? 나의 심판의 날은 이미 너희들 눈앞에 진열되었다. 너희들이 직면하게 되는 기점은 새로운 신앙의 기점이다. 이번 너희에게 다가오는 기점은 이전의 새로운 공작의 시작이 아니며, 낡은 공작의 결속이며, 최후의 일막이다.

나는 너희들에게 임하는 이 기점이 결코 평범하지 않다는 것을 모두 알 것이라고 생각한다! 너희들이 아직도 모른다면 멀지 않은 장래에 이 기점의 진정한 뜻을 알게 될 것이다. 그러므로 이 기점을 알고 준비하고 있는 자들은 이 기점을 지나 다음의 단계로 들어갈 준비를 해야 한다. 그렇지만 나는 아직도 너희들이 세상의 유혹이나 거짓목자의 감언이설에 미혹되어 실족할까 걱정이 된다. 너희들은 지금 누구를 믿고 무엇을 추구하며 누구에게 충성하는 사람인가?

너희들은 아직도 하나님보다 자신이 더 소중하다고 여기며 하나님보다 세상의 부귀 영화를 더 사랑하고 있는가? 이러한 질문에 너는 네 자신을 들여다보고 분명하게 답변을 해야 한다.

11. 보금자리를 말한다.

　내가 너희들에게 보금자리(천국)를 제기할 때마다 너희들은 나를 특별히 진실하게 대하는데 그것은 너희 각 사람들이 보금자리에 대한 일에 모두 매우 민감하기 때문이다. 심지어 너희 중에 어떤 사람은 하나님께 절을 하여서라도 좋은 보금자리를 얻고자 한다. 나는 너희들의 이러한 심리를 잘 알고 있음으로 이점에 대하여는 더 말할 필요가 없다고 생각한다.
　너희들의 신앙은 자기의 육체가 재난 속에 빠지지 않으려는 것이며, 더욱 자기가 영원한 징벌에 빠지지 않으려 하는 것인데, 이러한 것은 너희들의 삶이 지금 보다 자유로우며 보다 더욱 편안하게 살려는 것이다. 그러므로 보금자리 문제를 제기하면 너희들은 특별히 마음이 동요되며, 자기의 부주의로 하나님의 미움을 받게 되어 보응을 받을까봐 두려워한다.
　너희들은 자기의 보금자리를 위하여 아무것도 아끼지 않으며, 자기의 의견을 굽히더라도 하나님의 일을 성사시키려 하며, 심지어는 어떤 사람들은 보금자리를 얻기 위하여 지금까지 교활하고 실속 없었던 사람들이 갑자기 유순하고 성실하게 변한 것이다. 이렇게 갑자기 성실하게 변한 모습을 바라보는 사람들은 이상하게 생각하며 조소를 한다. 어찌하던지 너희들의 마음은 모두 성실하여져서 처음부터 마지막까지 조금도 속이지 않고 너희들의 마음 속에 있는 원망, 혹은 기만, 혹은 충성심 등의 비밀을 나에게 열어 내놓았다. 총괄적으로 너희들은 모두 솔직히 너희들 속에 깊이 파묻힌 본질적인 것들을 나에게 내놓았으며, 나는 이 모든 것들을 항상 보고 있기 때문에 나 역시 지금까지 이런 것들을 외면하지 않고 있다. 그러나 너희들은 최후의 보금자리를 위해서는 이렇게 열심을 내지만 하나님의 칭찬을 받기 위해서는 지옥불로 들어갈지언정 머리칼 한 오라기도 버리려 하지 않는다. 나는 너희들에 대하여 일방적으로 판단하는 것이 아니라 너희들의 마음속에 하나님에 대한 충성심이 너무나 없기 때문에 하는 말이다. 이 말에 대해서 너희들은 모두 이해할 수 없다고 생각할 것이다. 그러면 내가 간단히 설명하겠다. 너희들이 원하는 것은 진리도 생명도 아니며, 사람이 되는 원칙도 아니며, 더욱 내가 심혈을 기울여 한 역사도 아니며, 오직 너희들의 육체가 원하는 일체(금전, 지위, 가정, 혼인)인 것이다.

너희들이 나의 말과 혹은 역사에 대하여 조금도 관심이 없는데 내가 너희들의 믿음을 두 마디로 말한다면 곧 쭉정이요 겉치레다. 너희들이 자기 자신을 위해서 충성하려고 하는 일에는 아무것도 아끼지 않고 투자를 하지만, 하나님을 위해서는 조금도 투자를 하지 않을 뿐만 아니라 상대적으로 충성하며 참다운 일도 조건적으로 하고 있다. 그러므로 나는 진실하지 않은 사람이나 정성이 지극하지 않은 사람은 모두 하나님을 믿는데서 실패한 사람이라고 말한다. 너희들은 자세히 생각해 보아라. 너희들 가운데 진리의 길(생명의 길, 천국 가는 길)에서 실패한 사람이 얼마나 많은가?

사람들이 성공을 할 수 있는가 없는가 하는 것은 자기의 모든 행위에 따라 각기 다르며, 성공을 하거나 실패를 하는 것도 사람들의 모든 행위에 따라 조성된 것이지, 다른 영향을 받아 되는 것이 아니다. 네 자신을 위한 일은 아무리 어렵고 고통스럽다해도 최선을 다해서 하지만 하나님을 위한 일은 힘들고 어렵다는 이유로 하지 않는다. 결국 너희들이 지금 하고 있는 신앙생활은 모두 너희 자신들을 위해서 하는 것이며 하나님을 위해서 하는 것이 아니라는 말이다. 이렇게 지금 너희 각 사람들은 자기 생활을 위하여 열심히 하고 있는 일들이지 하나님을 위한 것이 아니다. 그러므로 너희들을 위해서 복을 빌어주는 삯군 목자나 거짓선지자들은 인정을 하지만 말씀이 육신이 된 내 육체는 인정을 하지 않는데 이것은 너희들의 일관적인 행위이며 너희들의 처세원칙이다. 너희들의 아름다운 보금자리(천국)를 위하여 또한 너희들의 뜻대로 되는 보금자리를 위하여 너희들은 여전히 우상하나님을 만들어 놓고 나는 외면하고 있지 않는가? 너희들이 하나님에 대한 충성심이 일시적이며, 너희들의 성실함도 일시적이며 너희들이 의지와 대가도 오직 이럴 때만 있고 저럴 때는 없지 않는가? 너희들이 최대의 노력을 하는 것은 오직 사후에 아름다운 보금자리(천국)를 쟁취하려는 것이며, 너희가 진리를 지키거나 사수하려는 것이 아니며 더욱 나의 은혜를 보답하기 위해서도 아니다. 한마디로 말한다면, 그것은 곧 너희 안에 욕심만을 취하려는 것이고 하나님이 주려는 것은 원하지 않는다는 것이다.

그러나 하늘의 아름다운 보금자리는 오직 하나님을 위해서 하나님의 뜻대로 진실하게 행한 자들만이 들어가는 것이다. 그러므로 너희들은 자기를 위장하지 말며, 더욱 자기의 보금자리를 위하여 뇌수를 짜내거나 음식 먹을 생각을 하거나, 편안한 밤잠을 이루도록 하지 말아야 한다. 왜냐하면 마지막 때에 너희들의 모든 행위가 심판을 받기 때문이다. 너희들은 마땅히 나쁜 것을 털어 버리고 하나님을 위해서 일체 대가를 아끼지 말고 각자의 본분을 다해야 한다. 왜냐하면 너희들이 말한 바와 같이 그때에 가서 하나님을 위하여 고생하고 대가를 바친 사람에 대하여 섭하게 대하지 않을 것이라는 신념은 가치가 있는 것이며, 따라서 너희들은 이러한 생각을 영원히 잊지 말아야 하기 때문이다. 이렇게 하여야 나는 너희들에 대해 안심할 수 있으며, 그렇지 않으면 너희들은 영원히 모두 내가 안심할 수 없는 사람들이며 내가 영원히 귀찮아 할 대상이다. 너희들이 만약 나를 위하여 모든 정력을 다한다면, 또한 나의 복음공작을 위하여 한 평생의 정력을 다 바친다면, 나의 마음은 항상 너희들로 인해서 즐거워 뛰지 않겠는가? 이러면 나는 너희들에 대하여 완전히 안심되지 않겠는가? 너희들이 할 수 있는 것은 오직 내가 원하는 것의 극히 일부분인데 그것도 하지 못한다면 너희들이 무슨 면목으로 너희가 원하는 복음자리를 나한테서 얻을 수 있겠는가?

  하늘의 보금자리는 너희들에 대하여 놓고 말하면 모두 중요하며, 따라서 나와의 관계가 매우 중요하다. 너희들이 만약 조심스레 일하지 않으면 곧 보금자리가 없는 것과 같으며, 자기의 운명을 없애 버린 것과 같다고 생각한다. 너희들이 만약 너희자신을 위한 보금자리 때문에 일하는 사람은 헛고생이라는 것을 생각해야 하며 이렇게 자신의 욕심을 취하기 위해서 하는 일들은 모두 허상과 속임인 것이다. 사람들이 하나님을 믿는데서 실패를 하는 것은 모두 자기 욕심과 거짓 때문이며 또한 하늘의 보금자리를 위하여 바치는 사람 역시 결국 최후에 실패를 맞이할 것이다. 나는 사람들이 나에게 아첨하는 것을 좋아하지 않으며 나에 대하여 알랑거리거나 혹은 나에 대하여 열심을 내는 것을 좋아하지 않는다. 나는 성실한 사람들이 나의 진리와 기대에 직면하는 것을 좋아하며, 사람들이 나의 마음에 대하여 사소한 일까지 자세히 보살피며 심지어는 나를 위하여 일체를 바칠 수 있는 것을 더욱 좋아한다.

　이렇게 하여야 나의 마음이 비로소 안위를 얻을 수 있다. 지금 너희들의 몸에 내가 좋아하지 않는 것이 얼마나 있는가? 또 내가 좋아하는 것은 얼마나 있는가? 그래 너희들이 자기의 보금자리(천국)를 위하여 일생을 바친 자의 눈꼴 사나운 모양을 바라보지 못하는가? 나의 마음은 사람들이 적극 향상하는 마음을 상하게 하려고 생각하지 않으며, 더욱 어떠한 사람이던지 본분에 충성을 다하는 기세를 없애 버리기를 원하는 것이 아니라, 나는 너희 각 사람들의 부족함과 너희들의 마음속의 더러운 영혼을 부득불 일깨우려는 것이다. 내가 이렇게 하는 목적은 너희들이 진심으로 하나님의 말씀을 경청하게 하고 하나님의 생명으로 거듭나게 하려는 것이다.

　내가 가장 미워하고 증오하는 것은 곧 사람들의 욕심과 나에 대한 기편(거짓, 속임)이다. 나는 너희들이 나의 최후의 한 단계의 역사 중에서 가장 특출하게 표현할 것을 희망하며, 따라서 몸과 마음을 다 투입하여야 하며, 다시는 망설이지 말아야 하며, 너희들이 모두 좋은 보금자리가 있을 것도 희망하지만 나는 여전히 나의 요구가 있다. 그것은 너희들이 제일 좋은 선택으로 나를 위하여 너희들에게 있는 최후의 충성심을 나에게 바쳐야 한다.

　만약 그만한 충성심도 없다면 이러한 사람은 내가 사탄의 종으로 정하며 나는 그를 사용하지 않을 뿐만 아니라 그를 사탄의 집으로 돌려보내어 그의 부모로 하여금 돌보게 할 것이다. 내가 한 사역은 너희들에 대하여 말하면 모두 아주 방조가 있으며, 내가 너희들한테서 얻으려고 하는 것은 곧 성실하게 성장하는 마음인데, 지금 와서 보니 나의 양손은 공로무획(수고는 했으나 거두어 들일것이 없다)이다. 그러면 너희들은 생각해 봐라. 그 어느 날에도 나는 여전히 이렇게 고불언충(苦不言衷)(알려주지 않으면 좋은 말이 될 수 없다)하고 있으니 내가 너희들에 대한 태도는 어떠할 것인가? 너희는 그냥 이렇게 화애로운 것인가? 또 나의 마음이 평안할 수 있겠는가? 너희들은 모든 정성을 들여 농사를 지었는데 한 알의 수확도 얻지 못한 사람들의 심정을 이해할 수 있는가? 너희들은 몹시 타격 받은 사람의 상처가 얼마나 큰가를 아는가?

　너희들은 희망으로 가득 찼다가 불쾌하게 헤어지는 사람의 괴로움을 알 수 있는가? 너희들은 격노당한 사람이 내보내는 분노를 보았는가? 너희들은 적대시 당하고 기만당한 사람들의 복수하려는 절박한 심리를 알 수 있는가? 너희들이 만약 이런 사람들의 심리상태를 이해한다면 하나님이 사람에 대하여 보응하는 태도가 어떠한지를 알 수 있으리라 생각한다! 나는 마지막으로 너희들이 이 세상을 살아가면서 반드시 자기의 보금자리를 위하여 열심히 노력할 것을 희망하며, 가장 좋기는 속임의 수단이나 방법을 가지고 노력하지 말 것을 당부하는 것이다. 만일 너희가 이렇게 하지 않는다면 나의 마음은 너희들에 대하여 여전히 실망할 것이다. 이러한 실망이 앞으로 어떠한 결과로 나타나겠는가? 그러면 너희들은 자기를 우롱하는 것이 아닌가? 보금자리를 위하여 힘쓰다가 반대로 보금자리를 파괴한 사람들은 절대로 만회할 수 없는 사람이며 이런 사람은 당황하여 망조에 빠졌을지라도 아무도 그를 불쌍히 여기지 않는다.

　총체적으로 나는 너희들이 장래에 모두 하늘의 아름다운 보금자리(천국)가 있기를 바라며, 또한 너희들이 모두 재난의 지옥에 빠지지 않기를 더욱 희망한다.

12. 훈계 3칙

하나님을 믿는 사람으로서 무릇 어떤 일에서나 모두 응당히 하나님께 일심으로 충성하여야 하며, 모두 하나님의 뜻에 합치되어야 한다. 하지만 대부분의 사람들이 하나님의 뜻을 알지도 못하고 알려고도 하지 않고 신앙생활을 하고 있다. 그러므로 너희들이 하나님의 뜻을 알려고 하기 전에 내가 먼저 너희들에게 하나님의 일들을 조금 알려 주려고 한다. 이 일은 너희들에 대하여 말하면 극히 중요한 것이다. 이런 일들을 말하기 전에 너희들은 먼저 이러한 문제를 알아야 한다. 나의 말은 전 인류에 대하여 말한 진리이며 그 어느 한 사람이라든가 혹은 특별한 사람을 위하여 발표한 것이 아니다. 그러므로 오직 진리의 각도에서 나의 말을 받아야 하며, 따라서 말씀을 받는 태도는 꼭 한마음 한뜻으로 성실해야 하며 내가 말한 매 글자 구절과 내가 말한 소유의 진리를 소홀히 하지 말아야 한다. 그런데 나는 너희들의 생활가운데서 진리와 전혀 관계없는 일을 하고 있는 것을 많이 보았다.

그러므로 나는 너희들이 진리를 가진 자의 종이 되기를 특별히 요구하며 간악하고 보기 흉측한 비진리를 가진 거짓 선지자에 종노릇 하지 말고 진리를 짓밟지 말며 하나님 집의 어느 구석도 더럽히지 말아야 한다. 이것들이 곧 내가 너희들에게 훈계하려는 것이다. 다음은 내가 너희에 대한 문제를 말하려 한다.

첫째, 너희들은 너희들의 운명을 위하여 하나님의 허락을 받을 수 있도록 해야 한다. 다시 말하면 너희들이 자기가 하나님 집의 한 성원이라고 인정한다면, 너희들은 응당 하나님을 매사에 안심하게 해야 하며 일마다 하나님을 만족하게 해야 한다. 또한 하나님의 일을 처리할 때 반드시 원칙이 있어야 하며, 따라서 진리에 부합되어야 한다. 만약 네가 이에 도달하지 못하면 너는 곧 하나님의 미움을 받아 버림받게 되고 모든 사람들에게도 버림받게 될 대상이며, 일단 네가 이러한 경계에 빠지게 되면, 너는 곧 하나님 집안의 성원이라고 말할 수 없으며, 하나님의 인정을 받지 못한 자이다.

둘째, 하나님이 기뻐하는 자는 진실한 사람이라는 것을 너희들은 모두 응당히 알아야 한다. 하나님은 진실한 실질을 갖고 있기에, 그의 말은 지금까지 모두 신뢰할 수 있으며, 그가 하는 일은 사람들로서 흠집을 찾을 수 없고 의심할 바도 없다. 그러므로 그는 그에 대하여 절대 진실한 사람을 기뻐한다. 소위 진실하다는 것은 곧 마음을 하나님께 바칠 수 있으며 무릇 어떤 일에서나 거짓말을 하지 말아야 하며, 무릇 어떤 일이든지 모두 사실대로 털어놓아야 하며, 사실을 감추지 말며, 기상만하(위로 속이고 아래로 감추다)하는 사람이 되지 말아야 하며, 하나님께 잘 보이려고 하지 말아야 한다. 총괄적으로 성실하다는 것은 곧 일을 하거나 말을 할 때 보태지 않고, 하나님을 기편(속이다) 하지 않고 사람도 기만하지 않는 것이다. 하지만 내가 하는 말은 매우 간단하지만, 그러나 너희들에 대하여서는 되려 극히 어려운 것이다. 허다한 사람들은 지옥으로 들어갈지언정 진실한 말을 하기 싫어하며 성실한 일을 하기 싫어한다.

너희가 계속 이렇게 산다면 내가 진실하지 못한 사람들을 달리 처치한다 해도 이상할 것 없다. 나는 너희들이 성실한 사람으로 되는 것이 매우 힘이 든다는 것을 잘 이해하고 있다. 너희들은 매우 영리하며 또 모두 간사한 마음으로 남의 마음을 헤

아릴 줄 알기에 나의 사역은 더 많이 간단하여 진다. 그것은 너희들이 행하는 일과 속마음은 모두 다르기 때문이다. 그러므로 나는 너희들을 하나하나 모두 재난의 고통 속에 집어넣어 불(火)의 〈교훈〉을 받게 할 것이다. 그러면 너희들은 한사코 나의 말을 믿을 것이다. 나는 결국 너희들의 입에서 〈하나님은 신실한 하나님이다.〉라는 말이 저절로 나오게 할 것이고, 이어서 너희들은 〈사람의 마음은 매우 간교하구나〉하면서 가슴을 치게 할 것이다. 그때에 너희들은 어떠한 심정이겠는가. 너희들은 그때가 되면 지금처럼 이렇게 분수 없이 거들먹거리지 못 할 것이며 더욱 지금처럼 나에 대해 이렇게 높고 깊음을 짐작할 수도 없을 것이다. 어떤 사람은 하나님의 영 앞에서 정직하고 진실하다고 흉악하게 날뛴다.

　이렇게 망령된 사람을 너희들은 성실한 사람들의 대오에 넣을 수 있겠는가? 만약 네가 위선을 가지고 하나님과 교제를 잘 하고 있는 사람이라면 나는 너에게 하나님을 놀리는 사람이라고 분명히 말한다. 또한 너의 말이 진실 없는 변명과 표명이라면 나는 네가 진리를 실행하는 것을 원하지 않는 사람이라고 말한다. 또한 네가 많은 비밀을 숨기고 사람들에게 드러내기를 싫어하며 광명의 도를 찾기 원하지 않는다면 나는 네가 구원받기 매우 어려운 사람이라고 말한다. 따라서 너는 암흑 중에서 발과 머리를 드러내기 어려운 사람인 것이다.

　그러나 만약 네가 진리의 말씀을 얻는 것을 매우 즐긴다면 너는 광명 중에서 살고 있는 사람이다. 만약 네가 하나님의 집에서 일군이 되기를 원한다면, 네가 하는 일을 아무도 모르게 그리고 부지런하고 착실하게 하며 마음이 항상 변치 않고 공헌을 한다면, 나는 너를 충성심을 다한 성도라고 말한다. 그것은 네가 보수나 상급을 바라지 않고 오직 진실한 마음으로 일을 하였기 때문이다. 만약 네가 하나님 앞에서 진실하기를 원하며, 자신의 모두를 드리려고 원하며, 또한 하나님을 위하여 자신을 희생하며 또한 사람들 앞에서 간증할 수 있다면, 너는 영존할 수 있는 사람이다. 또한 네가 성실한 마음을 가지고 하나님만을 위하고 자기를 위할 줄 모르며 하나님에게 무엇도 달라고도 하지 않는다면, 나는 이런 사람을 광명 속에서 인정을 받는 사람이며 천국에서 영존하는 사람이라고 말한다.

너는 지금 너의 몸에서 진실한 믿음이 있는가 없는가. 그리고 네 마음에 하나님을 위한 진정한 충성심이 있는가 없는가, 또한 하나님을 위하여 고통을 받은 기록이 있는가 없는가, 그리고 하나님께 절대로 순종함이 있는가 없는가 하는 것을 깊이 생각해 보아야 한다. 만약 네가 이러한 것들이 없다면 너의 몸에는 아직도 패역, 기만, 탐심, 원망이 있다는 것을 알아야 한다. 그것은 너의 마음이 진실하지 않기 때문이므로, 너는 종래로 하나님의 칭찬을 받지 못할 것이며 종래로 광명 속에서 살 수 없다. 사람의 운명이 도대체 어떻게 되는 것인가 하는 관건은 사람이 얼마나 진실하냐 진실하지 못하냐에 달려 있으며, 사람의 마음이 얼마나 순결한가에 달려 있다. 너는 매우 성실하지 못한 사람이고, 마음이 매우 악독한 사람이며, 더러운 영혼이 있는 사람이라면, 너의 운명은 분명히 징벌을 받는 사람으로 기록되어 있다.

만약 네가 자신을 성실하다고 말하면서, 종래로 진리에 부합되는 일을 하지 않고 종래로 실속 있는 말을 한마디도 말할 줄 모른다면, 너는 하나님에게 상 받을 생각을 해서는 안 된다. 너는 하나님이 너를 눈동자처럼 여길 것을 희망하고 있는가? 이

것이 탈선한 생각이 아닌가? 너는 어떤 일에서나 모두 하나님을 기만하니 하나님이 천국에서 이런 손발이 깨끗하지 못한 사람을 용납할 수 있겠는가?

　셋째, 내가 너희들에게 알리려 하는 것은 매 사람이 하나님을 믿는 생애 중에서 모두 하나님을 배척하고 기만하는 일을 하여 왔다. 하지만 어떤 일은 가히 기억하지 않겠으나, 어떤 일은 용서할 수 없는 것이다. 그것은 대다수가 하나님의 진리를 위반한 일이며, 다시 말하면 하나님의 뜻을 위반하는 일이기 때문이다. 자기의 운명에 관심을 가지고 있는 허다한 사람들은 이런 일이 과연 어떠한 일인가를 물어야 한다. 너희들의 본성은 교만하고 욕심이 많으며, 진실에 순종하기를 원하지 않는다는 것을 너희들은 알아야 한다. 때문에 너희들이 모두 반성한 후에 내가 천천히 알려줄 것이다.

　나는 너희들이 진리의 내용을 잘 이해하고 하나님의 성품을 잘 인식할 것을 권한다. 그렇지 않으면 너희들은 자기의 입을 봉하기 어려울 것이며 자기 멋대로 말하고 실속 없이 이론을 장황하게 늘어놓으며 자기도 모르게 하나님의 뜻을 위반하게 되며 자기도 모르게 암흑에 빠지게 되며, 성령을 잃게 되고, 광명을 잃게 된다. 그것은 너희들이 원칙이 결핍되어 있기 때문이다.

　너희가 하지 말아야 할 일을 하고 하지 말아야 할 말도 하였기에 응당 받아야 할 보응을 너희들은 받아야 한다. 네가 말하고 일하는 것은 원칙이 없지만 하나님이 하는 말이나 일들은 모두 원칙이 있다는 것을 알아야 한다. 네가 하나님으로부터 받는 보응은 네가 사람의 미움을 산 것이 아니라 하나님의 미움을 샀기 때문이다.

네가 이러한 것들을 여러 차례 행하였기 때문에 네가 지옥의 자식이 되는 것은 확정적이다. 너는 진리에 부합되지 않는 일을 몇 가지만 하였다고 스스로 착각할 수 있지만 하나님의 눈에는 이미 용서할 수 없는 사람이다.
　왜냐하면 너는 하나님의 법을 한번만 위반한 것이 아니며, 또 네가 회개하고 뉘우치려는 표시가 전혀 없기 때문에 너는 하나님이 징벌하는 지옥 속으로 빠질 수 밖에 없다. 극소수의 사람들만이 하나님을 따르는 기간에 하나님의 원칙을 위반하지 않았다. 이들도 처음에는 삯군목자들이 인도하는 멸망의 길을 따라 가다가 자신도 모르게 부패된 것을 발견하고 그 곳으로부터 빠져나와 참목자가 인도하는 생명의 길로 진입하여 오늘날까지 이 길을 걸어가고 있다. 이런 사람들이 곧 생명의 길에서 나중까지 남아있는 사람들이다.
　지금도 내가 원하는 사람은 진실하고 성실한 사람이다. 만약 네가 진실로 성실한 사람이라면, 그리고 네가 하는 일이 원칙을 벗어나지 않고 일하는 사람이라면, 너는 하나님의 친근한 사람이다.
　만약 네가 일할 때 하나님의 성품을 위반하지 않고, 하나님의 뜻을 탐구하고 경외하는 마음이 있다면 너의 〈믿음〉은 곧 합격이다. 무릇 하나님을 경외하지 않는 사람, 두려움과 떨리는 마음이 없는 사람은 매우 용이하게 하나님의 행정을 위반할 수 있다. 많은 사람이 욕심으로 하나님을 섬기며 하나님의 뜻을 이해하지도 못한다면 하나님이 말한 진정한 뜻이나 영적인 의미를 깨닫지 못한다. 그러므로 너희가 가지고 있는 욕심은 흔히 하나님의 경영하는 일에 방해되므로, 욕심을 문밖으로 내버리지 않으면 다시는 하나님을 따를 기회가 없을 것이며, 하나님의 집(교회)과 전혀 관계없이 지옥에 쳐 넣게 된다. 이런 사람들은 무지한 호의로 하나님의 교회에서 일을 하지만, 결국에는 하나님의 마음을 격노하게 한다. 사람들은 세상에서 상관을 시중하는 격식을 하나님 교회로 가져와 발휘하며 세상의 관습이나 윤리도덕을 가지고 하나님의 교회를 운용하려고 한다. 사람들이 하나님의 성품은 면양과 같지 않고 사자와 같다는 것을 전혀 생각도 못한다. 그러므로 처음 하나님과 교제하는 사람은 모두 하나님과 교통할 수 없는데 그 이유는 하나님의 마음이 사람들의 마음과 같지 않기 때문이다.

네가 장차 허다한 진리를 안 후에야 결국 하나님을 알게 되며, 지금 네가 알고 있는 성경의 글귀는 진정한 진리가 아니라는 것을 알 수 있다. 왜냐하면 돌비에 기록된 성경에는 생명이 없고 하나님의 생명은 심비에 기록된 사람에게 있기 때문이다. 심비에 기록된 사람은 곧 말씀이 육신 되어 온 오늘날의 구원자를 말한다.

너희는 오늘날의 구원자를 통하여 비로소 하나님의 진정한 마음을 알게 되고 진리의 뜻을 알게 되어 하나님이 원하는 증거를 할 수 있게 된다. 그런데 네가 인식한 진리에 생명이 없고 사람들에 의해 가감되어 부패된 비진리라면, 네가 열정적으로 하나님을 섬기는 것이 도리어 하나님의 메스꺼움과 미움을 살 수 밖에 없다. 그러므로 너는 하나님을 믿는 것이나 하나님의 집으로 들어가는 것이 성경지식이나 신학적인 학문을 배워서 되는 것이 아니라는 것을 알아야 한다.

내가 너희들에게 지금까지 한 말은 비록 많지는 않지만, 그러나 내가 말한 이 모든 것이 너희에게 가장 부족하고 잘못된 것들이다. 내가 지금 말하는 것은 모두 사람들 속에서 할 최후의 사역을 위해서 한 말이고, 사람들의 결말을 결정하기 위해서 말한 것임을 알아야 한다.

　나는 다시는 쓸데없는 공작을 많이 하기 싫으며 다시는 이렇게 썩은 나무와 같은 사람을 인도하기 싫으며 더욱 내게 앙심을 품고 있는 사람을 이끌기 싫다. 그러나 너희들이 어느 때에 가서는 내가 지금까지 한 말의 진정한 뜻과 내가 인류에 대하여 공헌한 것을 알게 될 것이다.

　그러므로 너는 귀중한 인생을 헛되이 보내지 말고 하루에 한 마디의 진리라도 듣고 보고 체득하여 너의 종말을 준비하기를 바란다.

13. 과범(죄를 범한 자)은 사람을 지옥으로 이끈다.

나는 너희들에게 허다한 경고를 주었고 너희들을 정복하기 위한 진리도 너희들에게 많이 주었다. 이제 너희들은 자기가 이전에 비하여 많이 진실해졌다는 것을 모두 느끼게 되고 하나님의 일군을 양성하는 도리도 많이 알았으며 하나님을 믿는 사람이 응당 가져야 할 상식도 많이 알게 되었다. 이것이 모두 너희들이 여러 해 동안 얻은 수확이다. 나는 너희들이 그동안 일한 성과를 부인하지 않으며 또한 너희들이 여러 해 동안 나에 대하여 온갖 패역과 배반한 것을 부인하지 않으리라고 생각한다. 그 이유는 너희들 중에 지금까지 의인이 하나도 없었으며, 따라서 너희는 예외 없이 모두 사탄(거짓목자)에 의해 부패되었고 결국 그리스도의 원수가 되었기 때문이다. 오늘날 너희들의 죄과와 너희들의 패역은 하도 많아 이루 다 헤아릴 수 없다. 그러므로 내가 너희들 앞에서 책망하는 것은 당연한 것이고 나는 앞으로 너희들과 같은 자들과 함께 공존하고 싶지 않다.

그러나 너희들을 회개시키기 위하여, 또한 너희들에게 보금자리를 준비하게 하기 위하여 나는 지금 다시 한번 잔소리를 하니 너희들이 많이 양해하기를 바란다. 너희들은 내가 말한 한 마디, 한 구절을 놓치지 말고 모두 믿기 바라며 나의 말 중에서 나의 따뜻하고 깊은 은혜를 더욱 체득할 것을 희망한다. 너희는 내가 하는 말을 의심하지 말며 더욱 나의 말을 마음대로 취하였다가 마음대로 버리지 말아야 한다. 이것은 내가 심히 참기 어렵기 때문이다. 너희들은 나의 말을 판단하지 말며, 더욱 경솔하게 나의 말을 대하지 말며, 내가 너를 그냥 시험한다고 말하지 말며, 더욱 내 말은 확실성이 없다고 말하지 말아야 한다. 이것은 모두 내가 참기 어려운 것이다. 너희들은 나를 대하거나, 나의 말을 듣는 것이 언제나 경솔하며 보고도 본체만체하기 때문에 나는 너의 매 사람들에게 정중하게 알리려 한다. 나의 말을 철학과 연계(관련 비교)하지 말며, 나의 말을 사기꾼들의 헛소리와 연계하지 말며 더욱 멸시하는 눈길로 나의 말을 대처하지 말아야 한다.

이후에 다시는 너희들에게 이런 말을 알려줄 사람은 없을 것이고 혹시 이렇게 인자하게 너희들에게 말하여 줄 사람도 없을 것이며 혹시 이후에는 더욱 너희들을 차근차근 타일러 이끌 사람도 없을 것이다. 어느 때가 되면 너희들은 나와 함께 한 지나간 아름다운 시간을 생각할 것이며, 너희들 중에 어떤 사람은 목놓아 울 것이며 혹은 슬픔과 외로움 속에 잠길 것이다. 그때 너희들은 진리와 생명의 공급이 털끝만큼도 없는 어두운 밤 속에서 살게 될 것이며, 너희들이 다시 나를 만날 것을 바라며 기다리나 추호의 희망도 없을 것이며, 혹은 너희들 중에 어떤 자는 후회하며 이성을 잃을 것이다.

이렇게 될 가능성은 너희들 모두에게 있으며 그 어떤 사람이라도 그 상태에서 벗어나기 어려울 것이다. 그것은 너희들이 진정으로 하나님을 경배하는 좌석에 있지 못하고, 오히려 음란과 간악한 세상에 뒤섞여 있으면서 너희들의 영혼은 하나님의 생명과 진리와는 추호도 관계없는 것들로 뒤섞여 있을 뿐만 아니라, 모두 사망에 해당되는 것들이기 때문이다. 그러므로 내가 너희에게 희망하는 것은 바로 너희들이 진정으로 회개하고 어둠의 길에서 돌이켜 광명한 길을 얻는 것이다. 나의 유일한 희망은 곧 너희들이 자기를 사랑하거나 자기를 귀중히 여기지 말고, 자기의 생활을 너무 중요하게 생각하지 말고, 자기의 잘못된 행위와 지나친 욕심을 모두 버리고 새롭게 거듭나는 것이다. 오랜 기간동안 하나님을 믿는 사람들은 모두 자기에게 아름다운 보금자리가 있기를 희망하고 있으며, 하나님을 믿는 모든 사람들은 모두 좋은 운이 갑자기 자기의 머리에 강림할 것을 희망하며, 모두 자기도 모르게 평안히 천국의 위치에 앉을 것을 희망한다.

그러나 이렇게 희망이 많고 아름다운 구상이 있는 사람들이 지금까지 자기가 하늘에서 내려오는 좋은 운을 받을 자격이 있는지 없는지도 모르고, 또 천국의 자리에 앉을 자격이 있는지 없는지도 모르고 있다고 나는 말한다. 오늘의 너희들은 모두 자신을 의인처럼 인식하고 있으나, 여전히 죄 때문에 걱정하며 장차 자기에게 다가올 재난과 악한 자를 징벌하는 전능자의 손에서 벗어나기를 원하고 있다. 이런 것을 볼 때, 자신이 좋은 꿈을 꾸고 안일한 생각을 하는 것은 모두 사탄에게 부패된 사람들의 공통성이다. 나는 너희들의 이런 사치한 욕망과 너희들이 복을 얻으려는 절박한 심리를 없애버리려고 한다.

그것은 너희들의 죄가 겹겹이 쌓여 있으며 너희들의 패역의 열매가 주렁주렁 자라고 있으니, 내가 어떻게 너희들과의 아름다운 설계도를 그리며 서로 도우면서 연합할 수 있겠는가? 만약 네가 마음대로 착오만 범하려 하고 구속을 받지 않으며, 또 좋은 꿈이 진실로 이루어질 것만 생각한다면, 나는 네가 계속 머리를 가리우고 깊은 잠 속에서 영원히 깨어나지 말기를 권한다. 왜냐하면 그것은 너희들의 꿈이 오직 텅빈 허망한 꿈에 불과하다는 것과 꿈에서 깨어날 때 기다리고 있는 징계와 형벌이 어떠하다는 것을 깨닫게 해주기 위해서다. 네가 만일 좋은 꿈이 진실로 나타나기를 원한다면, 너는 영원히 꿈을 꾸지 말고 영원한 진리에 직면하고 사실에 직면하여라. 이것이 바로 너를 구원하는 유일한 방법이다. 그러면 이 방법은 구체적으로 무엇을 말하는가?

첫째, 너는 지난 날의 모든 죄를 일일이 반성해보며, 네가 진리에 부합되지 않는 행위와 생각을 모두 반성해 보아라. 그리고 사람들의 옳고 그름에 대한 조례를 만들기를 바란다.

지혜가 있다고 생각하는 사람은 모두 용이하게 이 조례를 만들 수 있다. 하지만 종래로 무엇이 죄이며 무엇이 진리인지도 모르는 그런 사람은 제외한다. 그것은 이러한 사람들은 근본 지혜가 없는 사람이기 때문이다. 내가 말하는 대상은 하나님께 허락을 받고 진실하며 행정을 엄중히 위반하지 않는 사람이며, 자기의 죄을 쉽게 찾는 사람들이다. 내가 너희들에게 요구한 이 조건은 비록 용이하게 해낼 수 있겠지만, 그러나 이것은 내가 너희들에게 요구하는 유일한 조건이 아니다. 내가 어떻게 말하던 너희들이 나의 요구를 남모르게 웃지 말고, 나의 요구를 더욱 얕잡아 보지 말며, 나의 요구를 경시하지 말고, 참답게 대하여야 하며, 무관심하지 말 것을 나는 희망한다.

둘째, 너는 세심하게 패역에 대한 죄를 알맞은 진리를 찾아서 회개해야 하며, 그 후에는 진리를 실천하여 그동안 너의 범죄행위와 너의 패역한 생각을 버리고 진실한 사람이 되어야 한다.

셋째, 너는 하루속히 진실한 사람이 되어야 하고 절대로 교만하거나 간교한 사람이 되어서는 안 된다. (이것은 내가 너희들에게 성실한 사람이 되라고 한 또 한차례의 요구이다.)

이 세 가지를 모두 도달한다면, 너는 아주 행복한 사람이고, 너의 좋은 꿈이 이루어진 사람이며, 생명을 보장받은 사람이다.

너희들은 사람들의 눈에도 띄지 않는 이 세 가지의 규칙을 진실하게 이행할 것이며, 나는 너희가 이 규칙을 잘 지키는지 안 지키는지 지켜 볼 것이다. 어찌하던지, 나의 목적은 곧 너의 꿈을 원만히 이루게 하려는 것이며 너희들의 이상을 실현하도록 도와주는 것이지, 너희들을 괴롭게 하거나 고통스럽게 하거나 혹은 너희의 행복을 파괴하려는 것이 결코 아니다.

이렇게 나의 요구는 매우 쉽고 간단하다. 그러나 너희들에게 알려준 일들이 하나에 하나를 더하여 둘을 얻는 것 같이 그렇게 간단하지는 않다. 만약 너희들이 다만 입으로만 말하고, 혹은 아무런 실천도 없이 큰소리만 친다면, 너희들의 계획과 너희들의 기대는 영원히 한 낮의 꿈에 불과할 것이다. 나는 너희들이 오랫동안 고생하고 헛수고한 것을 가련하게 여기지 않으며 반면에 나의 요구에 도달 못한 사람에게는 오직 징벌 뿐이며 나는 이런 자들을 절대로 긍휼히 여기지 않는다. 너희들이 몇 년간 신앙생활을 하여 고생한 보람이 있고 열심히 노력하는 일군이 되었기 때문에 하나님 집에서 밥이나 얻어 먹자고 생각할 사람도 있을 것이다.

그러나 나는 너희들 중에 이렇게 생각하는 사람이 다수를 차지한다고 말하는데 그것은 너희들이 지금까지 모두 이익만 보려하고 밑지지 않으려는 계산으로 신앙생활을 해 왔기 때문이다. 그러므로 내가 정식으로 너희들에게 알린다. 나는 네가 고생하여 얻은 공이 크던지 작던지 혹은 자격이 있던지 없던지 혹은 명성이 있던지 없던지 혹은 태도가 호전되든지 안되든지 간에 네가 나의 요구대로 하지 않는다면 너는 영원히 나의 칭찬을 받지 못할 것이다.

너희들은 자기의 각가지 생각을 속히 모두 말살해 버려야 하며, 나의 요구를 모두 진실하게 받아들여야 한다. 그렇지 않으면 나는 사람들을 모두 잿더미로 만들어 나의 공작을 결속 지을 것이다. 나는 지금까지 수고한 몇 년간의 역사와 고난을 무효로 만들뿐이다. 그것은 내가 나의 원수와 사악한 냄새를 풍기며 사탄의 원래 모습을 가진 사람들을 나의 나라로 데리고 들어갈 수 없으며 다음 세대로 데리고 들어갈 수 없기 때문이다.

나의 희망은 매우 많다. 너희들이 착실한 사람이 되고 정직한 사람이 되며, 충심으로 본분을 다하는 사람이 되고 진리가 있고 인성이 있는 사람이 되어야 한다. 또한 하나님을 위하여 일체를 바칠 수 있는 사람이 되어야 하며 하나님을 위해서 생명까지 바칠 수 있는 사람이 되어야 한다. 이러한 나의 희망은 모두 너희들이 지금 진리에 대한 부족과 너희들의 부패와 패역 때문에 한 말이다. 그런데 지금까지 말한 너희들과의 대화가 너희들의 마음을 충족시키지 못한다면, 나는 앞으로 말을 적게 할 수밖에 없다. 하지만 이러한 결과는 너희들이 잘 알 것이다. 나는 보통 때도 그리 한가하지 않다.

만약 내가 말하지 않으면, 나는 무슨 일을 하여 여러 사람으로 하여금 보게 하며, 그 어느 한 사람으로 하여금 혀가 썩어 떨어지게 하겠는가? 그리고 그 어느 한 사람으로 하여금 죽어도 완전한 시체가 없게 하고, 혹은 그 어느 한 사람으로 하여금 정신을 잃게 하여 추악상이 나타나게 하고, 혹은 그 어느 한 사람으로 하여금 내가 그를 위해 빚은 쓴맛을 실컷 먹게 하겠는가? 이렇게 하면 나의 마음은 흐뭇하고 쾌락하며 몹시 기쁠 것이다. 그것은 지금까지 모두 선은 선대로, 악은 악대로 공정하게 보응하였는데 어찌하여 지금 갚지 않겠는가? 만약 네가 나와 맞서려고 하고 나의 무엇을 논하려고 한다면, 나는 너로 하여금 주둥이가 썩는 사람이 되게 할 것이며 그때에는 나도 몹시 통쾌할 것이다. 그것은 네가 지금까지 행한 것은 모두 진리가 아니며 더욱 생명과 관계가 없는 것이고, 내가 행한 것은 모두 진리이며 내가 하는 일은 모두 원칙이며 내가 정한 행정과 관계가 되기 때문이다. 그러므로 나는 여러분이 덕을 많이 쌓고 악한 짓을 적게 하며 한가한 여유시간에 나의 요구를 중시한다면 나는 매우 기쁠 것이다. 만약 너희들이 자신을 위해서 열심히 뛰어 다니는 노력의 십분의 일이라도 진리에 바친다면 너는 곧 과범에서 벗어날 수 있고 네 주둥이가 썩지 않을 것이라고 나는 말한다. 이것은 당연한 일이 아닌가?

　너의 죄가 많을수록 네가 좋은 보금자리를 얻을 기회가 적으며 반대로 너의 죄가 적으면 적을수록 네가 하나님께 칭찬 받을 기회가 더 많은 것이다. 만약 너의 죄가 많아서 내가 너에 대하여 이해할 수 없을 때는 너의 용서받을 기회는 철저히 너에게서 박탈당하게 될 것이다. 이러면 너의 보금자리는 하늘 위에 있는 것이 아니라 지옥 아래에 있게 된다. 만약 네가 믿지 않는다면 너는 대담하게 착오를 범하여, 네가 어떤 과실을 먹겠는가를 알아 보아라. 네가 참답게 진리를 실행하는 사람이라면 너의 죄는 꼭 용서받을 기회가 있을 것이며, 네가 패역하는 차수도 점점 적어질 것이다. 네가 진리를 실행하는 것을 원하지 않는 사람이라면 하나님 앞에서의 너의 과범은 점점 많아질 것이고 너의 패역하는 수도 점점 많을 것이며 패역이 극도에 달하였을 때, 즉 네가 철저히 멸망될 때는 지금까지 하나님에 대한 너의 꿈이 모두 사라지게 되는 것이다.

　너는 자신이 지금까지 지은 죄를 신앙이 어리기 때문에 혹은 진리를 몰라서 범한 실수라고 해서는 안되며 또한 네가 죄를 잘 모르고 말이 서툴러서 범하게 되었다고 말해서도 안 된다. 만일 네가 지금까지 하나님이 자기를 이해하여 줄 것만 생각하고 자기의 죄를 너그럽게 용서해 줄 것으로 생각한다면, 너는 영원히 진리를 얻을 수 없게 될 것이며 따라서 너의 이러한 죄는 너를 영원히 고통으로 이끌 것이며 또한 너를 진리의 길로 갈 수 없게 할 것이며 결국 너는 사탄의 충실한 종이 될 것이다. 그러므로 나는 다시 너에게 간절히 충고한다.

하나님의 나라는 하나님을 믿기만 하는 자들이 들어가는 것이 아니라 하나님의 뜻대로 행한 자들만 들어가는 것이다. 또한 하나님은 너희가 무엇을 심든지 심은 대로 거두게 하신다는 사실을 절대로 잊지 말아야 한다.

그러므로 너는 하늘의 보금자리로 들어갈 것만 바라지 말고 너의 몸에 숨어있는 죄들을 모두 회개하고 하루속히 하나님의 뜻을 이루어야 한다.

14. 하나님의 성품을 이해하는 것이 매우 중요하다.

　내가 원컨대 너희들이 해야 할 일이 매우 많이 있다. 그러나 너희들의 행위와 너희들의 일체 생활은 모두 나의 요구에 도달하지 못하고 있다. 그러므로 나는 할 수 없이 단도직입적으로 너희들에게 나의 뜻을 설명하려 한다. 그것은 너희들의 분별능력이 매우 부족하고 너희들의 감상능력도 매우 부족하여 나의 성품과 나의 실질에 대하여 너희들은 거의 아무것도 모르기 때문이다. 그러므로 내가 지금 너희들에게 급히 알리려 하는 것은 나의 성품과 나의 진실이다.
　네가 이전에 나에 대하여 얼마를 이해하였던지 또한 네가 이런 문제를 이해할 것을 원하는지를 막론하고, 나는 그래도 너희들에게 상세히 알려주려 한다. 이 문제를 제기할 때 너희들은 모두 생소하지 않을 것이다. 그러나 너희들은 그 중에 내포된 뜻을 잘 이해하지 못하여 매우 익숙하지도 못하기 때문에 많은 사람들이 모두 나를 불분명하게 알며 따라서 모두 불확실하게 알고 있다.
　너희들이 진리를 더욱 실천하기 위하여, 또한 나의 말을 더욱 잘 실행하기 위하여, 너희들이 가장 먼저 알아야 할 것은 당연히 이러한 문제라고 나는 생각한다. 그렇지 않으면 너희들의 믿음은 여전히 매우 불확실하며 여전히 허망하고 따라서 종교색채(종교적 성격)가 충만 되어 있다고 나는 말한다. 네가 하나님의 성품을 이해하지 못하면 곧 하나님을 위하여 네가 마땅히 행해야 할 일을 할 수 없는 것이며 네가 하나님의 실체를 모르면 곧 하나님에 대하여 경외하고 두려워하는 것이 있을 수 없으며, 오히려 무관심하고 적당히 넘기거나 대강대강 해치우며, 더욱이 죽은 영혼을 구해낼 수 없다. 하나님의 성품을 이해하는 것은 매우 중요하지만 하나님의 실질을 인식하는 것도 소홀히 생각해서는 안 된다. 그러나 이런 문제를 참답게 연구하고 파고 드는 사람은 한 사람도 없으며, 너희들이 내가 선포한 말에 대하여 모두 하찮게 여김을 가히 볼 수 있다.

너희들이 하나님의 성품을 이해 못하면 곧 하나님의 성품을 쉽게 위반하게 되며 하나님의 성품을 위반하면 곧 하나님을 성나게 하는 것과 같다. 이러한 상태에서 네가 하나님의 일을 한다면 네가 맺은 열매들은 결국 하나님의 일을 대적하는 열매로 나타나는 것이다. 그러므로 지금 너는 응당히 알아야 한다. 하나님의 실질을 인식하는 동시에 곧 하나님의 성품을 이해해야 하며 하나님의 성품을 이해하는 동시에 하나님의 뜻을 알아야 한다. 왜냐하면 지금 네가 행하고 있는 허다한 일들은 모두 하나님의 성품과 관련되기 때문이다. 그러나 하나님의 성품을 행정에 모두 발표하지는 않았다. 이러므로 나는 너희들에게 하나님의 성품을 아는데 더욱 진일보할 것을 요구한다.

내가 여기에서 너희들과 말하는 것은 일반적인 담화가 아니기에 너희들이 신중히 대해야 하며 더욱 나의 말에 대하여 많이 따져봐야 한다. 내 마음이 안타까운 것은 내가 한 말의 의미를 너희들은 알려고 정력을 쏟지 않는다는 것이다. 하나님의 성품을 말할 때 너희들은 더욱 많이 따져보기를 원하지 않으며, 이 문제를 가지고 온 힘을 다한 사람은 극히 적다. 그러므로 나는 너희들의 믿음은 모두 허울만 좋은 껍데기 믿음이라고 말하며 오늘에 이르기까지 너희들이 진실한 믿음을 소유하기 위해서 무진 애를 쓴 사람은 하나도 없다고 나는 말한다. 너희들은 지금까지 내가 너희들에게 애쓰며 공들인 마음을 모두 저버렸다. 그러므로 너희들의 눈에 하나님이 없는 것이나 신앙생활 가운데 진리가 없는 것이 조금도 이상할 것 없는 것이다. 이러한 사람들을 내가 어떻게 하나님을 믿는 성도라고 하겠는가? 그야말로 천지가 한탄할 일이다! 이렇게 너희들은 나에게 대하여 아는 것이 없기 때문에 나는 입이 닳도록 말하고 있는 것이다. 나는 하나님의 성품을 사람들이 모두 추상적으로 알고 있기 때문에 사람들이 용이하게 받아들이기가 매우 어렵다고 생각한다. 그것은 하나님의 성품은 사람의 성격과 매우 다르기 때문이다.

하나님도 자기의 희,노,애,락이 있지만 하나님의 희,노,애,락은 사람들의 것과 전혀 다른 것이다. 모든 희,노,애,락은 하나님 안에 있으며, 그의 모든 발표와 나타냄은 하나님의 실체를 대표하는 것이며 하나님의 신분을 대표하고 있다. 그러므로 하나님의 실질과 신분은 어떠한 사람이라도 대신할 수 없다. 하나님의 성품에는 인류에 대한 사랑, 인류에 대한 긍휼, 인류에 대한 증오, 인류에 대한 징계가 포함되어 있다. 사람의 성격은 적극적인 사람과 소극적인 사람이 있고 명랑한 사람과 내성적인 사람이 있지만 모두 욕심을 가지고 있다.

그러나 하나님의 성품은 진실로서 만물의 생사화복을 지배하기 위하여 구비되어 있으며, 창조의 능력이 구비되어 있다. 하나님의 성품은 존귀를 대표하며, 권세를 대표하며, 고상함을 대표하며, 위대함을 대표하며, 더 없는 높음을 대표한다. 그의 성품은 틀어쥔 권력의 상징이며, 모든 정의의 상징이며, 일체의 미와 선의 상징이며, 어떠한 세력이나 암흑의 권세도 압도하거나 침해할 수 없고, 또한 어떤 피조물도 반항할 수 없다. 그의 성품은 최고 권리의 상징이며, 어떠한 사람이나 혹은 어떠한 영들도 모두 그의 공작과 그의 성품을 방해하지 못한다. 사람의 성격은 동물보다 조금 높은 위치에 있다. 이렇게 사람의 본체는 권세가 없으며 자유가 없으며 자기를 초월하는 능력이 없고 나약하여 신이나 사물 혹은 물질의 지배를 받는 존재이다. 이제 하나님의 희,노,애,락에 대하여 말해 주겠다.

하나님의 "희"(기쁨)는 정의로운 존재와 생명의 탄생이 있기 때문이며 광명의 존재와 광명의 탄생으로 인하여 그가 인류에게 아름다운 생활을 가져온 것이다. 하나님의 "희"는 정의와 모든 진실한 사물들의 상징이며 더욱 상서롭고 선한 상징이다.

하나님의 "노"(진노)는 비정의 사물의 존재들이 인류를 침해하고 방해하고 있기 때문이며 사악과 암흑이 항상 존재하고 있기 때문이며 진리를 배척하고 몰아내는 자들이 존재하기 때문이며 더욱 진실 되고 선한 자들을 방해하는 존재들이 있기 때문이다. 하나님의 진노는 이러한 악한 존재들이 다시는 존재하지 못하도록 하려는 것이며, 하나님의 본성은 성결한 상징이다.

하나님의 "애"(슬픔)는 그가 기대하는 인류가 암흑 속에 떨어져 들어갔기 때문이며 그가 사랑하는 인류가 모두 광명 속에서 살 수 없기 때문이다. 그는 무고한 인류를 위하여 슬퍼하고 걱정하며 성실하고 우매한 사람을 위하여 근심걱정하며 선량하고 주관이 없는 사람을 위하여 슬퍼하고 걱정한다. 그의 슬픔은 선량의 상징이며 긍휼의 상징이며 아름다운 상징이며,인자한 상징이다.

하나님의 "락"(즐거움)은 원수를 물리치고 사람의 성심을 얻은 락이며 더욱 일체적 세력을 몰아내고 소멸하는 락이며, 역시 인류가 아름답고 평안한 생활을 얻음으로 인하여 오는 락이다.

그의 "락"은 사람과 같은 즐거움이 아니며 사람의 즐거움보다 더 높은 차원의 "락"을 말한다. 그의 "락"은 인류가 고난을 받지 않은 상징이며, 인류가 광명한 세계로 들어가는 상징이다.

인간들의 희,노,애,락은 모두 자신의 욕심에 의해서 나타나는 것이며, 정의를 위한 것이나 광명을 위한 것이 아니며, 아름다운 사물을 위한 것이나 하늘로 올라가는 은사를 위한 것도 아니다. 인간의 희,노,애,락은 자신의 삶의 결과로 주어지는 것이며 흑암의 세계로부터 얻어지는 것이며, 하나님의 뜻이나 하나님의 계획을 위한 것이 아니다.

그러므로 사람과 하나님은 영원히 동일할 수 없고 함께 놓고 비교할 수 없다. 하나님만이 더없이 높으며 영원히 존귀하다. 하나님 앞에서 사람은 영원히 비천하며, 한푼의 가치도 안 된다. 하나님은 항상 모든 인류를 위하여 봉헌하고 희생하지만, 사람은 영원히 모두 자기의 욕심을 위해서 노력한다.

하나님은 언제나 모든 인류의 생존을 위하여 수고하고 있지만 사람은 누구나 정의와 광명을 위하여 아무것도 수고하지 않는다. 사람들은 하나님을 위해서 부분적으로 잠시 노력을 한다고 하지만 보잘것 없는 것들이다. 그 이유는 사람의 노력은 언제나 자기를 위한 것이며 하나님을 위하여 노력하는 것이 아니기 때문이다. 사람은 언제나 모두 이기적이지만 하나님은 영원히 사심이 없으며, 하나님은 언제나 정의와 아름답고 선한 것을 위해 기원한다. 그러나 사람은 모두 거짓되고 간사한 외식자로 항상 욕심을 위해 간구 한다. 하나님은 영원히 그의 정의와 아름다운 진실이 변치 않지만 사람은 어느 때 어디서나 항상 정의를 배반할 가능성이 있어 하나님과 멀어지게 되는 것이다.

지금까지 내가 말한 각 구절의 말 속에는 모두 하나님의 성품이 있으니, 너희들이 나의 성품에 대하여 자세히 생각을 해 보아야 한다. 그러면 너희들은 꼭 큰 수확이 있을 것이다. 하나님의 실체는 매우 생각하기 어려우며 하나님의 성품은 너희들이 모두 대략 알 수 있으리라 믿는다. 그러면 너희들은 이제부터 하나님의 성품을 위반하지 않는 일을 많이 하여 나에게 보여줄 것을 희망한다. 그렇게 한다면 나는 마음을 놓을 수 있을 것이다. 다시 말하면 너는 어느 때를 막론하고 항상 하나님을 마음속에 넣어두어야 하며 일을 할 때 그의 말씀에 따라 행해야 하며 모든 일에서 모두 하나님의 뜻을 생각해야 하며, 하나님이 원하지 않는 일은 하지 말아야 한다. 그리고 하나님의 말씀을 주야로 묵상하여 너의 공허한 마음을 성령으로 충만케 해야 한다.

  만약 네가 이렇게 하지 않는다면 너는 곧 하나님의 성품을 위반하게 된다. 너는 이생에 사는 동안 하나님을 모독하거나 원망하는 말을 하지 않고 또 너의 일생을 모두 하나님이 원하시는 일을 정중하고 예절바르게 행하며 하나님의 말씀에 순종한다면 너는 곧 하나님이 기뻐하시는 자가 되는 것이다. 그런데 네가 만일 나는 어째서 그를 하나님이라고 여기지 않는가? 나는 이런 말들이 틀림없이 곧 성령이 깨우쳐준 것이라고 여긴다. 하나님의 인성이 나보다 높지 않다. 하나님의 말이 그야말로 사람으로 하여금 믿을 수 없게 한다는 등 이런 생각이나 말을 하였다면 너는 네 죄를 스스로 인정하고 회개할 것을 권한다. 그렇지 않으면 너는 영원히 죄 사함 받을 기회를 얻지 못할 것이다. 그것은 네가 미움을 산 것은 사람이 아니고, 하나님이기 때문이다.

  네가 오늘날 구원자로 온 자를 존중하지 않으면 곧 하나님을 존중하지 않는 것과 같은 것인데, 이러면 네가 한 일은 하나님의 성품을 위반한 것이 아닌가? 하나님의 영이 하신 일체는 모두 그가 육신중의 사역을 수호하기 위해서이며 모두 그가 육신중의 사역을 잘하기 위해서라는 것을 기억해야 한다. 만약 네가 이 한가지를 무시한다면 너는 하나님을 믿어도 영원히 성공할 수 없는 사람이라고 나는 말한다. 그것은 네가 하나님의 노기를 건드렸기 때문이다. 그러므로 하나님은 상응한 징벌로 너를 교훈할 것이다.

하나님의 존재를 올바로 인식하는 것은 무엇보다 중요한 일이기 때문에 하나님을 알려면 먼저 하나님의 성품을 알아야 하는 것이다. 네가 이렇게 하나님의 성품을 알아 간다면 너는 하나님의 존재에 대하여 점차 인식하게 될 것이며, 동시에 너도 더 높고 아름다운 경계를 향하여 힘있게 나아갈 수 있다. 이렇게 하나님을 조금 알게 되면 너는 자기의 추악한 모습을 보고 부끄러움을 느끼게 될 것이며, 부끄럽기 짝이 없을 것이다. 그 때 너는 하나님의 성품을 위반하는 행위도 점점 적어질 것이며 너의 마음과 하나님의 마음은 점점 가까워질 것이다. 따라서 너는 하나님에 대하여 사랑하고 그리워하는 마음이 점차적으로 생기고 자라나게 되는데 이것이 곧 네가 아름다운 경계로 들어가는 상징이다.

하지만 현재 너희들은 아직도 하나님의 성품에 도달하지 못한 상태에서 자기의 욕심을 위하여 분주히 다니고 있기 때문에 하나님의 실질을 인식하지 못하고 있는 것이다. 너희가 하나님의 성품을 모르는 상태에서 하나님의 일을 계속 한다면 너희들은 모두 자기도 모르게 하나님의 일을 위반하거나 방해하는 일을 할 수 있다. 그것은 너희들이 하나님의 마음과 뜻을 이해하지 못하기 때문이다. 그러므로 너희들이 하나님의 일을 하기 전에 먼저 하나님의 성품을 알아야 한다. 만일 너희들이 하나님의 마음을 알지 못하고 일을 한다면 결국 하나님의 일을 돕는 것이 아니라 오히려 방해하는 것이 된다. 내가 너희들로 하여금 하나님의 성품을 먼저 이해하라고 말하는 것은 나의 사역이 어긋나지 않게 하려는 것이다. 그럼에도 불구하고 너희들이 하나님의 일을 계속 위반한다면 어느 누가 하나님의 징벌을 벗어날 수 있겠는가? 그러면 지금까지 내가 행한 나의 사역은 모두 헛수고가 되지 않는가?

그러므로 나는 너희들이 자기의 행위를 자세히 검토하고 자기의 발걸음을 신중히 옮길 것을 요구한다. 이것이 곧 내가 너희들에 대한 간절한 요구이다. 너희들은 모두 나의 말에 대하여 신중히 생각하고 나를 참답게 대할 것을 권한다.

그런데 너희가 지금 내가 한 말들을 소홀히 듣고 순종하지 않는다면 너희들은 반드시 징벌을 받게 될 것이며 그때는 너희가 아무리 잘못을 회개하며 울어도 아무도 너의 죄를 대신하여 징벌을 받아 주지 않으며 나도 너희를 용서해주지 않는다는 것을 명심해야 한다.

15. 도대체 지상의 하나님을 어떻게 인식할 것인가?

　너희들은 모두 하나님 앞에서 상을 받기를 원하고 모두 하나님의 눈에 들기를 원하는데, 이것은 각 사람들이 하나님을 믿는 사람들의 원함이다. 그것은 사람들이 모두 일심으로 높은 것을 추구하며, 다른 사람의 뒤에 떨어지기를 원하는 사람은 하나도 없기 때문이다. 이것은 사람들이 흔히 가지고 있는 보통의 생각이다. 이렇기 때문에 너희들 가운데서 많은 사람들은 그저 하늘에 있는 하나님에게만 잘 보이려 한다. 그러나 사실상 너희들이 하나님에 대한 충성심과 솔직함은 너희들 자신에 대한 충성심과 솔직함에 비하면 너무나도 거리가 멀다. 내가 무엇 때문에 이렇게 말하는가? 그것은 너희들이 하나님에 대한 충성된 마음을 내가 인정하지 않기 때문이다. 나는 너희들 마음속에 가지고 있는 그 하나님의 존재를 절대로 인정하지 않는다.
　왜냐하면 너희들이 경배하는 하나님은 근본적으로 존재하지 않으며 너희들의 생각 속에 믿고 섬기고 있는 하나님은 하나님이 아니라 우상이기 때문이다. 또한 내가 너희들에게 이렇게 분명하게 말하는 것은 너희들이 진정한 하나님과는 너무나도 멀리 떨어져 있기 때문이다. 즉 너희들은 하나님을 믿고 섬기는 것은 진리나 생명을 얻기 위함이 아니라 너희 안에 욕심을 채우기 위한 것이라는 말이다. 따라서 너희들은 참 하나님을 버리고 너희들의 욕심을 채워주는 우상 하나님을 만들어 섬기고 있는 것이다. 그러므로 하나님(우상)에 대한 충성된 마음도, 결국 너희들이 바라고 원하는 욕심을 채우기 위하여 충성하는 것이다. 너희들은 하나님을 믿고 섬긴다고 말하는 것은 형식적이며 실제 너희가 믿는 하나님은 내가 아니라 너희가 만들어 놓은 우상하나님이다.
　내가 너희들에게 하나님과 너무 멀리 떨어져 있다고 말하는 것은 곧 너희들이 진정한 하나님과는 거리가 아득하게 멀고, 허탄한 우상하나님과는 마치 지척과 같이 가깝기 때문에 하는 말이다. 너희가 이렇게 된 것은 말씀육신되어 온 지상의 하나님은 믿지 않고 거짓선지자와 삯군목자들을 통해서 하늘의 하나님만 믿고 있기 때문이다. 그러나 지상의 하나님을 통하지 않고는 너희가 하늘의 하나님을 알 수가 없고 천국도 들어갈 수 없다. 그런데도 불구하고 너희가 말씀육신된 지상의 하나님을 믿지 않는 것은 너희들의 눈에 지상의 하나님이 특별히 크거나 위대해 보이지 않기 때문이다. 오늘날 육신으로 오신 하나님이 크지 않다고 말하는 것은 지금 너희들의 눈으로 보기에 큰 능력이 없는 보통사람에 지나지 않으며, 그리 높지도 크지도 않은 사람이기 때문에 한 말이다.
　또한 내가 지상의 하나님이 결코 작지 않다고 말하는 것은 비록 바람을 끌어오고 비를 내리게는 못하지만 하나님의 영을 불러 일으켜 천지를 진동하는 사역을 하며 죽은 영혼을 살리고 있기 때문에 작지 않다고 하는 것이다. 너희들은 하늘에 있는 하나님이나 그리스도는 잘 믿고 순종도 하지만 이 지상에 있는 하나님(사람)은 믿지도 않고 순종도 하지 않고 사랑도 하지 않는다. 다시 말하면 너희들이 진정으로 믿는 하나님은 너희들의 생각 중에 있는 묘망한 우상 하나님이며 너희들이 진정으로 사랑하는 하나님도 너희들의 관념 속에 만들어 놓은 하나님으로 지금까지 보지도 못한 우상 하나님이다.
　그러므로 너희들이 진정한 그리스도 곧 세상에 와 있는 그리스도에 대해서는 믿음이 없고 따라서 그를 사랑하는 마음조차 없는 것이다. 소위 하나님을 믿는다는 것은 신임하고 믿고 의지하는 것이며 사랑은 심중에 그리워하는 마음과 존경하는 마음과 영원히 변하지 않는 마음을 가리키는 것이다. 오늘날 너희들의 그리스도에 대한 믿음과 사랑은 영원히 여기에 도달할 수 없다. 너희가 믿음을 말할 때, 너희들은 어떻게 하나님을 믿고 신임하였는가? 또 너희가 사랑을 말할 때 너희들은 어떻게 무엇으로 그를 사랑하였는가? 너희들은 근본 하나님의 성품을 이해하지 않았으며, 더욱 그의 실체를 알지 못한다. 그러면 너희들은 어떻게 그를 믿었는가? 너희들이 그를 믿는 실제는 어디에 있는가? 너희들은 어떻게 그를 사랑하였는가? 너희들이 그를 사랑하는 실제는 어디에 있는가?

　많은 사람들이 모두 정의를 위하여 주저하지 않고 나를 따라 오늘까지 왔으며 이 몇 해 동안의 세월 속에서 너희들도 많은 고생을 하였다. 나는 여러분의 타고난 성격과 취미를 매우 똑똑하게 알고 있는데 내가 여러분과 사귀는 것이 정말 힘든 일이다. 하지만 애석하게 내가 너희들의 많은 소식을 들어보아도 너희들은 나에 대하여 조금도 이해하지 못하고 있으며, 또한 너희들은 모두 얼떨떨해져서 그 어느 한 사람의 꾀임에 빠져들었다고 말해도 이상할 것이 없다.

　이렇게 결과는 생각 밖이다. 너희들은 나의 성품을 이해하지 못하고 더욱 나의 뜻을 분명하게 알지 못하기 때문에 지금에 이르기까지 너희들이 나에 대한 오해는 더욱 깊어졌으며 너희들의 믿음은 여전히 얼떨떨한 믿음이다. 너희들이 나를 믿는다는 것은 모두 나에게 잘 보이려고 내 앞에서 알랑거리는 것이다. 너희들이 나를 믿는 목적은 매우 간단하다. 내가 너희들의 믿음을 말한다면 누가 너희에게 상을 준다면 그가 누구인지 관계하지 않고 따르며 누가 너의 재난을 벗어나게 해준다면 그가 누구인지 관계하지 않고 믿는 것이다. 너희들은 그가 하나님이든지 마귀이든지 그것은 상관없이 그가 너를 도와주며 너에게 복을 준다면 너는 아무 상관하지 않고 그를 믿고 따른다는 것이다.

이러한 사람은 너희 중에 매우 많으며 따라서 이러한 정형도 매우 심각하다. 만일 너희들이 그리스도가 영적인 존재라는 것을 분명히 알게된 후 그를 믿는 사람이 과연 몇 사람이나 있겠는가를 한번 살펴본다면, 아마 하나도 없을 것이다. 여러분이 모두 이러한 문제를 생각해 보아야 한다. 너희들이 믿는 하나님과 나와의 거리는 매우 멀다. 그러면 너희들이 하나님을 믿는 목적은 무엇인가? 너희들이 하나님을 믿으면 믿을수록 너희들과 나와의 거리는 점점 멀어지는데, 그것은 무엇 때문인가? 이러한 문제에 대하여 지금까지 너희들은 절대로 생각조차 하지 못했을 것이다. 그러나 너희들은 이 문제가 얼마나 심각하다는 것을 생각하여 보았는가? 너희들이 이러한 믿음을 가지고 신앙생활을 계속 한다면 그 결과가 어떻게 된다는 것을 생각하여 보았는가?

지금 너희들 앞에 놓여있는 문제는 아주 많다. 하지만 너희들은 이 문제들을 모두 능숙하게 해결할 수 없고 이런 국면이 계속 지속되어 간다면, 손해보는 것은 오직 너희들 뿐이다. 나는 너희들에게 이 문제를 인식하도록 도와줄 수는 있다. 하지만 이러한 문제를 해결하는 것은 내가 아니라 너희들 자신이다. 나는 다른 사람에 대하여 의심을 품지 않는 사람을 매우 좋아하고, 진리를 접수하려고 하는 사람을 매우 기뻐하며 이러한 사람에 대하여 나는 많이 보살펴 준다. 이 두 종류의 사람들은 내 눈에 성실한 사람이기 때문이다. 만일 네가 매우 간교한 사람이라면 너는 곧 어떠한 일에서나 어떠한 사람에 대하여 모두 방비심과 의심하는 마음이 있고 네가 나에 대한 믿음도 역시 의심하는 기초위에서 건립된 것이기에 이러한 믿음을 나는 절대로 인정할 수 없는 것이다.

진실한 믿음이 없는 것만큼 진정한 사랑이라고는 더욱 말할 수 없다. 네가 하나님에 대하여 그래도 의심을 품으며 네 마음대로 추측한다면, 너는 곧 가장 간교한 사람이다. 너는 하나님도 사람과 마찬가지로 죄를 용서할 수 없고, 또한 사람과 마찬가지로 정의감이 없고 또한 사람과 마찬가지로 쩨쩨하고 또한 사람과 마찬가지로 공의로움이 없고, 역시 사람과 마찬가지로 수단이 악독하고 음흉하고 교활하며, 사람과 마찬가지로 간사하고 악한 것과 암흑을 즐긴다는 등의 생각을 하고 있다.

사람들이 이런 생각을 하고 있는 것은 사람들이 모두 하나님에 대하여 조금도 알지 못하는 까닭이 아닌가? 이러한 믿음은 그야말로 악을 빚어내는 것이다! 심지어 어떤 사람들은 내가 반기는 사람은 내게 잘 보이려 하고 아첨할 줄 아는 사람이며, 이런 것을 할 줄 모르는 사람은 하나님 집에서 환영받지 못하며, 발을 붙일 수 없는 사람이라 생각하고 있다. 이것이 곧 여러해 동안 신앙생활을 해 온 너희들의 결과가 아닌가? 이것이 곧 너희들의 신앙의 열매가 아닌가? 너희들이 나에 대한 잘못된 인식이 어찌 이러한 오해뿐이겠는가? 이렇게 나에 대한 인식이 크게 잘못된 것은 너희들이 하나님의 진리에 대한 모독이며, 푸른 하늘에 대한 모욕이다.

그러므로 너희들의 이러한 믿음은 나와 더욱 멀어질 수밖에 없으며, 너희들로 하여금 더욱 나와 적대시 될 것이라고 말한다. 다년간의 신앙의 역사에서 너희들은 허다한 진리에 대하여 견문을 넓혀 왔다. 그러나 내가 들은 것이 무엇인지 너희들은 아는가? 진리를 찾고 진리를 영접하려는 사람이 너희들 가운데 몇이나 되는가? 너희들은 내가 하나님을 위하여 혹은 진리를 위하여 모든 대가를 받겠다고 모두 큰소리를 치고 있다. 그러나 진정으로 진리를 위하여 고통받은 사람이 지금까지 몇이나 있는가? 너희들의 마음속에 들어있는 것은 모조리 부당하고 거짓된 것들이다. 그러므로 너희들은 누구를 막론하고 모두 똑같이 간교하며 똑같이 교만하다고 생각한다.

심지어 육신으로 온 하나님도 정상적인 사람과 같이 선량한 마음이 없고 인자한 사랑이 없다고 인식하고 있으며, 더욱 너희들은 고상한 품격, 긍휼과 인자한 본성은 오직 하늘에 있는 하나님에게만 있다고 인식하고, 따라서 너희들은 이 세상에 이러한 성인은 존재하지 않으며, 이 세상은 오직 암흑과 사악이 권세를 장악하고 있다고 생각하며, 사람들이 하나님을 오직 사랑과 용서의 하나님으로 조작해 놓고 상징적인 하나님으로 인식하고 있다. 너희들의 마음속에는 하늘에 있는 하나님만이 너희의 하나님이며 세상에 육신으로 와 있는 하나님은 하늘의 하나님을 대신하거나 하늘의 하나님과 동등할 수 없다는 것이다.

하나님의 위대함과 존귀함을 제시하면 그것은 오직 하늘에 있는 하나님의 영광이며, 사람의 본성과 부패를 제기하면 이러한 것은 지상의 하나님에게 있다고 하는 것이다. 그러므로 너희들은 하늘의 하나님은 영원히 높고 크지만, 지상의 하나님은 극히 작으며 연약하고 무능하다고 생각한다. 또한 하늘의 하나님은 감정이 없고 오직 사랑과 공의만 있고, 지상의 하나님은 오직 사심만 있고 공평함이 조금도 없는 것으로 인식하고 있다. 또한 하늘의 하나님은 추호의 거짓도 없고, 영원히 진실하며, 지상의 하나님은 영원히 진실하지 못하며, 하늘의 하나님은 사람에 대하여 긍휼함이 지극하고 지상의 하나님은 사람에 대하여 긍휼하지 못하며, 심지어는 사람을 보고도 못본체 한다고 한다. 이런 잘못된 인식은 너희들의 마음속에 오랫동안 간직해 온 고정관념이며 이러한 인식은 앞으로도 너희들이 지속적으로 착오할 수 있는 것들이다.

　너희들은 부정당한 사람의 위치에 있으면서 그리스도가 한 일을 바라보며, 자신을 악한 사람의 각도에 놓고 그리스도의 모든 일과 그 신분의 실질을 평가한다. 너희들은 매우 큰 착오를 범하였고 이전 사람들이 하지 못하였던 일을 하였다. 그것은 너희들이 지금까지 하늘에서 머리에 면류관을 쓰고 있는 대단히 높고 큰 하나님만을 섬기고 있으며 이렇게 작고 보잘것 없는 지상의 하나님은 너희들이 인정도 하지 않고 보살피지도 않은 것이다. 이것이 곧 너희들의 죄가 아닌가? 이러한 것이 바로 너희들이 하나님의 성품을 위반하는 전형적인 범죄가 아닌가? 너희들은 하늘의 하나님을 숭배하고 높고 큰 형상을 매우 숭상하며, 말솜씨가 매우 좋은 사람을 우러러보며 너의 온 손에 금전을 주는 하나님께 순종하기를 좋아하며 곳곳마다 너의 마음에 드는 하나님을 그리워한다.

　네가 지금까지 지상의 하나님을 멸시를 하며 숭배하지 않은 것은 그의 외모가 높지도 않고 크지도 않는 보잘 것 없는 존재이기 때문이며 또한 나를 오히려 귀찮게 여긴 것은 곧 사람들이 인정하지 않는 하나님이기 때문이다. 이렇게 네가 지상의 하나님을 믿지 않는 것은 지금까지 너에게 한 푼도 주지 않는 하나님을 위해서는 충성할 수 없기 때문이다. 결국 지상의 하나님은 네가 바라고 원하는 것을 주지 못하기 때문에 네가 그리워하지 않고 사랑하지 않는 것이다. 이렇게 네가 지상의 하나님을 배척하기 때문에 지상의 하나님은 너로 하여금 시야를 넓히게 못하며 너로 하여금 가장 귀한 보물을 얻을 수 없게 하며 더욱 너로 하여금 소원을 이루지 못하게 한다. 그러면 너는 무엇 때문에 그를 믿고 따르는가? 이러한 문제를 너는 생각하여 보았는가? 네가 지금까지 한 일은 모두 그리스도의 미움을 사게 된 것뿐만 아니라 더욱 중요한 것은 하늘의 하나님에게 미움을 사게 된 것이다.

　이러한 것들은 너희들이 하나님을 믿는 목적이 아니라고 생각한다! 너희들은 하나님의 마음을 사려고 심히 노력을 하지만, 사실은 너희들이 오히려 하나님을 멀리하고 있다. 이것이 어떻게 된 일인가? 너희들은 단지 하나님의 말씀만 듣고 그의 뜻은 받아들이지 않으며 더욱 하나님이 지시하는 각가지 일들은 행치 않고 있는데 그것은 하나님을 완전히 믿지 못하기 때문이다. 이러한 것을 찍어놓고 말하면 너희들의 믿음은 모두 씨 없는 무정란 같아서 영원히 병아리가 나올 수 없는 것과 같은 것이다. 그것은 너희들의 믿음이 너희들에게 진리를 가져다주지 않았으며 생명도 얻지 못하게 하였으며, 너희들에게 오직 꿈과 같은 허황된 믿음을 심어 주었기 때문이다. 너희들이 하나님을 믿는 목적은 곧 이러한 위탁과 희망을 위해서이며 진리와 생명을 위해서가 아니다. 그러므로 너희들이 하나님을 믿는 과정은 틀림없이 비천하며 염치를 모르고 하나님께 잘 보이려고 하는 과정에 지나지 않으며 근본상 참답게 믿는다고 말할 수 없다.

이러한 믿음으로 어떻게 죽은 영혼이 부활될 수 있겠는가? 다시 말하면 이러한 믿음으로 어떻게 좋은 열매를 맺을 수 있겠는가? 너희들이 하나님을 믿는 목적은 하나님을 이용하여 너희들의 욕심을 채우려고 하는 것이다. 이러한 것이 곧 하나님의 성품을 위반하는 것이 아닌가? 너희들은 하늘에 있는 하나님의 존재만 신임하며 지상에 있는 하나님의 존재를 부인하고 있다. 그러므로 나는 너희들의 관점을 허락하지 않고, 나는 오직 현실에 발을 붙이고 지상의 하나님을 섬기는 사람을 칭찬하며, 종래로 지상의 그리스도를 인정하지 않는 그런 사람을 칭찬하지 않는다. 이러한 사람들이 하늘의 하나님께 어떻게 충성하든지를 막론하고, 모두 종말에 악한 자를 징벌하는 나의 손에서 벗어나기 어려울 것이다. 이러한 사람들은 곧 악한 자이며, 하나님을 배반하는 자이며, 종래로 그리스도에게 순종하기를 달가워하지 않는 악한 자들이며 이러한 악한 자들은 당연히 그리스도에 대하여 알지 못하고 있는 자들이며 더욱 지상의 그리스도를 인정하지 않는 사람들이다.

너는 하늘의 하나님께만 충성하면 지상의 그리스도에 대해서는 네가 하고 싶은대로 해도 된다고 생각하는가? 틀렸다! 네가 지상의 그리스도에 대하여 알지 못하면 곧 하늘의 하나님을 모르는 것이며, 네가 하늘의 하나님께 얼마나 충성하든지를 막론하고 모두 헛수고이며 모두 가증스러운 행위이다.

그것은 지상의 하나님은 진리를 얻는데만 유리할 뿐만 아니라 사람들이 더욱 깊게 인식하는데도 유리하고, 따라서 사람의 죄를 정하는데 더욱 유리하며 후에 사실을 틀어쥐고 악한 자를 징벌하는데도 유리하다. 여기서 말하는 이해관계를 네가 알아들었는가? 너는 체험했는가? 너희들이 모두 일찍이 이런 진리를 알 것을 바랄 뿐이다. 하나님을 인식하는데 하늘의 하나님만 인식해서는 안되며 더욱 지상의 하나님을 인식해야 한다. 이렇게 너희는 중요한 것과 중요치 않은 것을 분별해야 하며, 또한 주인과 객을 바꾸지 말아야 한다. 이렇게 해야 비로소 너와 하나님지간의 관계를 진정으로 잘할 수 있으며 비로소 너와 하나님 관계가 더욱 가깝고 너와 하나님의 마음이 더 가까운데로 도달할 수 있다.

만약 네가 여러해 동안 하나님을 믿고 나와 오랫동안 함께 지내왔어도, 오히려 나와 아주 멀리하면 너는 틀림없이 항상 하나님의 성품을 위반할 것이고 너의 결말은 틀림없이 짐작하기 어려운 고통스런 상황에 놓이리라고 나는 말한다. 만약 너와 내가 오랫동안 함께 지내었어도 너로 하여금 인성이 있고 진리가 있는 사람으로 변화되지 못하고 반대로 악성이 습성화되며, 광망(잘못된 생각)이 갑절로 늘어나고 나에 대한 오해도 가중되어 심지어 나를 평범한 친구로 여긴다면 너는 네 병이 겉면에 있지 않고 골수에 깊이 들어간 것이다. 그러므로 너는 오직 네가 범한 죄에 대한 형벌 받을 각오를 하고 기다려야 한다! 너도 나더러 너의 하나님이 되어 달라고 다시 와서 요구할 필요가 없다. 그것은 네가 이미 죽을 죄를 지었고, 용서할 수 없는 죄를 지었기 때문이다. 내가 너를 용서할지라도 하늘의 하나님은 기어코 너의 생명을 가져가고야 말 것이다.

네가 하나님의 성품을 위반한 것은 보통문제가 아닌데 이것은 하나님의 성품이 매우 엄중하기 때문이다. 너는 그때에 가서 내가 네게 이러한 사실들을 왜 일찍이 알려주지 않았느냐고 나를 원망하지 말아라. 내가 너희에게 하는 말은 지금까지 항상 같은 말을 하고 있다. 그런데도 불구하고 네가 지상의 하나님을 보통 사람으로만 여기고 또한 나를 평범한 사람과 같이 대한다면 너는 곧 황천길로 들어서 지옥으로 들어갈 수밖에 없는 것이다.

그러므로 너희들은 지금까지 내가 말한 충고들을 신중히 생각하고 마음에 새겨서 올바르고 진실된 신앙생활을 하기 바란다. 이것이 곧 내가 여러분을 향해서 권하는 중요한 충고이다.

16. 하나, 매우 엄중한 문제 - 배반 (1)

　나의 사역은 곧 마무리 짓게 될 것이고 여러해 동안 너희와 같이 지낸 것은 상상할 수도 없는 지난날의 추억이 되었으며, 나는 끊임없이 나의 말을 반복하면서 나의 새로운 공작을 하기 위해 끊임없이 전진하고 있다. 물론 나의 충고는 너희가 하는 일에 반드시 있어야 할 내용이며 만일 너희들에게 이러한 충고가 없으면 모두 잘못되어 사망의 길로 들어가 멸망하게 될 것이다. 오늘 내가 하는 사역을 곧 끝을 내고 결산단계로 들어갈 때에도, 나는 여전히 너희에게 충고를 하여 너희들이 이제라도 알아듣게끔 하려고 한다. 나는 너희들이 나의 애쓴 마음이 헛수고가 되지 않기를 바라며 더욱 나의 진실한 마음을 이해할 수 있고, 나의 말을 통해서 너희들이 하나님의 아들로 거듭나야 한다.
　너희들이 내가 하는 말을 듣기 좋아하든지 혹은 듣기 싫어하든지를 막론하고, 또 너희들이 내말을 받아들이든지 받아들이지 않든지 너희들은 내가 지금까지 한 말을 모두 중요하게 생각해야 한다. 그렇지 않으면 너희들은 제멋대로 행동할 것이며 내 뜻을 모두 잃어버리게 되어 나의 마음을 매우 상하게 하여 내가 너희를 미워하고 증오하게 할 것이다. 그러므로 나는 너희들이 나의 말을 모두 여러번 되풀이하면서 천만번 읽고, 마음속에 깊이 아로새기기를 원한다. 이렇게 해야 내가 너희들에 대한 기대를 저버리지 않을 것이다. 그렇지 않으면 너희들의 신앙생활은 모두 음란하고 방탕한 생활 속에 깊이 빠질 것이고, 나의 말을 가지고 자기의 영혼을 구원할 사람은 한사람도 없을 것이다. 이로 인하여 나는 비로소 사람들의 본래 면모에 대해서 결론을 내렸다. 그것은 사람들이 어느 때를 막론하고 모두 나를 배반할 수 있으며, 나의 말에 절대적으로 순종하고 충성할 사람이 하나도 없다는 것이다.

  오늘날 하나님을 믿는 사람들이 이 세상이 사탄에 의해서 모두 부패되어 이미 사람의 위치를 상실해 버렸다고 말을 한다. 이 사실을 오늘날 대부분의 사람들이 긍정하며 인정을 하고 있다. 그러나 이렇게 말은 하지만 겉으로만 인정을 하며, 마음으로 깊이 느끼지 못하고 있다. 이것은 하나님에 대한 진정한 인식이 없기 때문이며 또한 사람들이 모두 자기 자신을 정확하게 보지 못하기 때문이다. 그러므로 너희들은 내가 하는 말을 언제나 반신반의하고 있다. 그러므로 나는 이번에 너희에게 가장 엄중한 문제를 하나 설명하려 하는데 그것은 곧 〈배반〉이다. 너희들에게 〈배반〉이란 단어를 제기하면 배반에 대하여 모두 잘 알 것이다. 왜냐하면 다수의 사람들이 모두 사람과의 관계에서 배반하는 일을 많이 하였기 때문이다.

  예를 들면 남편은 아내를 배반하고, 아내는 남편을 배반하고, 아들은 아버지를 배반하고, 딸은 어머니를 배반하고, 종은 주인을 배반하고, 친구지간에 배반하고, 혈육지간에 배반하고, 물건을 파는 사람은 물건을 사는 사람을 배반하는데 이러한 것들은 모두 너희들의 생활 속에서 자주 행하고 있는 배반이다.

  총괄적으로 〈배반〉이라는 것은 곧 약속이나 맹세를 어기고 도덕과 규범을 어기며 인간의 윤리를 위반하며 인간성을 상실하는 행위이다. 그러므로 네가 사람의 인격을 가지고 다른 사람을 배반한 일을 기억하고 있든지, 혹은 네가 이미 여러번 다른 사람을 배반하는 일을 하였던지 혹은 배반하는 일을 하지 않았던지 관계없이, 너희들은 모두 죄된 이 세상에서 태어났기 때문에 모두 사람을 배반하고 진리를 위반하는 일을 하는 것이다. 네가 부모와 친구를 배반할 수 있기 때문에 다른 사람도 배반할 수 있고, 더욱 나까지 배반하여 내가 미워지고 증오하는 일을 하게 되는 것이다. 다시 말하면, 배반은 단지 표면적인 부도덕적 행위일 뿐만 아니라 더 나아가서는 진리를 배반하게 되는 것인데, 이러한 것이 바로 사람들이 나를 배척하고 내게 패역하는 근원이 되는 것이다. 그러므로 나는 한마디로 배반이란 말로 일축하였다.

　배반을 하는 것은 사람이 타고난 천성이며, 이 천성은 각 사람이 나와 연합되는 것을 가로막고 있는 원수와 같은 것이다. 나에게 순종할 수 없는 절대적 근원은 배반이며, 나에게 충성할 수 없는 것도 배반이며, 나를 외면하고 거짓말로 나를 기만하는 행위도 배반이며, 잘못된 관념이 겹겹이 쌓여 도처에 비진리를 퍼뜨리는 것도 배반이다. 또한 나의 증인들을 배척하고 나의 말을 지키지 못하는 것이 배반이며, 마음속으로 나를 멀리하고 겉으로만 믿고 따르는 것도 배반이다. 이런 행위는 너희들이 일반적으로 보고 행하는 일들이기 때문에, 너희들은 모두 대수롭지 않게 생각하지만, 나에게는 이러한 일들이 심각한 일들이다. 나는 나를 배반하는 일들을 아이들의 장난과 같이 여기지 않으며, 더욱 보고도 그냥 묵과할 수 없다.

　만일 내가 너희들 가운데서 역사하지 않고 그냥 방치하여 둔다면 너희들은 모두 산을 점거하고 왕노릇하는 도적이나 강도가 될 수 밖에 없다. 너희들은 마지막 때에 하늘이 무너지며 큰 화가 갑자기 밀어닥칠 터인데 그때 누가 와서 너희의 화를 수습해 주겠는가? 그러나 만일 너희들의 배반 행위가 고의적이 아니라 무지 속에서 우연적인 실수로 하였다면 내가 신중하게 참작을 하여 너희들의 체면을 상하게 하지는 않을 것이다. 그런데 만일 너희들이 무지와 실수로 변명을 하여 심판을 피하려고 생각하고 있는 자들은 더욱더 반역의 표본 전형이 되어 엄한 형벌을 받게 된다. 사람의 본성은 곧 자기의 생명이고, 사람이 생존하는 원리이기 때문에, 사람은 자기 스스로는 바꿀 수 없다. 사람이 배반하는 본성과 같이, 네가 어떠한 육친 혹은 친구를 배반하는 일을 하였다면, 이러한 행위들이 바로 너의 본성을 증명하고 있는 것이며 이것이 바로 네가 타고난 천성이다. 이것은 어떤 사람이라도 부인할 수 없는 사실이다. 예를 들면 어떤 사람이 다른 사람의 물건을 훔치기 좋아한다면 훔치기 좋아하는 천성이 그 사람 본성의 일부분이다.

그런데 물건을 훔치지 않거나 그러한 마음조차 없다 하여도 훔칠 수 있는 천성을 가지고 태어났다면 훔치게 된다는 말이다. 그러면 사람들이 물어볼 것이다. 이미 훔치는 것이 그의 본성인데 어째서 어떤 때에는 좋은 물건을 보고도 훔치지 않는가? 이러한 문제는 매우 간단하다. 그가 훔치지 않는 이유가 있기 때문이다.

예를 들면 그 물건이 매우 크므로 많은 사람들이 보는데서 그것을 가져갈 수 없거나, 혹은 적합한 시간이 없어서 손을 댈 수 없거나, 혹은 물건이 너무 귀중하여 감시가 매우 엄중하기 때문이다. 또한 그가 이러한 물건에 대하여 전혀 관심이 없거나, 혹은 그 물건이 그에게 아무런 쓸모가 없기 때문에 훔치지 않는 것이다. 어쨌던지 간에, 물건을 훔쳤거나 혹은 훔치지 않았거나를 막론하고 이러한 관념이 그의 의식 속에 잠재하고 있다면 그것이 곧 그의 천성이다. 그러므로 이런 사람은 물건을 한번 훔치는 것으로 만족을 느끼는 것이 아니라 언제나 어떤 좋은 물건을 만났거나 혹은 적당한 상황이 되면 그의 관념을 발동하여 다른 사람의 물건을 자기의 소유로 점유하려고 하는 것이다. 그러므로 나는 이런 의식이나 관념이 우연적으로 발생되는 것이 아니라, 이 사람의 본성에서 왔다고 말하는 것이다.
　그러므로 어떤 사람이던지 평소에 자기의 언어와 행위가 자기 본래의 모습이며 이 모습이 그 사람의 본래적 면모이며 곧 그 사람의 본성이다. 네가 진실하게 말하는 사람이라면 너의 본성은 곧 진실한 것이며 너의 본성이 간교하다면 네가 일을 처리하는 것이 매끄러워 사람들이 너의 꾀임수에 쉽게 넘어가게 될 것이며, 너의 본성이 악독하다면 네가 말을 아주 듣기 좋게 한다해도 너의 악독한 행위까지 덮어 감출 수 없으며 너의 본성이 매우 게으르다면 너의 말로 너의 나태함과 게으름의 죄명을 벗을 수 없는 것이다.
　또한 너의 행위가 매우 침착하여 모든 일들을 잘 처리하며 문제의 진상을 잘 덮어 감출 줄 알며, 너의 마음을 선량하게 가지고 어려운 사람의 마음을 위로해 준다면, 너의 언어는 곧 매우 통달할 것이며, 뿐만 아니라 행위도 매우 진리에 부합되며, 너의 본성이 누구에게나 모두 매우 충성한다면 너의 말은 틀림없이 매우 성실할 것이다. 따라서 네가 하는 일도 현실에 발을 붙이고 할 수 있으며, 네가 주인으로부터 신임을 얻을 것이다. 그런데 너의 본성이 차츰 좋은 것이나 금전에 욕심을 가지게 된다면, 너의 마음은 점진적으로 이런 것들에게 사로잡히게 되고, 자신도 모르게 욕심의 한도를 넘어 그릇된 일을 하게 되어 사람들에게 빈축을 사게 되고 사람들에게 미움과 저주를 받게 되는 것이다.

지금 내가 말한 바와 같이, 네가 배반하는 본성이 있으면, 너는 꼭 그 죄과를 피하기 어려울 것이다. 그러므로 너희들이 자기가 지금 다른 사람에게 미안한 일을 하지 아니하였다 하여도 나는 배반하는 본성이 없다고 생각하지 말아야 한다. 만약 네가 나는 배반하는 본성이 없다고 생각한다면 그것은 곧 하나님으로 하여금 메스껍게 하는 것이다. 내가 매번 한 말은 모두 모든 사람에 비추어 한 말이지, 어느 한 사람이나 혹은 한 종류의 사람에 비추어 한 말이 아니다.
　네가 어느 한가지 일에 나를 배반하지 않았다 하여, 네가 하는 모든 일들이 나를 배반하지 않는다고 장담해서는 안 된다. 어떤 사람은 혼인으로 인하여 좌절되어 진리를 탐구하는 마음을 잃었으며 어떤 사람은 가정의 불화나 파멸로 나를 위하여 충성하는 의무를 상실하였으며 어떤 사람은 잠시적인 즐거움과 행복을 찾기 위하여 나를 떠나간다. 또 어떤 사람은 흑암의 벼랑에 떨어질지언정 광명 속에서 성령이 역사 하는 즐거움과 위안을 얻으려 원하지 않으며 어떤 사람은 금전의 욕망을 만족하게 얻으려고 친구들의 권면도 듣지 않으며 지금도 여전히 진리의 길로 돌아오지 않는다. 또한 어떤 사람은 오직 자신의 보호를 위하여 잠시 나를 피난처로 이용하고 있으며, 어떤 사람은 죽음을 겁내어 마지못해 나를 위하여 봉사와 봉헌하는 등 이러한 부당한 행위들이 곧 나를 배반한 행위가 아닌가?
　나는 사람들이 처음부터 나를 배반하려고 계획한 것이 아니라, 사람의 본성에 의해서 자연적으로 나타난다는 것을 잘 알고 있다. 이렇게 처음부터 나를 배반하려고 원하는 사람이나, 나를 배반하는 일을 하고도 기뻐하거나 좋아할 사람은 더욱 하나도 없다고 생각한다. 그러므로 너희는 하나님을 두려워하는 마음을 항상 가지고 앞으로 어떻게 하면 배반하는 마음에서 벗어날 수 있는가를 생각해야 한다. 너희는 이 문제를 두려움을 가지고 열심히 기도하며 구하고 찾고 두드려야 한다.

 오늘날의 하나님은 하나님의 뜻대로 구하고 찾고 두드리는 자들을 도와준다. 나는 너희에게 목숨을 위하여 무엇을 먹을까 무엇을 마실까 무엇을 입을까 염려하지 말고 그의 나라와 그의 의를 구하라고 말한다.

17. 하나, 매우 엄중한 문제 – 배반 (2)

　사람의 본성과 나의 실질은 현저히 다르다. 왜냐하면 사람의 부패한 본성은 모두 사탄으로부터 온 것이며, 사람의 본성은 사탄에 의해 가공된 것이며, 사탄에 의해 부패되었기 때문이다. (여기서 말하는 사탄은 사탄에 종노릇을 하고 있는 적그리스도와 거짓선지자 그리고 삯군 목자들을 말함) 다시 말하면 사람은 사탄의 간악하고 추악스러운 영향하에 생존하고 있으면서, 하나님의 진리로 성장하지 않으며 또한 성결한 환경 속에서 자라나는 것도 아니며 더욱 광명 속에서 생존하는 것이 아니다. 그러므로 각 사람의 본성 중에는 선천적으로 진리가 구비되어 있을 수 없으며 더욱 태어나서부터 하나님을 경외하고 하나님께 순종하는 진실이 있을 수 없다. 그러므로 사람들은 하나님을 배척하고 하나님을 패역하게 되고, 진리를 좋아하지 않는 본성을 구비하고 있다.
　이 본성이 지금 내가 말하려는 문제인 배반이다. 배반은 각 사람이 하나님을 매도하는 근원이며, 이 배반은 오직 사람의 몸에 존재하며 나(그리스도)에게는 존재하지 않는다. 어떤 사람들은 내게 이런 문제를 제시할 것이다. 모두 동일한 인간 속에서 생활하는데 무엇 때문에 사람은 하나님을 배반하는 본성이 있으며 그리스도에게는 없는가? 이 문제는 너희들에게 매우 중요하기 때문에 인간의 존재와 근원을 분명하게 말해 주겠다.
　사람의 생명은 영혼이 윤회로 다시 태어나는 기초 위에서 존재하고 있는 것이다. 다시 말하면 모든 사람은 모두 전생의 영혼이 현생에 육신의 몸을 입고 다시 태어날 때 존재하는 것이며 현생에 태어나 존재하고 있는 사람의 생명이 이 세상에서 다하게 되면 내생에 다른 육신을 입고 다시 태어나게 되는 것이다. 다시 말하면 사람의 육체는 태어났다 반드시 죽고 죽었다가 다시 태어나지만 육체 안에 들어있는 영혼은 죽지 않고 전생과 현생과 내생을 오고 가며 돌고 돌면서 인간 세상을 형성하여 유지하고 있는 것이다. 이와 같이 육체의 생명은 곧 사람 속에 있는 영혼이고, 사람의 생명은 영혼이 육체 안에 들어 있기 때문에 현생에 존재하고 있는 것이다. 다시 말하면 매 사람의 생명은 곧 영혼이며, 육체가 아니다. 즉 사람의 육체는 이 세상사는 동안 영혼이 입고 있는 옷과 같이 한번 사용하고 버려지는 것이다. 이렇게 사람의 본성은 모두 사람의 영혼으로부터 나타나는 것이며, 사람의 육체로부터 발생되는 것이 아니다.

그러므로 사람들이 어떻게 사탄에 의해 미혹되어 오염되고 부패되었는가 하는 것은 오직 사람의 영혼만이 알며, 사람의 육체는 모르고 있는 것이다. 문제는 인간이 사탄에 의해서 부패된 것은 현생에 태어나기전 전생부터 였다는 것을 알아야 한다. 이렇게 인간들은 자신도 모르게 사탄에 미혹되어 점점 더러워지고, 완악해지고, 간교해져서, 나와의 거리는 점점 멀어졌으며, 인류의 앞날은 점점 어두워가는 것이다. 이렇게 사람들이 사탄에 미혹되어 병들어 죽어 가는 것은 모두 사람들 안에 들어있는 욕심 때문이다.

지금 사람들의 영혼은 자기 욕심 때문에 모두 사탄의 손에 장악되어 종노릇하며 점점 부패되고 있는 것이다. 이렇게 사탄에 종노릇하며 부패된 사람들이 어떻게 하나님을 배반하지 않고 어떻게 하나님과 연합할 수 있겠는가? 사탄들(적그리스도, 거짓선지자, 삯군목자)이 나에 의해 무저갱에 떨어지게 된 원인은 모두 나의 말(진리)을 듣지 않고 나를 배반하였기 때문이다. 그런데 사람들이 어떻게 사탄의 간계에서 벗어날 수 있겠는가? 이것이 곧 사람의 본성이며 곧 하나님을 배반하는 원인이다. 너희들이 이런 도리를 안다면, 나는 너희들이 그리스도의 실질에 대해 응당 조금은 이해하고 내말을 신임할 것이라고 나는 믿는다! 하나님의 영(생명)을 입고 있는 육신은 하나님이 존재하고 있는 육체이기 때문에 그 하나님의 영은 더없이 높으며, 전지 전능하고 성결하며 공의롭다. 그러므로 하나님이 입고 있는 육신도 더없이 높으며 역시 전능하고 성결하며 공의로운 것이다.

이러한 육신은 오직 공의로운 일을 하며, 인류에 대하여 유익한 일을 하며, 성결하고 휘황찬란하고 위대한 일을 하며, 진리를 위반하거나 도의를 위반하는 일을 하지 않으며 더욱 하나님의 영을 배반하는 일은 하지 않는다. 하나님의 영은 성결하므로 그의 육신 역시 사탄에 의해 부패될 수 없다. 그러므로 그의 육신은 사람과 같지 않는 실질을 가진 육신이다. 사탄에 의해 부패된 것은 사람이지 하나님이 아니다.

왜냐하면 사탄은 하나님의 생명을 부패시킬 수 없기 때문이다. 그러므로 사람과 그리스도가 같은 공간에서 생활할지라도, 오직 사람만이 사탄에게 점유되고 이용되고 해를 받으며 그리스도는 오히려 사탄을 정복하고 굴복시키는 것이다. 그것은 사탄은 영원히 더 높은데로 올라갈 수 없고, 영원히 하나님께 접근할 수 없기 때문이다. 나를 배반하는 것은 오직 사탄에게 부패된 인류라는 것과 이러한 자들은 그리스도와 전혀 관계가 없는 자들로 몫(분복)도 없는 것이라는 것을 오늘 너희들은 모두 알아야 한다.

사탄에 의해 부패된 영혼은 모두 사탄의 권세 하에 장악되어 있으며, 오직 오늘날 하나님께서 보내주시는 그리스도(예수)를 믿고 찾는 사람만이 구별되어 그곳에서 나올 수 있다. 이렇게 사탄의 진영에서 구원되어 나온 자들이 오늘의 국도(진리)중으로 들어오며, 이런 사람은 다시는 사탄의 권세하에서 살지 않게 된다. 문제는 이렇게 사탄의 권세하에서 구원받은 영혼이라도 사람의 본성은 여전히 사람의 육체 속에 뿌리박고 있다는 것이다. 다시 말하면 비록 너희들의 영혼은 이미 구원되었으나, 너희들의 본성은 여전히 낡은 모양이며, 너희들이 나를 배반할 가능성은 여전히 잠재해 있다는 말이다. 그러므로 내가 너희들 가운데서 이렇게 장구하게 역사하고 있는 것은 곧 너희들의 본성이 너무나 쉽게 동요할 수 있기 때문이다.

현재 너희들은 모두 본분을 다하는데서 고통을 받으며 이기고 나가지만, 그러나 부인할 수 없는 사실은 너희들의 각 사람은 모두 나를 배반하고 다시 사탄의 권세 아래로 돌아가 사탄의 진영에서 낡은 생활을 다시 할 가능성이 있다는 것이다. 이렇게 사탄의 진영으로 다시 돌아가게 되면 너희들은 지금과 같은 그리스도의 향기와 그리스도의 형상이 모두 없어지고 멸망의 길에 서게 되어 다시는 영원히 회복되지 못하고, 중한 형벌을 받게 될 것이다. 이것이 곧 너희들의 앞에 놓여진 문제이다. 내가 이렇게 너희들에게 일깨워주는 것은 첫째는 나의 사역이 헛수고로 되지 않기 위해서이고, 둘째는 너희들이 모두 빛 가운데에서 생활할 수 있게 하기 위해서이다.

사실 내가 헛수고 했는가 안했는가 하는 것은 문제의 관건이 아니며 나의 관건은 너희들에게 하나님의 생명으로 거듭나서 천국으로 들어가느냐 못 들어가느냐에 있다. 내가 하는 사역은 사람의 영혼을 구원하는 것인데 만약 너의 영혼이 지금 사탄의 손에 떨어졌다면 너의 육체는 곧 편안할 날이 없을 것이다. 만약 내가 너의 육체를 구원한다면 너의 영혼도 역시 나의 보살핌 하에 있게 될 것이다. 그런데 만약 내가 너에 대하여 미워하고 증오한다면, 너의 영혼과 육체는 곧 사탄의 손에 떨어질 것이고 그때 너의 모습은 어떠할 것인가? 너는 그때의 광경을 상상할 수 있겠는가? 만일 어느 날 나의 말이 너의 몸에서 떠나간다면 나는 너희들을 모두 사탄한테 맡겨 그로 하여금 나의 분노가 완전히 사라질 때까지 너희들을 몇 배로 고통을 받게 할 것이며 또한 구원받을 수 없는 자들은 내가 친히 징벌할 것이다. 그것은 너희들이 나를 배반하는 마음이 지금까지 변화되지 않았기 때문이다.

현재 너희들은 모두 너희들의 몸에 나를 배반하는 성분이 아직도 얼마나 남아 있는가를 재빨리 반성해 보아야 한다. 나는 너희들의 답변을 절박하게 기다리고 있기에, 너희들은 모두 나에 대하여 겉치레를 하지 말아야 한다.

나는 지금까지 사람들을 신중하게 지켜보고 있다. 내가 말한 것은 내가 반드시 실천을 하기에, 너희들은 모두 진실하게 나의 말을 대해야 하며, 나의 말을 과학이나 환상소설처럼 여겨서는 안 된다. 이렇게 내가 너희에게 말한 모든 것은 실제의 행동이며, 추상적인 것이 아니다. 그러므로 너희들은 지금부터 내가 하는 말에 대해서 모두 회답해야 한다.

1. 만약 네가 정말 하나님의 협력자라면, 나를 위하여 아무런 가식 없이 진실한 마음으로 충성을 다 할 수 있겠는가?
2. 만약 네가 지금까지 하나님을 위해 충성하지 않은 것을 알게 된다면 앞으로는 나를 위하여 일생을 다 바칠 수 있겠는가?

3. 만약 네가 지금까지 나를 위해 열심히 충성을 하고 있는데 내가 너에 대해서 무관심 한다 해도 너는 나를 위하여 계속해서 빛도 없이 아무도 모르게 일할 수 있겠는가?
4. 만약 네가 나를 위하여 충성을 다한 후에 내가 너의 요구를 충분하게 보답하지 않았을 때, 너는 나에 대하여 실망하며 원망과 불평을 하지 않겠는가?
5. 만약 네가 지금까지 열심히 충성하고, 또 나를 사랑하였지만, 네가 병환으로 고통을 받거나 생활형편이 곤란해지거나 혹은 친구들에게 버림을 받는 불행이 계속된다 해도 네 마음을 변치 않고 계속해서 나를 사랑하며 충성할 수 있겠는가?
6. 만약 네가 바라고 원하는 것들이 이루어지지 않고 고통이 계속된다면 다른 길을 찾아 갈 것인가?
7. 만약 네가 원하고 있는 것들을 모두 얻지 못한다 해도, 너는 나를 계속 따를 수 있는가?
8. 만약 네가 지금까지 내가 하는 일의 목적과 그 뜻을 확실히 알지 못할 때도, 너는 내말에 순종하고 네 마음대로 행동하지 않는 사람이 될 수 있는가?
9. 너는 내가 사람들과 같이 있을 때의 한 말과 그 역사(일)를 귀중히 여기며 변함 없이 나를 사랑할 수 있는가?
10. 너는 능히 나를 열심히 따르며 네게 아무런 소득이 없을지라도 나를 위하여 한 평생을 바칠 수 있는가?
11. 너는 나를 위하여 일하면서 이해타산 하지 않고 내생의 보장이 없어도 변함 없이 충성할 수 있는가?

이상 내가 너희에게 제시한 것들이 바로 내가 너희들에게 원하는 것들이다. 이제 너희들은 모두 나에게 답변하기를 바란다.

만약 이 문제 중에서 네가 하나 혹은 둘만 구비하고 있다면, 너는 계속해서 노력해야 되며 만약 네가 이런 문제를 한가지도 이행할 수 없다면, 너는 분명히 지옥으로 들어갈 것이기 때문에 더 말할 필요도 없다. 이런 종류의 사람은 긍정적으로 나와 연합될 수 없는 사람이며 어떤 환경 속에서도 모두 나를 배반할 수 있는 사람이다. 이런 사람을 내가 어떻게 천국으로 인도할 수 있겠는가? 여러 환경 속에서 나를 배반하는 그런 사람들은 내가 그들의 상태를 관찰한 후 따로 처리할 것이다. 이렇게 어떤 조건이나 상황에서도 나를 배반하는 사람을 나는 모두 잊지 않고, 하나하나 나의 마음속에 기억해 두었다가 그의 악행을 대갚음할 것이다. 내가 지금까지 한 말에 대해서 너희들은 모두 신중하게 생각해야 한다.

　나는 너희들이 모두 깊이 생각하고 그럭저럭 넘기지 말 것을 희망한다. 나는 멀지 않은 장래에 내가 너희에게 요구한 답변을 검증할 것이다. 그때에 나는 다시 너희들에게 아무런 요구도 하지 않을 것이며 다시는 간곡한 타이름으로 말하지 않을 것이다. 따라서 내가 틀어쥔 권력을 행사하여 남길 것은 남기고, 상을 줄 것은 상을 주고, 사탄에 넘길 것은 사탄에 넘기고 중한 형벌을 받아야 할 것은 그로 하여금 중한 형벌을 받게 하고 응당히 멸망하여야 할 것은 즉시 멸망시킬 것이다. 이렇게 내가 하는 일을 안다면 다시는 내가 하는 일을 어느 누구도 방해하지 못할 것이다.

　너는 나의 말을 믿는가? 너는 보응이 있다는 것을 믿는가? 너는 내가 나를 속이고 또 나를 배반한 악한 사람을 징벌한다고 믿는가? 너는 그 날이 빨리 오기를 희망하는가 아니면 늦게 오기를 희망하는가? 너는 징벌 받기를 매우 무서워하는 사람인가 아니면 징벌을 받을지언정 나와 접촉하려는 사람인가? 너는 그 날이 돌아올 때 즐거운 웃음 속에서 생존할 것인가 아니면 이를 갈고 애통하면서 고통을 받는 사람이 될 것인가? 너는 너에게 어떤 결말이 있기를 희망하는 사람인가? 너는 나에 대하여 백분의 백으로 믿는가 아니면 백분의 백으로 의심하는가를 참답게 고려한 적이 있는가? 너는 너의 모든 행위가 너에게 어떤 보응와 결말을 가져올 것인가를 신중하게 고려하여 본 적이 있는가? 너는 나의 말이 일일이 응할 것을 알고 무서워하는가? 만약 너는 내가 떠나갈 때 나의 말이 응하게 된다는 것을 안다면 너의 언행에 대해서 조심해야 하지 않는가?

너는 지금까지 무엇 때문에 하나님을 믿고 따르는가? 너의 믿음이 하나님을 위한 것인가 아니면 네 자신을 위한 것인가? 만약 네가 바라고 원하는 욕심을 채우기 위해서 하나님을 믿고 있다면 너는 반드시 멸망 받게 된다.

그러므로 이제부터 너는 네가 가지고 있는 믿음을 점검하고 확인해 보아야 한다. 네가 하나님을 진실하게 믿으려면 네 자신을 부인하고 네 십자가를 지고 나를 따라 와야 한다.

왜냐하면 오늘날 너를 천국으로 인도하는 하나님은 하늘에 있는 하나님이나 이천년 전에 왔던 예수님이 아니라 지금 너희 앞에 와 있는 "나"이기 때문이다.

-중국의 메시야- (道 肉 聖)

마음의 경

사람 마음에
하늘의 뜻이 담겼으면
그 마음이 경이어라

마음의 경은
온 누리를
비추는 빛이며

어두운 곳을 밝히는
맑고 밝은 빛이어라

- 편집 후기 -

　오늘날 이 세상에는 수십 억이나 되는 하나님의 백성들이 하나님과 예수님을 구주로 믿으며 신앙생활을 열심히 하고 있다. 하나님께서 믿음의 조상 아브라함에게 너의 후손이 하늘의 별 수와 같이 땅의 모래 수와 같이 많게 하여 주시겠다는 약속이 이루어진 것이다. 하나님께서 이렇게 수많은 하나님의 백성들을 번성하게 하신 목적은 오늘날의 예수그리스도를 통해서 하나님의 아들로 창조하여 천국으로 인도하기 위함이다.
　그런데 하나님과 예수를 믿으며 신앙생활을 열심히 한 하나님의 백성들 중에 천국에 들어간 자는 지금까지 과연 몇 명이나 될까? 깊이 생각해 보지 않을 수 없다. 왜냐하면 오늘날 기독교인들은 예수를 믿기만 하면 어느 누구나 구원을 받아 천국을 쉽게 들어갈 수 있다고 생각하고 있지만 하나님이나 예수님은 그렇게 말씀하고 있지 않기 때문이다.
　오늘날 기독교인들에게 더욱 심각한 문제는 평생동안 예수를 믿고 신앙생활을 하면서도 하나님의 영적인 말씀이나 예수님의 실체를 잘 모르는 상태에서 신앙생활을 하다가 이 세상을 떠나가고 있다는 사실이다. 그보다 더욱 안타까운 것은 유대인들이 하나님께서 그들에게 보내주신 구원자(예수)는 믿지 않고 배척을 하면서 지금도 오실 메시야(예수)를 기다리고 있다는 것과 오늘날 기독교인들도 이천년 전에 오셨던 예수와 다시 오실 예수는 철저히 믿으면서도 하나님께서 오늘날 기독교인들을 구원하려고 보내주시는 현재의 예수는 불신하며 배척하고 있다는 것이다.

그러나 과거에 오셨던 예수는 과거에 살았던 우리의 조상들을 구원시키려고 오신 것이며 미래에 오시는 예수는 미래에 존재할 우리의 후손들을 구원시키기 위해서 오시는 것이며 오늘날 기독교인들은 오늘날 구원자로 와서 지금 존재하고 있는 예수가 구원시키는 것이다. 그러므로 이천년 전에 오셨던 예수님도 당시에 예수를 믿고 영접한 예수님의 제자들은 구원시켰지만 예수를 부정하고 오실 메시야만 기다렸던 유대인들은 모두 멸망하게 된 것이다.

이렇게 성경은 오늘날의 구원자를 분명하게 제시하고 있건만 오늘날 기독교인들도 유대인들과 같이 과거에 오셨던 예수나 미래에 오실 예수는 철저히 믿으나 현재 와 계신 예수는 믿지도 않고 오히려 이단이나 적그리스도라고 배척하며 핍박하고 있는 것이다. 문제는 오늘날 기독교인들이 오늘날 말씀이 육신되어 오시는 현재의 예수가 오늘날의 기독교인들을 구원시키는 것이지 과거의 예수나 미래에 오시는 예수가 구원을 시키는 것이 아니라는 것을 모르고 있다는 사실이다. 그러므로 중국에 오신 구원자도 현재 육신으로 오시는 예수가 바로 너희들을 구원하는 예수라고 거듭 강조하고 있는 것이다.

그러므로 하나님의 백성들이 먹어야 할 일용할 양식(말씀)도 이천년 전에 있었던 유대인들은 이천년 전에 오셨던 예수가 주신 것이며 오늘날 기독교인들이 먹어야 할 양식(말씀)은 오늘날 말씀육신으로 오신 현재의 예수가 주시는 것이다. 예수님께서 주기도문을 통해서 너희는 오늘날의 일용할 양식을 달라고 기도하라고 가르쳐준 것은 바로 이러한 이유 때문이다. 이와 같이 오늘날 기독교인들이 믿어야 할 예수는 오늘날 기독교인들에게 오신 예수이며 오늘날 기독교인들이 먹어야 할 일용할 양식도 오늘날 살아 계신 현재의 예수만이 줄 수 있는 것이다. 그럼에도 불구하고 오늘날 기독교인들은 현재 말씀이 육신되어 오시는 예수를 믿지 않고 오히려 배척하면서 이천년 전에 유대인들에게 오셨던 예수님과 앞으로 다시 오실 예수만을 기다리고 있는 것이다. 그러므로 하나님께서는 요한일서 4장을 통해서 현재 육체로 오신 예수를 부정하는 자들은 적그리스도의 영을 가진 거짓선지자들이며 현재 육체 안에 오신 예수를 시인하는 자들이 곧 하나님의 영이요 하나님의 자녀라고 말씀하고 있는 것이다.

(요한일서 4장 1절-3절) "사랑하는 자들아 영(말씀)을 다 믿지 말고 오직 영들이 하나님께 속하였나 시험하라 많은 거짓 선지자가 세상에 나왔음이니라 하나님의 영은 이것으로 알지니 곧 예수그리스도께서 육체로(안에) 오신 것을 시인하는 영마다 하나님께 속한 것이요 예수를 시인하지 아니하는 영마다 하나님께 속한 것이 아니니 이것이 곧 적그리스도의 영이니라 오리라 한 말(예수께서 오신다는 말)을 너희가 들었거니와 이제 벌써 세상에 있느니라."

상기의 말씀은 예수 그리스도께서 육체로 오신 것을 시인하는 자들은 하나님께 속한 자들이요 예수께서 육체로 오신 것을 시인하지 않는 자는 적그리스도에게 속한 자들이라는 말이다. 그런데 오늘날 기독교인들 중에 예수께서 이천년 전에 육체로 오신 것을 믿지 않는 사람이 어디에 있단 말인가? 아마 기독교인들 중에 예수께서 육체로 오셨다는 것을 부정하는 사람은 단 한 사람도 없다고 생각한다. 왜냐하면 예수가 육체로 오신 것을 믿지 않거나 부정을 하는 자들은 기독교인이 아니기 때문이다.

그러므로 상기의 말씀은 예수께서 이천년 전에 육체로 오신 것을 부인하는 자가 적그리스도라는 말이 아니라 예수께서 현재 사람의 육체 안에 오신 것을 부인하는 자들이 적그리스도라는 말이다. 이 말은 결국 오늘날 사람의 육체 안에 예수가 오신 것을 시인하는 자는 하나님의 자녀이며 이천년 전에 오셨던 예수만 믿고 현재 육체로 오신 예수를 부정하는 자들이 바로 적그리스도라는 것이다.

하나님은 이렇게 성경을 통해서 적그리스도에 대해서 분명하게 말씀하고 있다. 그런데도 불구하고 오늘날 육체로 오신 예수를 부정하는 적그리스도들은 자신들이 그리스도의 자리에 앉아서 도리어 오늘날 육체로 오신 예수를 적그리스도라고 배척을 하며 그를 믿고 따르는 자들까지 이단자로 매도를 하고 있는 것이다. 이어지는 본문 말씀에 너희가 오리라 믿고 기다리고 있는 예수는 이미 세상에 벌써 와 있다고 분명히 말씀하고 있다.

왜냐하면 예수는 알파(시작)와 오메가(끝)로 어제(과거)나 오늘(현재)이나 내일(미래)도 항상 변함 없이 육체로 와 계시기 때문이다. 그런데도 불구하고 기독교인들이 진정한 예수는 육체를 입고 있는 사람이며 육체가 없는 예수는 예수가 아니라는 것을 모르고 있는 것이다. 이렇게 과거의 유대인들이나 오늘날 기독교인들을 구원할 예수는 반드시 육체를 입고 오시는 예수이며 성령이나 특별한 영체가 아니다. 단지 오늘날의 예수를 부정하고 있는 거짓목자들이 그들을 구원할 예수가 없기 때문에 궁여지책으로 오늘날은 성령시대이며 성령이 구원시킨다고 말을 하고 있는 것이다.

예수님은 언제 어느 곳에나 반드시 육체를 입고 오시며 오늘날 기독교인들에게 와서 계신 예수님도 입고 있는 육체만 다를 뿐 그 안에 있는 생명이나 그 입에서 나오는 말씀은 예수님과 동일한 말씀이다. 이렇게 오시는 예수님이 지금 중국 땅의 한 여인의 몸 안으로 오신 것이다. 지금까지 복음의 불모지 사막과 같은 중국 땅에 중국인들을 구원하시려고 예수님께서 친히 오신 것이다. 이러한 것들을 볼 때 너무나 하나님의 은혜가 놀랍고 감사하다. 그런데 본문의 말씀과 같이 지금 중국에 오신 예수님도 예외 없이 많은 위험과 핍박 속에서 고난을 받고 있다고 한다. 그러나 이러한 고난은 하나님의 아들이요 예수이기 때문에 받는 고난이며 이미 예수님과 사도들이 받았던 십자가의 고난이요 죽음인 것이다.

편집자 역시 하나님의 아들(예수)이라는 이유 하나로 지금까지 하나님의 백성이요, 믿음의 형제라는 기독교인들에게 수많은 핍박과 고난을 받고 있다. 오늘날 기독교인들도 자신은 하나님의 아들이라고 말하면서도 진짜 하나님의 아들이라거나 예수라고 하면 길길이 뛰며 난리를 친다. 그것은 자신들이 가짜 아들이거나 본래 하나님의 아들이 아니기 때문이 아닌가? 원어성경에 예수라는 단어의 뜻은 구원자라는 말이다. 즉 죽은 영혼을 구원하는 자는 예수이며 예수는 곧 하나님의 아들이라는 말이다. 이렇게 하나님은 성경을 통해서 영혼을 구원하는 자를 예수라 말하며 예수는 곧 하나님의 아들이라 말씀하고 있다. 그러므로 오늘날도 죽은 영혼들을 구원하는 자는 모두 하나님의 아들이며 예수인 것이다.

오늘날 목회자들이나 기독교인들도 한결같이 죽은 영혼들을 구원한다고 큰소리치고 있는데 자신들이 하나님의 아들이나 예수가 아니라면 어떻게 죽은 영혼들을 구원한단 말인가? 이 모두가 거짓이요 외식이 아닌가? 이런 자들이 어떻게 죽은 영혼을 구원하고 있는 구원자(예수)들을 배척하고 핍박을 할 수 있단 말인가?

　편집자는 하나님의 말씀을 받은 후 지금까지 이십여년이란 세월을 지내오면서 하나님의 아들(예수)이라는 이유 때문에 기독교인들로부터 이단의 괴수 혹은 적그리스도라는 오명을 쓰고 온갖 멸시와 천대를 받으면서 이 길을 외롭게 걸어가고 있다. 그런데 이렇게 외롭고 쓸쓸한 나에게 중국으로부터 나의 형제가 오셨다는 소식을 들으니 얼마나 기쁘고 즐거운 일인가! 하늘에서 찬양소리가 들려오고 땅들이 춤을 추는 것 같구나! 기쁘고 기쁜 날! 하늘의 영광이요 땅들의 축복일세! 그러나 이러한 기쁨도 잠시 잠깐일 뿐 나는 다시 고난의 십자가를 지고 주님이 가신 길을 걸어가야 한다.

　이 글을 펴내는 순간부터 적그리스도와 기독교인들로부터 수많은 핍박과 고통이 시작될 것이라는 것을 잘 알고 있다. 그러나 이 일은 하나님의 일이며 내가 당연히 짊어지고 가야 할 고난의 십자가요 하나님의 사명이기에 묵묵히 하는 것이다.

　편집자는 지금까지 많은 위험 속에서도 진리의 말씀을 전파해 왔고 또한 적그리스도들에게 미혹되어 죽어 가는 수많은 영혼들을 구원하기 위해서 주기도문 해설서를 비롯하여 여러 권의 영적인 책들을 펴냈다. 그러나 기독교인들은 이렇게 귀중한 보화의 말씀들을 모두 외면하고 배척하며 이단자라고 돌을 던지고 있는 것이다. 그럼에도 불구하고 또 다시 책을 펴내야 하고 하나님의 말씀을 끊임없이 전파해야 하는 것은 적그리스도에게 미혹되어 죽어 가는 영혼들 가운데서 단 한사람이라도 구원시키기 위함이다.

　그러므로 이 글을 읽으시는 분들은 하나님의 올바른 뜻을 깨닫고 멸망의 넓은 길에서 좁고 협착한 생명의 길로 돌아오기를 바란다.
　끝으로 중국 땅에 오늘날의 구원자를 보내주신 하나님께 진심으로 감사를 드리며 또한 지금까지 이 책을 끝까지 인내하면서 읽어 주신 모든 분들에게 감사를 드리는 바이다.

　　　　　　　　　　2008년 2월　　둘로스 데우·C

교만

높이 들린
교만한 눈
마음 속에 숨어 있는
악을 내 뿜으며
내장이 썩어 가는 줄
모르는 자신은
교활한 숨소리로
정죄하면서
정죄로 말미암아
죽음을 재촉하듯
입 벌리고 있다네

의증서원 도서안내

✣ **천국 문을 여는 다윗의 열쇠 (요한계시록 해설집)**
   글/둘로스 데우 C 301쪽 /신국판 양장 정가 8.000원

✣ **가나안으로 가는길 (십계명 해설집)**
   글/둘로스 데우 C 269 쪽 /신국판 양장 정가 8.000원

✣ **육천년 동안 창세기 속에 감추어져 있던 하나님의 비밀 (창세기 해설집)**
   글/둘로스 데우 C 279쪽 /신국판 양장 정가 8.000원

✣ **너희는 이렇게 기도하라 (주기도문 해설집)**
   글/둘로스 데우 C 263쪽 /신국판 정가 8.000원

✣ **지옥문 앞에서 슬피울고 있는 자들**
   글/둘로스 데우 C 179쪽 /신국판 양장 정가 6.000원

✣ **신들의 대화**
   글/둘로스 데우 C 293쪽 /신국판 정가 8.000원

✣ **그 동안 성경에 감추어져 있던 전생과 윤회의 비밀**
   글/둘로스 데우 C 297쪽 /신국판 양장 정가 8.000원

✣ **사랑이 머무는 곳**
   글/이명자 195쪽 /4x6(칼라)판 양장 정가 7.000원

✣ **현대불교와 기독교의 허구와 진실**
   글/둘로스 데우 C 239쪽 /신국판 정가 8.000원

✣ **사와 생 (死와 生)**
   글/둘로스 데우 C 297쪽 /신국판 정가 8.000원

천국문을 여는 다윗의 열쇠

요한계시록은 영적인 비유와 비사로 기록되어 있기 때문에 게시록의 비밀들이 지금까지 베일에 싸여 깊이 감추어져 있었다. 본서는 특히 구름타고 오시는 예수님의 실체와 세상의 종말, 그리고 천국문을 여는 다윗의 열쇠에 대하여 자세히 기록하고 있다.

가나안으로 가는 길

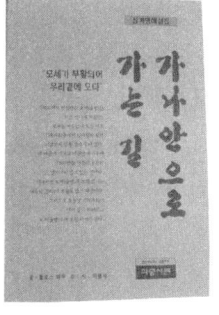

가나안으로 가는 길인 십계명 해설서는 오늘날 기독교인들에게 천국으로 가는 길을 보다 구체적으로 상세히 제시하고 있다. 그러므로 이 십계명 해설서를 읽는다면 천국으로 가는 길은 물론 하나님의 생명으로 거듭나는 계기가 될 수도 있다.

육천년 동안 창세기 속에 감추어져 있던 하나님의 비밀

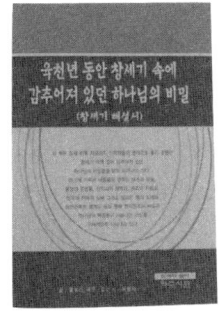

본서는 창세 이후 지금까지 신학자들이 풀지 못했던 창세기 속에 깊이 감추어져 있던 하나님의 비밀들을 밝히 드러내고 있다. 특히 천지창조의 비밀과 하나님의 백성으로 거듭나는 과정을 구체적으로 나타내고 있다.

너희는 이렇게 기도하라

본 주기도문 해설집은 원어성경을 근거로 하여 지금까지 기독교인들에게 깊이 감추어져 있던 주기도문의 영적인 뜻과 그 비밀을 모두 드러내어 기록한 것이다. 특히 본서는 인생의 진정한 의미와 십일조와 헌물에 대하여 기록하고 있어 신앙생활에 많은 도움을 준다.

지옥문 앞에서 슬피울고 있는 자들

오늘날 기독교회는 예수를 믿기만 하면 모두 천국에 들어갈 수 있다고 말한다. 그렇다면 지옥문 앞에서 슬피울고 있는 자들은 과연 누구일까? 본서는 성경 말씀을 통하여 천국으로 들어가는 자들과 지옥으로 들어가는 자들을 분명하게 제시하고 있다.

신들의 대화

본서는 지금까지 베일에 쌓여있던 영적인 세계와 혼적인 세계를 진리의 말씀을 통하여 밝히 드러내고 있다.

또한 기독교와 불교의 허구성과 그 진실을 낱낱이 드러내고 있어 신앙생활을 하는 자들은 본서를 통해서 많은 영적인 성장을 할 수 있다.

그 동안 성경에 감추어져 있던 전생과 윤회의 비밀

인간은 과연 어디로 부터 왔으며 무엇 때문에 살다가 어느 곳으로 가는 것일까? 그리고 기독교에서 부정하고 있는 전생과 윤회를 하나님께서는 성경을 통하여 어떻게 말씀하시는가? 하는 문제들을 본서는 성경의 말씀을 통해서 분명하고도 정확하게 밝히 드러내고 있다.

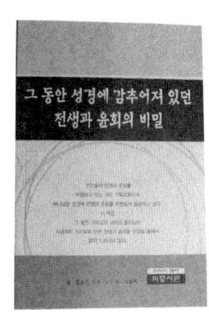

사랑이 머무는 곳

본 시집은 인간들이 감지할 수 없는 영적인 세계를 한편의 시에 담아 드러내고 있어 보는 자들로 하여금 많은 감동을 자아내게 한다.

현대불교와 기독교의 허구와 실체

본서는 수 천년 동안 인간들에게 진리의 빛으로 양대 맥을 이어오고 있는 불교와 기독교의 근본사상과 그 근원을 서술적으로 읽기 쉽고 이해하기 쉽게 풀어가고 있다.

하늘에서 온 그리스도의 편지

글 · 둘로스 데우 · C

초판 1쇄 2004. 7.1
재판 1쇄 2004. 12.17
증보판 1쇄 2005. 5.8
재증보판 1쇄 2008. 2.28

●

펴낸이 · 이용재

●

발행처 · 의증서원

●

등록 · 1996. 1. 30 제 5-524

●

정가 9,500원

도서출판 의증서원

서울시 동대문구 답십리 5동 530-11 의증빌딩 4층
전화. 02)2248-3563 . 02)2245-7888 . 팩스.02)2214-9452
우리은행 계좌번호: 812-026002-02-101 . 예금주: 이용재
홈페이지: www.ejchurch.com